니르바나

● 온전한 자유와 평등의 세계 ●

박민주 지음

니르바나

머리글

내 인생에 불교는 한 여인과도 같습니다. 피 끓는 청춘이 첫사랑 여인을 열정적으로 사랑하듯 대학 시절 불교 교리의 수승함에 정신을 빼앗겼고, 졸업에 임박해서는 대승불교의 나아갈 길에 대해 끊임없이 많은 대화를 나누었습니다. 불자들이 일상생활 속에서 부처님의 가르침을 그대로 행동하는 실질적인 생활불교 즉 보살행을 구현할 수 있는 방안을 여러모로 강구하였지요. 하고 싶은 일이 너무 많았습니다.

대학 졸업 후 서독 유학의 길을 모색하던 중 부모님의 간곡한 부탁을 거절할 수 없어 은행에 입사하게 되었습니다. 그로 인해 사랑하는 여인을 배반하듯 불교에 대한 꿈과 열정은 너무도 허망하게 포말처럼 한순간에 사라져 버렸습니다.

그 뒤로 은행 생활을 접고 독자적인 사업을 시작하면서 좀 더 크게, 보다 넓게 사업체를 확장하는 데에만 미친 듯 매달렸습니다. 거칠 것 없이 내달려 가는 듯한 세월이 10여 년이 지났을 무렵 쓰나미처럼 몰려온 장영자 어음 사기 사건에 휘말려 진흙탕에 나뒹굴어졌습니다.
 땅바닥에 자빠져 보니 원래 내 자리가 여기인 것 같아 부끄러움이나 모멸감보다 대지의 따스함을 새삼 느꼈고, 하늘의 아름다움을 제대로 느낄 수 있었습니다.
 또한 내가 버리고 떠났던 옛 여인(불교)이 찾아와 따뜻한 품으로 맞이해 주었지요. 여인의 품에 안기는 순간 큰 깨달음을 얻었습니다.
 '무리한 욕심이 나를 망쳤구나'

 세상사 자연 경계가 모두 무상한 순리에 따라 바람이 불고 물 흐르듯 하고 모든 실체는 무아이며 오직 연기의 현현으로 나타나는 것일진대 애타게 구하고 쫓는다고 생겨나는 것이 아님을 절절히 깨달은 것입니다

 재기를 위한 활발한 생활에서 이 깨달음이 행동 지침이 되어 실행에 옮기는 방편으로 활용하였습니다.
 다시 말해 감각 지각에 따른 생각을 행동에 옮기기 전 다시 생각해 보는 잠시 잠깐의 여유를 갖는 것입니다. 찰나의 여유가 지옥과 극락의 분기점이 될 수 있음이지요.

 만약 내 인생에 불교가 없었다면 어떻게 되었을까요? 그나마 전생의 조그마한 공덕으로 부처님 법을 알게 된 자비스러운 가피가 정녕 고마울 따름입니다.
 내세에는 스님으로 태어나 불법 수호와 전파에 힘쓰고 수행에 용맹정진하여 참된 깨달음 얻기를 간절히 기원해 봅니다.

 이 간절한 기원을 이루기 위해 그동안 공부해 온 부처님의 말씀들을 묶어 이 책을 출판하기로 하였습니다. 은사이신 고 황성기 교수님의 불교학 개론을 중심으로 경전과 선지식들의 책에서 인용한 바가 있음을 미리 밝혀 두는 바입니다

여러모로 부족하고 배움의 깊이가 얕아 어설픈 점이 많이 있으니 강호 제현의 지도와 성원 있으시기를 바랍니다.

주와 객으로 나뉘어
다르다고 다투지 말라
너와 나는
원래부터 한 뿌리

부귀영화를 탐닉함은 어리석음이요
생로병사의 흐름은
자연의 순리이자
날숨과 들숨의 조화로움이다.

무상을 볼 수 있으면
집착에서 벗어나고
무아를 깨치면
분별할 그 무엇도 없으니

이리하여
지혜가 번쩍이면
바로 열반에 이르니
그 시작이나 끝이 없으리라

無碍堂 寓居에서 寒月

―――――― ◉ 차례 ◉ ――――――

1. 종교와 불교에 관한 이야기 ·· 011
  1) 종교의 생성 과정과 인간의 역할 ································· 013
  2) 왜 불교인가? ··· 020
  3) 공의 의미에 대한 단편적 사고 ·· 025
  4) 마음은 어떻게 수습해야 할까? ·· 042
  5) 사고의 전환과 수행 방법의 개선 ···································· 046

2. 현실세계의 실체 ·· 057
  1) 오온(五蘊) ·· 067
  2) 십이인연법(十二因緣法) ·· 075

3. 이상세계의 실체 ·· 087
  1) 제행무상(諸行無常) ·· 091
  2) 제법무아(諸法無我) ·· 100
  3) 육바라밀(六波羅密) ·· 110
  4) 열반적정(涅槃寂靜) ·· 133
  5) 사성제(四聖諦) ·· 137
  6) 팔정도(八正道) ·· 169
  7) 사섭법 ··· 192

4. 인간 생성의 주체와 그 종류 203
   1) 업감연기론(業感緣起論) 206
   2) 아뢰야식 연기론(阿賴耶識 緣起論) 210
   3) 진여연기론(眞如緣起論) 217
   4) 법계연기론(法界緣起論) 225

5. 생멸 무쌍한 우주만유의 실상은 무엇인가? 249
   1) 삼세가 실로 있고 법체는 항상 있다(三世實有 法體恒有) 251
   2) 현재만이 체가 있고 과거와 미래에는 체가 없다[現在有體 過未無體設] 253
   3) 모든 법은 다 비었다[諸法皆空設] 254
   4) 무상개공론(無相皆空論) 255
   5) 제법실상론 269

1.

종교와 불교에 관한 이야기

1) 종교의 생성 과정과 인간의 역할

우리 인간과 가장 밀접하게 관계되어 있어 떼려야 뗄 수 없는 존재가 아마 종교일 것이다.

불교 교리에 관한 책을 쓰면서 종교의 생성과 역할에 대해 생각해 보는 것이 우선인 것 같다.

종교와 인간의 관계가 어떤 형태로 시작되었고 지니고 있는 의미가 무엇인지를 살펴보는 것이 그리 쉬운 일은 아닐 것이다.

또 깊고 방대한 사상적 내용을 얕은 지식으로 여기에서 밝힌다는 게 불가능에 가까운 일이 될 것이다.

단지 창조론과 진화론의 주의 주장에 따른 근거를 바탕으로 간략히 추정해 보고자 한다.

우주 만유와 인간 존재가 창조주의 독단적이고 초월적인 능력에 의해 생성되었는지 아니면 복합적인 미세한 물질들의 화합을 바탕으로 말미암은 거듭되는 진화로 형성되었는지에 따라 종교와 인간의 관계가 다르게 자리매김할 수 있을 것이다.

창조론에 근거하여 생각해 보면 신의 존재가 먼저이니 종교가 인간보다 먼저일 것이고 진화론의 주장으로는 인간 존재가 생성된 연후에 신의 존재가 생겨났음을 짐작해 볼 수 있다.

창조론의 주의 주장을 배제하고 인간의 역사를 살펴볼 때 여러 가지 측면에서 인간이 신을 창조하였고 그 신을 믿기 위한 제도적 장치와 행위가 마련되면서 종교적인 체계가 성립되어 종교로서 자리 잡게 된 것으로 볼 수 있다.

　어쨌거나 종교가 신의 존재를 앞세워 인간의 순종과 믿음을 이끌어 냈고(인간의 자의에 의한 결과 이지만), 횡적인 평등의 관계가 아니고 종적인 상하의 관계로 보호해 주고 베풀어 준다는 명목으로 인간 위에 군림하는 존재가 된 것이다.
　생각하기에 따라서 신(종교)의 존재는 인간의 필요와 욕심에서 비롯된 산물이라 추정되는 여러 정황이 있음을 알 수 있다.
　인간의 원초적인 욕심은 고통이나 슬픔이 존재하지 않고 마음은 주변의 위험으로부터 평화로우며 생활환경은 풍족하고 안락하여 살아가기에 전혀 불편함이 없는 주변 환경으로 내내 지속되는 것이다.
　그러나 이러한 인간의 욕구는 주변 환경의 변화로 번번이 좌절되어 고통과 슬픔 속에서 살게 되는 경우가 다반사이다. 이러한 연고로 인간은 절대적인 존재의 힘을 빌려서라도 외부의 위험을 차단하고 현재보다 나은 내일의 행복을 갈구하게 된 것 같다.
　그러나 이같이 풍족하고 안전한 삶에 대한 인간의 욕구는 만족이 이루어지면 질수록 더욱더 심해질 것이다. 그 끝이 어디인지 모르게 이어지고 있으며 이 목적을 달성하기 위해 인간은 스스로 신을 최상의 능력자로 추앙하게 된다.
　끝없이 계속되는 간절한 기도로 순종하며 자신의 불만족을 만족스럽게 만들려 최선을 다한다.
　그러나 아무리 전지전능한 신도 이같은 인간의 탐욕을 충족시켜 줄 수는 없다.
　인간의 탐욕을 충족시켜 만족스러움을 줄 수 있는 신은 이 인간 세상에 존재하지 않기 때문이다.

왜일까요?

신이라는 존재가 형태상으로는 인간 위에 군림하고 있는 듯하지만 실제로는 그 태생이 인간이 만들어 낸 피조물(형이상학적인 존재)이기 때문에 인간의 능력을 뛰어넘을 수 없기 때문이다.
또 인간의 탐욕은 만족을 모르고 커져만 가는 형체를 가늠할 수 없는 무형의 힘을 가지고 있다.
이러한 관점에서 볼 때 인간은 어떠한 신이나 종교에서도 자신들의 고통이나 불행으로 인한 절망에서 구원받을 수 없을 것이며, 안락하고 풍족한 생활이 보장되는 어떤 행복도 얻을 수 없을 것이다. 단지 마음의 위안을 얻어 순간적인 안정이나 기대 심리에 취해 볼 수는 있을 것이다.
그러나 위안을 받는 것으로 인간 고통의 구제는 이루어질 수 없을 것이며 인간이 누리고 싶은 참다운 마음의 안녕이나 평화는 결코 얻을 수 없다. 이 같은 문제점에 대해 하나의 예를 들어 설명해 보겠다.

어부인 아버지가 조업 중에 풍랑을 만나 바다에 빠져 돌아가셨다. 자식은 마땅히 아버지의 시신을 선산에 모셔야 할 절체절명의 의무를 갖게 된다.
이 아들이 바닷가에서 바가지로 바닷물을 퍼내고 있다. 아버지의 시신을 건져 선산에 모시기 위한 어쩔 수 없는 선택이었다.
아들은 제 뜻대로 바닷물을 다 퍼내고 아버지의 시신을 건져 선산에 안장할 수 있을까?

  이 행위는 상식적인 사람이면 생각조차 할 수 없는 미친 사람이나 할 어처구니없는 짓이다.

  마찬가지로 종교와 인간의 관계가 바로 이와 같다. 어떤 신도 종교도 인간을 영원히 구원해 줄 수가 없다.

  종교와 인간의 관계는 평행선을 긋고 있는 두 줄의 레일과 같다

  인간의 행복과 불행은 평행선 저 끝 목표 지점에 있는 것이 아니라 평행선을 긋고 있는 철도 레일 위에 존재하고 있다.

  그뿐만 아니라 신이나 종교가 없어도 인간은 존재하지만, 인간의 존재가 사라지면 신이나 종교는 존재하지 못한다.

  그리고 인간이 깊이 명심해야 할 것은 설령 특출한 신의 존재가 실존한다는 것이 사실이라 해도 간절한 기도나 바람으로 갈구하는 바를 결코 얻을 수 없을 것이다.

  고통이나 불행에서 구원될 수 없음도 확연히 깨달아야 하며 무엇보다 삶의 방법을 달리 생각해야 할 것이다.

  종교라는 단어의 뜻풀이가 일반적으로 초인간적 초자연적인 힘에 대해 인간이 경외 · 존중 · 신앙하는 일의 총체적 체계라 정의하고 있음을 주의 깊게 살펴보아야 하겠다.

  인간이 미개한 상태에서 접하게 되는 자연 현상계의 갖가지 사건이나 상황에 깊은 두려움과 공포심을 느꼈음은 당연한 사실이었을 것이다.

  이러한 제반 사건이나 상황에서 벗어나 안전하고 편안하게 살고 싶

은 욕구가 자연적으로 상대를 경외하는 형태를 띠게 되었을 것이다.
 무지가 공포를 유발한다는 사실을 상기해 볼 필요가 있다.
 새벽이면 힘차게 치솟아 올라 대지를 뜨겁게 달구며 온 누리를 비춰주는 태양이나 저녁이면 경이로운 빛으로 천지 산하를 환히 밝혀주는 달의 신비로움에 인간은 한없는 경외심을 느껴 해와 달을 초인간적인 존재로 여기게 되었을 것이다.
 해와 달을 동시에 품고 있으며 또한 천둥번개와 함께 끝도 없이 쏟아붓는 비나 눈 탓으로 하늘이라는 공간을 초월적인 신비로움과 공포심으로 우러러 섬기게 되었을 것이다.
 이와 같은 초자연적인 힘들에 인간은 감탄하고 두려움에 떠는 마음이 복종하는 심정으로 변했을 것이다.
 자신들의 신변을 보호해 줄 수 있는 초능력의 힘이 무한한 존재로 여겨져 수호신의 자리를 스스럼없이 부여하게 된 것이 아닐까 하는 생각이 든다.

 또 이러한 사실만이 아니고 인간은 갖가지 형태의 이해하기 힘든 자연현상을 접하며 느끼게 되는 두려움을 공포로만 받아들이지 않고 오히려 그 힘의 위력을 역으로 이용하는 지혜를 발휘하여 그 힘에 순종함으로 보호받을 수 있기를 바랐을 수도 있다. 살아가면서 부딪치게 되는 갖가지 힘든 일이나 불편함을 공포심과 더불어 해결해 주기를 바랐을 것이다.

 기대하고 원하는 바, 다시 말해 이루어 성취하고 싶은 것에 대한 간절한 염원까지 담아 빌고 또 비는 행위가 시작되었을 것이다.

실질적인 이야기로 인간 스스로 해결할 수 없는 사건이 발생하거나 외부의 위험으로부터 매우 급한 위기의 순간을 맞이했을 때 자신들을 보호해 주기를 바라는 마음에서 신의 존재는 그들에게 꼭 필요하였을 것이다.

그러므로 인간이 자신들의 필요에 따라 스스로 신의 존재를 창조한 것이 아닐까 하는 생각이 든다.
또한 초월적인(초인간적 초자연적) 신을 모시기 위한 제도적 장치로 마련된 것이 종교일 것이다.
이리하여 인간이 바라고 원하는 소원의 크기와 간절함의 깊이에 따라 신에게 바치는 그들의 신심과 정성이 비례하였을 것이다.

그러나 유구한 역사를 통해 살펴보건대 인간의 간절한 바람이나 끈질긴 기도로도 만족할 만한 편안함이나 행복을 기대만큼 누리지 못하였음이 현실적인 사실이다.
이 세상은 가난과 질병에 시달리며 끝없이 이어지는 전쟁으로 인간의 삶은 고통의 연속이었고 피폐한 생활은 황량한 사막과도 같았다.

우리가 참으로 명심해야 할 것은 행복을 기도로 구하고 환난도 기도로 구제받고자 하는 생각을 버리지 않는 한 인간은 영원히 고통에서 벗어날 수 없다는 사실이다. 다람쥐가 쳇바퀴 도는 그 끝없는 행위로도 그곳을 벗어날 수 없고 어떠한 해결도 기대할 수 없으며 멈추어 서면 항상 그 자리에 계속 머물 수밖에 없다는 사실을 알아야 한다.

우리의 모든 일상생활에서 과학 기술이 획기적으로 발달한 지금의 현실에서도 인간은 종교와 신에 관한 한 무지함의 극치를 보이고 맹목적인 순종으로 일관하고 있다. 이것을 바꾸어야 한다. 인간 스스로가 달라져야 한다.

이웃이야 어찌 되든 나만의 행복과 안녕을 추구하는 기도가 아니라 먼저 베풀고 나누고 헌신하는 상호 관계에 참다운 진리가 있음을 알아야 한다.

베풀고 나누고 헌신할 힘을 얻기 위해 그 자비로움을 행할 수 있는 여유를 갖기 위해 모든 종교인의 기도가 이루어져야 한다.

자연 생태계와 인간들의 생성과 소멸의 과정을 과학적이고 초 사고적인 깨달음으로 성취한 연후에야 자유와 평등은 성취될 것이고 그리하여 인간이 인간을 위한 베풂과 봉사로 사회 정의를 세우고 누구를 막론하고 자유스럽게 서로를 돕는 협동심으로 평등한 위치에서 살 수 있는 이상향을 이루는 것이 참다운 종교의 본분이 될 것이다.

2) 왜 불교인가?

 일반적으로 종교라는 것이 초인간적이고 초자연적인 힘을 지닌 신을 구세주라 믿으며 숭배하고 있음은 주지의 사실이다.
 지극 정성의 믿음과 기도만이 전지전능한 신이 베풀어 주는 은총으로 질병과 가난의 고통을 비롯하여 인간이 겪을 수 있는 온갖 어려움에서 벗어나 안락한 삶을 영위할 수 있다고 역설하고 있다.

 과연 간절한 염원을 담은 기도로 빌고 또 빌어서 인간은 고통에서 벗어나 정녕 흔들림 없는 행복을 누리며 살 수 있을까?

 인간의 탐욕이 얼마나 질기고 무겁고 그 끝없는 욕구가 무한한지를 알아야 이에 대한 해답이 가능할 것이다.
 인간의 욕망은 채워지면 질수록 갈구하고 또 갈구하는 것이 본능이며 욕망은 살아생전에는 채워질 수 없을 것이다.
 인간이 탐욕을 버리지 않는 한 어떤 부귀영화로도 만족할 수 없을 것이다.

 왜? 불교인가로 반문한 것은 불교만이 인간의 행불행에 대한 자세하고 정확한 해결 방법과 해답이 있기 때문이다.

 불교의 기본 교리가 탐욕을 버리는 순간이 오히려 마음의 편안과 함께 행복함을 느끼게 되어 최상의 기쁨이 충만해진다는 것이다. 불교는 인간 욕망을 충족시키기 위해 초능력자의 힘에 의존하는 종교가 아니다.

탐욕을 털어내는 것으로 마음의 안정을 기하고 자작자수(자기가 짓고 자기가 받음)의 인과론으로 부족함 없이 행복을 추구하게 하는 종교이다.

행복이나 불행은 돈이 많고 적음이나 지위 권력의 높고 낮음으로 인해 결정지어지는 것이 아니라 스스로 지나친 욕심을 버리고 작은 성취에도 만족하며 마음이 평화로운 것에서 더욱 참답고 진정한 행복을 느낄 수 있음을 가르치고 있다.

풍족한 생활을 즐기려고 더 많은 것을 원하여 기도를 드리는 것이 아니라 갖고 싶은 마음을 버리게 해달라고 내 것을 남에게 베풀 수 있는 용기를 달라는 염원을 담아 기도하는 종교이기 때문이다.

지금 인간이 겪고 있는 여러 가지 고통도 자신이 전생에 지은 업보(과거의 자신이 지은 행위)를 갚기 위한 필연적인 시련일 뿐(업장 소멸의 방편) 기도로서는 삭혀 낼 수 있는 것이 아님을 강조하고 있다.

하늘에서 행불행의 비는 누구에게나 아무 차별 없이 골고루 내리는데 자신이 태어나며 가지고 나온 그릇의 크기에 따라 담기는 행불행의 양도 자연히 정해져 있으니 누구를 부러워하고 누구를 탓하며 누구를 원망할 수 있을까?

어떤 부모를 만나느냐는 것도 어떤 환경에서 태어나느냐는 것도 건강 부귀 미, 추, 명예, 권력 등 이러한 제반 사항이 자신의 뜻하는 바에 따라 선택하여 태어날 수 없다. 모든 것이 자기가 지은 대로 받게 되는 인과응보의 논리에 의한 것이다.

  이것이 불교가 빌어서 행복을 구하고 환난을 피하고자 하는 종교가 아님을 가르치는 근본 사상 중 하나이다.
  아무리 절실하고 간절하게 빌어도 기도만으로 많은 재물을 가질 수 없으며 높은 지위에 오를 수도 없으며 고통이나 불행에서도 벗어날 수 없다.

  흐르는 계곡물이 겉으로 보기에 얼마나 평화로이 자연스럽게 흘러가는가?
  그러나 물은 돌아서도 가고 회오리치고 굽이치며 부딪치고 편안히도 흐르고 별의별 경우를 겪으면서도 아무런 저항 없이 순종하는 모습에서 우리 인간의 삶도 닮아가야 할 것이다.

  이것이 부처님께서 중생들에게 가르치고자 하시는 참다운 진리이다. 그리고 불교는 부처님을 초자연적이고 초인간적인 권능의 신으로 믿어 힘든 고통으로부터 구원을 받거나 행복한 삶을 구하려는 것이 아니다.
  자신의 노력으로 견디기 어려운 수행 과정을 통해서 끈질긴 욕망의 유혹에서 벗어날 수 있는 능력을 갖춘 인간이 되어 모든 문제점을 스스로 해결하게 하는 종교이다.
  부처님의 어떠한 설법에서도 불교의 경전 어디에서도 음식과 재물을 바치고 지극 정성으로 기도하여 고통에서 벗어나고 행복해질 수 있다는 말은 한마디도 없다.

그뿐만 아니라 갈구하는 바를 얻기 위해 행하는 기도는 그 자체가 바로 탐욕이 될 수도 있다.

오히려 마음으로 짓는 나쁜 업이 될 수도 있음을 가르치고 있다.

물론 불교에서도 불자들이 부처님 전에 음식 등 여러 가지 공양물을 바치고 기도를 올리는 행위가 이루어지고 있으나 이것은 부처님에게 공양물을 올리는 지극한 정성을 자비심으로 환원시켜 속세의 많고 많은 불쌍한 중생들을 돕는 원동력으로 삼기 위한 수련 과정의 일부라고 생각해야 할 것이다.

부처님께서도 자주 내게 공양하듯 여러 중생에게 공양하라고 말씀하셨고, 이것은 베푸는 습관을 길러 되돌려 갚으라는 뜻으로 받아들여야 할 것이다. 불교에서의 기도는 마음의 안정과 걷잡을 길 없이 용솟음치듯 솟아오르는 탐욕의 갈증을 해소하기 위한 하나의 방편일 뿐이다.

베풀면 우리의 마음은 기쁘고 한없는 편안함과 즐거움을 느끼게 된다. 처처불상 사사불공 하라는 말의 참뜻은 일체중생 한 사람 한 사람이 모두 부처 아님이 없으니 부처님 대하듯 지극 정성으로 불공을 드리라는 것이다.

남을 돕는 일로서 모든 기도는 시작되고 탐욕으로 이글거리는 불길을 잠재우고 마음의 평화와 행복은 시작되는 것이다.

한 티끌이나 한 포기의 풀도 천지만유를 품고 있으며 천지만유도 쪼개고 또 쪼개다 보면 한 티끌 먼지보다 작은 입자로 변하게 된다. 존재가 크다고 불성이 있고 존재가 작고 미미하다고 불성이 없는 것이 아니다. 존재하는 모든 것은 평등하다

우리 주변의 한 사람 한 사람이 모두 다 부처이니 부처님처럼 대하다 보면 자연히 자신 또한 부처님 대접을 받고 있다는 사실을 알게 될 것이다. 베풂은 생활 속에서 습관화하여 자기의 욕망 충족을 순화시키는 수행의 한 방편으로 아무런 보상도 바라지 않고 이루어지는 행위이다.

그러나 인간이 접할 수 있는 대부분의 종교가 하나같이 신의 권능에 귀의하여 인간사 만사형통을 빌며 최상의 보상을 받고자 하는 것에 주된 목적을 두고 있다. 아무리 강조해도 모자라지 않는 진실은 인간의 행불행이 신에게 빌어서 얻을 수 있거나 소멸시킬 수 없다는 확실한 사실만이 진리이다.

또 불교가 갖는 최상의 의미는 어떠한 존재일지라도 깨달은 자 부처가 될 수 있는 능력자이므로 아집과 분별 그리고 탐욕에서 스스로 벗어나 베풂과 헌신의 생활인이 되어야 할 것이고 그런 연유로 참다운 종교는 불교인 것이다.

3) 공의 의미에 대한 단편적 사고

공(空)이란 일반적으로 비었다는 뜻으로 사용되고 있지만 진실의 측면에서는 어떠한 고정된 자아(自我)나 독립적인 실체(實體)가 없다는 의미이다. 보편적인 인간들의 상식으로는 이해하기 힘든 내용이며 받아들이기 어려운 사실이다.

그러나 이와 같은 공의 의미는 불교 교리의 핵심 사상이며 진리의 실체이기도 하다.

다시 말해 비었으면서 꽉 차 있고 꽉 차 있으나 사실은 온통 비었다고 주장하고 있다.

하늘에는 해와 달이 뜨고 지며 영롱한 별들은 반짝이고 산하에는 풀을 비롯하여 온갖 나무들이 울창하고 광활한 평야에는 온갖 짐승들이 무리 지어 서식하고 있다. 사람들도 만물과 더불어 살고 있는 확실한 현실 앞에서 온통 비었다니 어불성설이 아닐 수 없다.

하늘을 찌를 듯 솟아 있는 건물들과 수많은 자동차 그리고 일상생활에 사용되고 있는 갖가지 물품들의 실체를 어떻게 설명할 것인가 사실 우리에게 더더욱 중요한 부와 명예 권력의 힘들을 어떻게 생각해야 할 것인가?

이와 같은 사물과 현상은 여러 가지 원인과 조건들에 의해서 생겨나는 인연소산(因緣所産)인 것이지 따라서 눈에 보이고 가지고 사용할 수 있다고 하여 영원불변한 것이 아니라 언제인가는 사라지고 없어진다는 것이다.

그러나 우리의 일반적인 가치관은 이러한 진리에 따른 사실 인정보다 무조건 남보다 물질이 풍요롭고 호화로운 주택에서 살며 내가 살아가는 순간순간이 불편이나 부족함 없이 안락하기만을 바랄 뿐이다. 또 무소불위의 권력을 누릴 수 있어야 행복한 삶이라 여기고 있다.

그리고 사람들은 그러한 것들이 영원히 우리 곁에 있을 것이라 굳게 믿고 나라는 존재 또한 영원히 살 수 있을 것으로 착각하고 자신의 노력과 의지력으로 모든 재물과 권력을 갖기 위해 불철주야 탐욕의 소용돌이에서 벗어나지 못하고 있다.

이러한 인간적인 생각들이 우리를 고통 속에 빠트리고 있고 갖가지 고통을 겪으면서도 그 고통에 자신이 힘들어하고 있다는 사실조차 모르고 눈앞의 현실에만 몰입해 불쌍하고 안타까운 삶을 살아가고 있다.

그러나 이와 같은 맹목적인 행위로 얻어진 부와 권력의 적고 많음과 높고 낮음에 우리의 행복과 불행이 절대적으로 좌우될 수 없다는 사실 뿐 아니라 오히려 없는 것보다 있는 것이 더 불행의 요인이 될 수 있다는 점이다.
중요한 것은 주어진 상황에 우리가 마음을 어떻게 정리하고 조정해 가느냐에 따라 행복과 불행의 잣대가 정해진다는 것을 모르기 때문이다.

광활한 자연생태계가 비움의 순리대로 모든 것을 평등한 바탕에서 주고받고 받으며 주는 서로의 이익을 공유하며 생존하고 있음을 보고 느끼면서도 자신은 남보다 하나라도 더 많이 가지려고 악착스럽게 욕망에 치우쳐 힘들게 살고 있다.

이 세상에 영원히 생존할 수 있는 것은 생명이 있는 것이든 없는 것이든 그 어떠한 존재도 가능할 수가 없다. 부귀영화도 물질의 풍요로움도 순간적인 잠시 잠깐의 무지개일 뿐이다. 일장춘몽 바로 그것이다.

공터에 건축 자재를 사용하여 집을 건축하면 없던 것이 새로 생겨나는 것이고 세월이 흘러 낡은 집을 허물어 버리면 눈앞에 있던 것이 처음부터 없었던 것처럼 비게 되고 건물을 칸으로 막으면 방이 생기지만 그 칸들을 터 버리면 공간만이 있게 된다.
이와 같은 진실은 외면하고 일상생활을 통해 사용하는 물건들에 지나치게 집착하는 생각 즉 사물이나 자기 자신을 실존하는 존재로 집착하기 때문에 고통을 겪게 된다.

인간이 지니고 사용하는 모든 물건이나 지구나 천상계에 존재하는 모든 것은 거짓으로, 인간의 탐욕으로 물든 인식에 이름이나 이름으로 잠시 잠깐 존재하는 것일 뿐 참으로 이 세상에 영원히 있는 것이 아니다.

아지랑이와 무지개가 참으로 있는 것인가 아니면 없는 것인가?

공(空)이 가르치고자 하는 중요한 의미는 허황된 물질세계에 탐욕으로 찌든 마음으로 집착 분별하여 고통에 시달리고 있는 중생들이 한마디 알아차림(나를 비롯한 모든 물건들이 물이나 모래 같아 손아귀에 거머쥘 수 없는 존재라는 것)으로 또 이러한 존재들에 오래도록이니 영원은 있을 수 없고 잠시 잠깐이라는 한시적인 기간만 존재할 수 있다는 사실 인식을 철저히 깨달아야 행복도 누릴 수 있고 불행의 그늘에서 벗어날 수 있다는 것이다.

이제까지 설명해 온 공사상의 의미는 불교 경전인 반야심경에 그 사상의 근원을 자세히 나타내고 있다. 아마도 동서고금을 통틀어서 인류 역사에 이렇게 짧은 글로서 무량하고 무한한 깊이의 진리를 간결 명료하게 밝히고 있는 글이 또 어디에 있을까?

이 반야심경의 글귀 중에서 몇 가지만 추려 공(空)사상의 근본을 살펴보고자 한다.

관자재보살 행심반야바라밀다시 조견오온개공 도 일체고액
觀 自 在 菩 薩 行 心 般 若 波 羅 密 多 時 照 見 五 蘊 皆 空 度 一 切 苦 厄

관자재보살(관세음보살)이 깊은 지혜의 바다에서 오온(색 수 상 행 식)으로 형성된 인간을 비롯한 모든 생명체가 모두 비었음을 깊은 깨달음으로 아시고 난 후 인간의 모든 고난과 재액에서 벗어나시었다는 뜻이다.

이 말은 물질적으로나 정신적으로 양 측면이 모두 깡그리 비었음을 볼 수 있으면 일체의 고액에서 벗어나 행복한 삶을 살 수 있다는 말이다. 비었다는 것은 우주와 지구 생태계의 모든 물질이 인과 연의 작용으로 생성 소멸되는 것이기에 있다는 생각에서 벗어나 집착하지 말라는 뜻이기도 하다.

또 종교적으로는 고통의 세계인 현실의 이 언덕에서 깨달음의 저 언덕에 이르러 마음의 안정과 평안을 누릴 수 있다는 것이다.

여기에서 오온(색·수·상·행·식)이 무엇이며 모두 비었다는 건 어떠한 의미인가?
색이란 나를 비롯하여 천지간의 모든 물질을 뜻하며 먼지에서부터 이슬, 풀, 바위, 나무, 산, 강, 바다, 태양계와 은하계 등 그리고 인간과 곤충과 동물을 비롯한 유 무정의 모든 생명체 또 인간들이 만들어 사용하고 있는 갖가지의 물건들을 통틀어서 지칭한다. 그리고 수·상·행·식은 정신적인 면을 말하며 육체와 더불어 상호 보완적인 인식 작용을 이름한다.

이처럼 많고 많은 존재가 나름대로 특성 있는 형체를 갖고 현존해 있지만 그 겉만 다르게 표시되어 나타나 있을 뿐 그 본질을 본성 면에서 살펴보면 어느 것 하나 다르지 않고 지수화풍의 4대 요소로 그 구성이 이루어져 있다.

쉽게 표현해 보자면 이 사대요소가 인연에 의해 만들어 낸 인간의 마음도 빈 것이요, 이목구비를 갖춘 육신도 모두 비었다는 것이다. 사대요소는 어떤 형태나 자성을 가진 것이 아니기 때문이다.
이와같은 논리로 살펴보면 일체의 물물이 시간이 지나면 자기만의 특징 있는 형체 (나무, 바위, 동물, 인간 등등)가 사라 없어지고 빈 공간만이 존재하게 된다.

또한 앞엣것은 사라지고 지수화풍의 요소가 인과 연의 작용에 의해 새로운 생명과 물질로 다시 생겨난다는 뜻이다. 이러한 사실을 내세워 주장하는 바는 무엇인가?

모든 존재 존재가 서로 같고 다르지 않으므로 일체의 분별을 하지 말라는 것이 기본 바탕이다.

이 기본 바탕이란 비었다는 것이요, 비었다는 것은 눈앞의 일체만물은 사라져 없어지고 없어진 것은 인과 연의 작용으로 연기되어 새로이 나타나 존재하는 것이어서 나라는 것이 없고, 나라고 내세울 만한 성품 또한 없는 것이어서 중도라는 것이니 실천적인 의미는 공이고 연기로 인해 존재하는 것이어서 무엇에도 집착할 바가 없으므로 무집착이며, 어떠한 대상에 대해서도 이렇다 저렇다, 옳다 그르다 분별할 필요가 없으므로 무분별이고 그러므로 공의 세계에서는 어떠한 것도 얻을 것이 없는 무소득이므로 무소유가 우리 인간이 지니고 살아가야 하는 지고지순의 가르침이 된다.

이와 같이 공(비었음)을 강조하는 것은 사실은 눈에 보이고 사용할 수 있고 느껴진다고 진리의 측면에 있는 것이 아니다.

있다는 것은 있는 것이 아니요, 없다는 것은 없는 것이 아니다(眞空妙有). 있다, 없다의 개념은 나와 일체만유를 존재하는 실체로 보느냐 아니냐에 달려 있다.

이와 같이 존재하는 모든 것이 순간적이고 한시적인 것이니 집착하여 탐욕을 부리는 자체가 어리석고 무모한 처사이며 또한 세상 인생사가 결코 마음먹은바 뜻대로 되는 것도 아니어서 고통만을 안겨 줄 뿐이라는 진실을 깨달아 비교, 분별, 집착, 탐욕에서 벗어나라는 교훈이다.

이러한 교훈은 자연생태계에서 여실히 보고 느낄 수 있다. 여여한 자연 생태계가 지닌 모습 그대로를 우리에게 보이고 가르치는 것은 자신의 생존이 다른 존재들을 위한 베풂이고 헌신이어야 한다는 사실을 알아 깨우치라는 것이다.

자연에서는 어떠한 존재도 필요 이상을 탐하지 않고 인내하며 자신의 본분에 충실하고 베풂과 헌신으로 일관하고 있다. 이같이 우리 인간이 현재 자기가 처해 있는 상태에 만족하여 이웃과 어떠한 형태로든 비교하지 않고 원만한 관계를 유지하며 받기보다 베푸는 것을 삶의 기쁨으로 여긴다면 서로서로가 자유와 평등을 누릴 수 있을 것이다.

남에게 베푼다는 것은 또 다른 나에게 베푸는 것이어서 자신을 위하는 것보다 기쁨이 배가 되고 보람도 클 뿐 아니라 베풀기 전보다 정신적으로나 물질적인 면에서 더 풍요로워 짐을 느끼게 될 것이다.

베푼다는 것은 자신을 낮추는 것이어서 보다 겸손해지고 탐욕의 올가미에서 벗어날 수 있어 지혜의 눈이 스스로 생겨난다. 남을 돕고자 하는 자비의 마음은 더욱 낮은 자세로 인간의 희(喜)·노(怒)·애(哀)·락(樂), 우(憂)·비(悲)·고(苦)·뇌(惱)를 서로 보듬어 나누고 솜에 물이 젖어 들듯 한마음으로 자리매김하게 된다.

이러한 생활이 계속되다 보면, 보고 들어 느껴 알게 되는 그 느낌의 한계를 뛰어넘게 되어 선악의 개념이 없어지고 초월한 심성은 자정의 힘으로 자연스럽게 자비심이 생겨 오롯한 깨달음이 영롱한 빛을 발하게 된다. **베풂은 깨달음의 근원이고 헌신은 깨달음의 완성이다.**

색즉시공 공즉시색
色卽是空 空卽是色

이 글의 핵심 사상은 한마디로 질량이 에너지이고 에너지가 질량이라는 것이다.
손에 잡히지 않는 허공중의 요소가 에너지이고 만질 수 있고 사용할 수 있는 물물이 질량이다.
우리는 손을 손등과 손바닥을 같이 일러 호칭한다. 그러나 손등은 손등이요, 손바닥은 손바닥이라고 부른다.
본체와 본질은 같다는 것이다. 이것은 공간적으로 존재하는 물질이 비어 있다는 것이요, 빈 것이 인연 작용으로 물질이 된다는 비유이다.

색이 곧 공이요, 공이 곧 색이라는 것은 어디에서나 무엇이든 막힘이 없어 자유자재하고 무상하게 움직이며 변화한다는 내용이다.

글의 중요한 핵심은 영원히 우리가 소유할 수 있는 것은 없으니 허무하게 물건이나 생명에 지나친 집착과 애욕으로 고통의 질곡에 빠져드는 것을 예방하기 위함이다.

진리는 지금까지 설명한 바와 같이 천지 만물과 재화와 재물은 있어도 있는 것이 아니요, 없어도 없는 것이 아니어서 물질이란 믿을 수 없는 허망한 것이니 뜬구름 잡겠다고 헛고생하지 말고 주어지는 그만큼 만으로 자족하며 여유롭게 살라는 것이다.

필요 이상으로 얻고자 욕심을 부리면 그만큼 불행하고 괴로울 것이요, 비우고 베풀면 그만큼 행복하고 즐거운 삶을 누리게 될 것이다.

그런데 이와 같은 공에 대해서 역대 선사님들은 어떠한 견해를 피력하셨을까?

연생(緣生)(인연으로 생겨 남)**으로 따라 나오지 않고,**
연리(緣離)(인연으로 사라짐)**를 따라 소멸하지도 않는 것이 일심이다.**
중국의 후진 사람인 승조 스님은 자신의 저서 조론의 종본의의 근간으로 일심을 내세웠다.

승조 스님은
일심을 본무(本無), 실상(實相), 법성(法性), 성공(性空), 연회(緣會)라고 하는 것은 현상 만법의 의미를 나타낸 것이며 진리의 실체로 인정하셨다.
본무(本無)는 있고 없고가 없고, 가고 옴이 없는 일심의 근본 자체이고, 실상(實相)이란 나타나 있는 천지만물이며 법성(法性), 성공(性空)은 만물이 형태는 눈에 보이지만 실체는 비었고, 성품이 없다는 것이다
연회(緣會, 인연으로 만들어지는 것)는 현실적인 현상 작용(나타나 있는 물건들)이다.

이 내용을 설명하면 실제로 나타나 있는 정신적이든 물질적인 것이든 자신만의 성질은 없고 모두가 비어 있으며 연회(인연에 의한 만남)에 의해서만이 나타나 우리의 눈에 인식되고 감촉되어 일심에 영향을 끼쳐 미혹함도 깨달음도 나오고 희로애락(喜怒哀樂), 우비고뇌미추(憂悲苦惱美醜) 등을 낳는다는 것이다.

일체의 모든 물건이 인연 화합으로 이루어진 것이라면 인연으로 화합하기 전에는 없었을 것이다. 불교 교리에서는 연생(緣生, 인연으로 생겨남)으로 따라 나오지 않고 연리(인연이 다하여 사라짐)로 소멸하지도 않는 본무일심(本無一心, 한마음에는 처음부터 아무것도 없다)의 의미가 여기에 있다.

그러므로 연생의 모든 물건은 현재 존재해 사용할 수 있긴 하나 존재해 있어도 그 자체의 성품은 항상 스스로 공하고 성품이 항상 스스로 공하기 때문에 이를 일심(一心)의 성공(性空, 빈 성품)이라 일컬음이다. 이것이 승조 스님이 자신의 책에서 밝힌 공(空)의 의미이다.

원효스님께서도 깨달으신 진리가 바로 한마음이다.
중국 유학 가시는 도중 날이 저물어 산속 동굴에서 하룻저녁을 보내게 되었는데 심한 갈증으로 깨어나니 스님의 옆자리에 있던 그릇에 물이 있어 아주 맛있게 먹었는데 아침에 깨어보니 그렇게 맛있게 먹었던 물이 해골에 담겨 있던 썩은 물이었음을 알고 확연히 깊은 깨달음을 얻게 된 것이다. 이로써 일체유심조(一切唯心造)의 사상은 확실해진다.

원효는 그의 저서 대승기신론소(大乘起信論疏)에서 다음과 같이 설하고 있다

일심은 모든 법(나타나 있는 존재)의 근본이며 진여문(眞如門)과 생멸문(生滅門)이 있다. 진여문은 변하지 않는 본체(地, 水, 火, 風의 사대원소)이고, 생멸문은 인연 따라 나타나는 작용(인간 사회. 자연생태계. 천체의 것들)이다.

진여는 생멸을 떠나지 않고 생멸은 진여를 떠나지 않으니 이를 일심이문(一心二門)이라 하며 만법을 통합한다(일심 속에서 진여가 인연에 의해 생멸문을 형성하고 생멸문 또한 인연에 의해 진여문으로 회귀함을 가르킨다).

또한, 일심의 법은 세 가지 위대함을 갖추고 있으니, 하나는 체대(體大), 둘은 상대(相大) 셋은 용대(用大)이다.

체대(體大)는 모든 법이 진여(참된 본성)의 근본이라는 것이고(이것은 사람을 비롯하여 동물과 식물, 유·무정의 모든 것, 그리고 태양계와 은하계의 모든 것이 모두 지·수·화·풍의 사대원소로 이루어져 생겨났음을 의미한다.)

상대(相大)는 모든 법의 형상이 다 마음에서 비롯된다는 것이며(인간 동식물 바닷속의 미생물에 이르기까지 마음 씀씀이에 의해 그 형체와 생긴 모양이 업의 영향력으로 달라진다는 것), 용대(用大)는 모든 법의 작용이 다 마음의 공덕이라는 것이다(인간은 인간으로서 개는 개로서 사과나무는 사과나무로서의 자기 역할을 하는 것이 모두 마음 작용인 것이다). 이 세 가지는 모두 일심의 덕이니 서로 분리될 수 없다(각 개체의 형성은 일심이 생함이고 일심의 생함은 개체의 형성이다).

중국 송나라 때 강서성 길주 청원산 정거사에 주석했던 임제종 청원유신 선사가 그의 상당 법어에서

- **산을 보면 곧 산이요, 물을 보면 곧 물이더라**
  산시산(山是山) 수시수(水是水)
- **산을 보아도 산이 아니고 물을 보아도 물이 아니더라.**
  산불시산(山不是山) 수불시수(水不是水)
- **산을 보면 산일 뿐이고 물을 보면 물일 뿐이더라**
  산지시산(山只是山) 수지시수(水只是水)라고 제시하였고

또 대한불교조계종 성철스님도 종정 취임식 법어로 이 선구를 나타내시어 승, 속 간의 구별 없이 수많은 사람에게 신선한 감명을 주고 선의식을 자극한 사실이 있다.

여기에서 이 법어의 참된 뜻을 어렴풋이나마 풀어보면 빈 것과 있는 것의 차이와 인간과 자연생태계의 실상을 알 수 있을 것이다.

- **산을 보면 곧 산이요, 물을 보면 곧 물이더라**
우리는 물체를 인식할 때 모양과 형태의 분별만으로 그때그때 판단하지만, 그 본질에 대해서는 생각할 이유도 여유도 갖지 않는다. 왜냐하면 오랜 세월 동안 익히 알아 온 물건들에 대한 이름이 정해져 있었기 때문이다

그 일환으로 흙과 돌멩이 나무, 풀, 물 등으로 둔덕을 이룬 것을 산이라 명명하며 같은 개념으로 인식되어 세세생생 면면히 이어져 왔기에 산은 산이요 물은 물인 것이다.
있는 그대로를 우리가 알고 있다고 생각하는 것이 옳다고 무조건

인정하고 본체니, 본질이니 하는 진리의 측면은 생각조차 하지 못하고 눈에 보이는 것만을 인정하는 분별과 집착이 산을 산으로만 보고 물을 물로만 느끼게 하는 것이 우리 일반인들의 알음알이며 분별의식으로 자리매김하고 있다.

- **산을 보아도 산이 아니고 물을 보아도 물이 아니더라**

이 법어의 내용은 범부들의 인식 범위를 넘어선 깨달은 자들만이 알 수 있는 진리의 본체를 다룬 것이다.

눈에 보이는 것만을 있다고 생각하는 중생들에게 '있는 것을 있게 하는 본질적인 요소(눈에 보이지 않고 촉감으로 인식할 수 없는 것)는 없는 것으로' 간주하고 있는 잘못을 바로 일깨우려는 가르침이다.

존재하고 있는 모든 것 중 이 법어에 예시된 산과 물에 대하여 설명하면 둘 다 지, 수, 화, 풍 사대 요소의 인연화합 작용으로 그 체가 다르게 형성된 것일 뿐 그 본질은 같다.

분석해 보면 산은 흙과 돌멩이, 모래와 풀, 나무 그리고 물 등이 모여 둔덕을 이룬 것이다.

기계의 힘으로 헤쳐 버리면 평지가 되고 자연재해로 그 모양이 훼손되면 다른 형태가 생겨나 그 이름이 달라진다.

그래서 산은 산이 아니다 물은 산과 들 개천을 따라 결국 바다를 형성하나 기후나 계절의 변화에 따라 비나 눈으로, 안개로, 서리로, 얼음으로 그 형태를 바꾸어 우리 앞에 나타나 존재한다. 그것들이 다시 상황 변화에 따라 물이 되니 어찌 같은 물이라 할 수 있겠는가?

물이 얼음이 되고. 얼음이 다시 물이 되며. 이와 같이 눈, 안개 서리가 물이 되고. 물이 또 눈, 안개 서리로 그 형태를 바꾸니 그래서 물은 물이 아니다.

본체와 형태는 인과 연의 상호작용에 따라 서로 가고 옴에 아무런 장애가 있을 수 없다.
행과 불행, 고통과 평안, 귀함과 천함 등 인생사 희노애락(喜怒哀樂), 우비고뇌미추(憂悲苦惱美醜)가 모두 일심의 작용에 따라 달리 나타남이지 고정된 상황이 있는 것이 아님을 일러 가르치는 법리이다.

물아일체(모든 사물과 내가 같다)의 경지에서야 유유 자연의 흐름인 자유와 평등에 인간적인 집착과 분별은 사라지고 진정 참된 행복은 이루어진다는 것이다.

• **산을 보면 산일뿐이고 물을 보면 물일뿐이다**
이 말은 눈에 보이는 현실을 현실 그대로 직시한 표현이다.
진리 측면에서 아무리 사실을 사실대로 설명해도 우매한 중생들의 눈에 나타나 있는 것은 어쩔 수 없이 눈에 보이고 느낄 수 있는 이 현실 세계를 어떻게 설명해야 할 것인가?

진실과 현실의 차이를 이해시켜 분별과 집착에서 벗어나게 하려는 고충 어린 심정이 불진공(不眞空 眞空妙有), 평등 속의 차별. 차별 속의 평등이라는 언어를 빌려 설명하고 있다.

다시 말해 불진공(不眞空)이란 참으로 빈 것이 아니다. 하지만 산을 진리 측면에서 보면 지, 수, 화, 풍의 사대원소로 생겨났지만, 그 형태를 달리하고 있는 흙, 모래, 돌, 나무, 물들이 모여 형성된 존재로서 엄연히 눈앞에 펼쳐져 있음을 부정할 수만 없어 참으로 빈 것만은 아니라고 인정하고 있는 것이고, 진공묘유(眞空妙有)는 참으로 모든 존재는 빈 것인데 그중에 묘하게 있는 것이 있음을 나타내어 평등 속의 차별(모든 존재의 구성 성분은 같은데 인연법에 따라 그 형태를 달리하여 차별적인 모습을 보이는 것)과 차별속의 평등(그 형태를 달리하고 있는 존재들이 사실은 구성하고 있는 성분은 하나같이 같다는 것)으로 분별과 집착으로 비롯되는 탐욕에 의한 고통에서 빠져나와 평온하고 행복한 삶을 유지하라는 숭고한 가르침이다.

지금까지 선대 조사님들의 고귀한 말씀들로 우리 중생들의 깨달음에 많은 도움을 주었지만, 특히 불가의 삼조 승찬 스님이 지으신 사언절구의 시문으로 나타낸 신심명의 첫 구절인 지도무난(至道無難)이요 유혐간택(唯嫌揀擇)이니 단막증애(但莫憎愛) 하면 통연명백(洞然明白)이라 하시었으니, 이것은 불교 교리를 일목요연하게 표현한 진리의 요체라 할 수 있다. 지극한 도 즉 무상대도는 큰 깨달음을 일컫는 말로서 오직 간택(취하고 버림) 증애(미워하고 사랑함)만 하지 않으면 중도의 오묘한 경지에 도달함은 물론이요, 무관심으로 일관되는 무수지수(無修之修)의 수행은 이룩되는 것이다.

그리고 '한쪽의 의견과 이익에 집착하지 않는 화합으로 선·악의 개념에서 벗어나 사고의 편 가름이 없어져 마음이 자유로워지는데 이것이 깨달음 자체이다'라고 하신 것이고,

이것은 영원토록 인간이 팔만사천의 고통에서 벗어나 니르바나(열

반)의 세계에 머물 수 있는 방편임을 말씀하신 것이다.

지금까지 불교의 핵심 사상인 공에 대해 여러 가지로 설명하였지만 짧게 표현하면 다음과 같다.

'공(空)은 무아(無我) 무상(無相)이며 무아 무상은 중도(中道)이고 중도의 방편(方便)은 일심(一心)이다.'

그러면 일심 즉, 한마음이 정신적인 생각이나 물질적인 사물들의 생멸을 좌우하는 것이라면 이 마음이야말로 천지창조의 주체이며 기본이 되어야 할 것이다.

그런데 이러한 마음은 무엇이며 어디에 존재하며 그 역할은 무엇이고 인간에게만 있는 것일까?

천지에 나타나 존재하는 유정의 만물은 모두 색, 수, 상, 행, 식(오온)을 모두가 지니고 있다.

색은 존재가 지닌 물질적인 형체를 뜻하고 수, 상, 행, 식은 정신적인 작용으로 형체를 형성하고 있는바 이것들이 공존하고 있는 형태(육신과 정신) 그 자체를 마음이라 할 수 있다.

그런데 이 마음을 분석해 보면 외부의 물체를 감지하는 6개의 인식기능(안식, 이식, 비식, 설식, 신식, 의식)인 제6의식과 여러 생애를 거쳐 오며 쌓여 저장된 경험과 습관으로 이루어진 지식인 제8아뢰야식의 가운데 있으면서 사고(思考)하고 추량(推量)하여 주, 객을 나누고 호, 불호 옳다, 그르다 하고 사량(思量)하는 제7말나식(자아의식)으로 이루어진 총체를 일러 마음이라 이름하고 있다.

여기서 마나는 의(意)라고 하며 의지(意志)라는 뜻이다(자세한 설명은 이 책 불교 교리 연기론 편의 아뢰야식 연기론을 참고).

일심(한마음)은 존재의 생멸을 좌우할 뿐 아니라 인간의 생로병사에도 관여하고 희.로. 애. 락. 우. 비 고. 뇌 미. 추의 중추적인 역할을 담당하고 있다.

그러므로 일상생활 속에서 마음을 어떻게 다스리느냐에 따라 행·불행을 비롯한 모든 세상사가 결정된다. 그러므로 인간의 마음 다스림은 자연의 순환 순리를 따라 행하는 여여한 생활만이 고통의 질곡에서 벗어날 수 있는 유일한 길이 될 것이다.

여여한 생활이란 기본적으로 너와 내가 다르다는 생각, 내 것과 네 것의 구분, 내가 너보다 뛰어나다는 생각, 필요 이상의 물질을 갖고자 하는 탐욕에서 벗어나 자유와 평등심으로 사는 것이다.

이로써 분별과 집착의 아집에서 벗어나 온 누리가 자유와 평등으로 가득 찬 여여한 사회가 될 것이며 부처님이 말씀하신 인간이 만들 수 있는 최상의 불국정토에서 행 불행이 없는 삶을 살 수 있을 것이다.

4) 마음은 어떻게 관리 수습해야 할까?

　존재하는 천지 만물이 다 공하고 정신적인 작위 면에서도 마음의 공함도 알게 되었으나 시도 때도 없이 들락거리며 심성을 괴롭히는 마음을 어떻게 해야 안정시킬 수 있으며 공한 마음을 확연히 깨달을 수 있을까?

　여기에는 유심수행(有心修行)과 무심수행(無心修行)의 두 가지가 있다.
　유심수행에 대하여 혜심 대사는 불교 교학의 지관(止觀) 정혜(正慧)를 가리킨다고 생각하고 있다.

　〈손시랑 구어〉에서 혜심은 다음과 같이 말하고 있다.
　'수행의 요체는 지관 정혜를 벗어나지 않는다. 제법이 공함을 비추는 것을 관(觀)이라 하고 제분별을 그치는 것을 지(止)라 한다. 지란 망(妄)을 깨달아서 그치는 것이지 마음으로 억지로 제어하는 것이 아니다. 관이란 망(妄)을 보아서 깨닫는 것이지 마음을 써서 고찰하는 것이 아니다.
　경계에 대하여 움직이지 않는 것이 정(定)이지 힘써 제지하는 것이 아니다.
　성(性)을 알아서 미혹하지 않는 것이 혜(慧)이지 힘써 구하는 것이 아니다 비록 스스로 공부를 점검한다 하더라도 힘을 얻고 얻지 못하는 소식을 알 때라야 된다.
　이 이외에 간화일문이 있는데 가장 경절하다. 지관 정혜는 자연히 그 속에 있다.'

여기서 느끼는 바의 핵심은 사리 분별을 그치고 일체 만물이 공함을 아는 것을 지와 관이라 하고 이 같은 성품을 알아서 터득하는 바가 혜이고 이로 인해 우리가 마음의 안정을 취할 수 있다는 것이 정이다.

불교 교리에 삼학이 있는데 계(戒)·정(定)·혜(慧)이다. 계는 생활해 가면서 지켜야 할 올바른 행위를 강조한 것이고, 정은 마음의 안정이고, 혜는 허망 분별 속에서 허덕이지 말고, 참다운 진실인 공의 참 면목을 깨우쳐 불만의 생활에서 고통스럽게 살지 말고, 편안하고 올곧은 생각으로 행복하게 살아가라는 지엄한 가르침이다.

돈, 권력 좋은 차, 값비싼 아파트 등이 허깨비나 아지랑이 무지개와 같은 존재임을 진실로 깨닫는 순간 우리는 마음의 안정과 평화가 햇살처럼 번져 오는 것을 느낄 것이다.
스스로 처해 있는 환경에 부족함을 느끼지 않으면 시기나 질투 등등의 감정에 빠져들지 않는다. 자기 삶이 행복함을 느낄 것이다.

남이 나를 모욕하거나 비방하고 없는 일을 만들어 음해해도 모든 것이 헛짓이라 여겨 마음의 여유를 갖고 일목요연한 태도를 지니는 것이 지관, 정혜의 가르침이 갖는 참다운 힘일 것이다.

비가 오고 눈보라 쳐도 언제나 엄연히 태양은 빛나고 있음이다.

위에 열거한 말들은 일반 신도들이 마음의 안정과 평화를 위해 수행하는 방안이 되지만 천지 만물의 생성과 소멸의 그 오묘한 진리를 터득하고자 하는 스님들은 유심수행은 물론, 무심수행의 터득 없이는 그 목적을 이룰 수 없다.

그러면 무심수행은 어떠한 것인가?
한마디로 무심수행의 실천 방안은 간화선이다.

혜심스님은 〈시강종 대왕 심요〉에서 아래와 같이 설하고 있다
'이른바 무심이란 마음을 없애지만, 마음을 없애는 것도 없고, 또한 마음이 다 없어진다는 것도 없다. 이것이 참된 무심이다.
무사란 일이 없지만 일을 없앤다는 것도 없고, 또는 일이 다 없어진다는 것도 없다. 이것이 참된 무사이다.

'만약 사(事)로서 사를 제거하면 사는 점점 많아지고 마음으로 마음을 없애려고 하면 마음은 도리어 많아진다.
좌우의 갈등을 한 칼에 두 조각내어 앞도 생각하지 않고 뒤도 생각하지 않는 것보다 못하다.'

혜심 스님의 말을 살펴보면 무심수행은 쉼 없이 들락날락하는 파도처럼 생겨나는 온갖 번뇌를 잠재우기 위해 인위적인 노력이 필요 없는 수행임을 강조하고 있다.
무수지수(無修之修)라고 아무것도 하지 않는 것이 곧 참된 수행인 것이다. 비바람이 몰아치고 천둥번개가 요란해도 그저 물 흐르듯 흘려보내고 주위의 천지 만물과 하나로 동화되어 여여함 그 자체가 되어야 한다. 모든 사건과 사연을 또 생각을 무관심으로 일관되게 유지하는 것이다.

이와 같은 수행은 화두를 참구하는 간화선이 가장 좋다.

혜심 스님은 〈시정견 도인〉에서 다음과 같이 말하고 있다.

'이 마음은 중생의 본원이다. 그러나 망상 때문에 스스로 장애를 입는다. 만약 망상을 떠난다면 본마음이 저절로 현현할 것이다. 망상을 떠나고자 한다면 화두를 참구하는 것보다 좋은 것이 없다.
죽비라고 불러도 안 되고 죽비라고 부르지 않아도 안 된다. 말을 내려도 안 되고 말이 없어도 안 되며 헤아려서도 안 된다.'

본래 인간이 태어나면서부터 갖고 있는 청정한 마음을 덮고 있는 망상과 번뇌의 먹구름을 제거하여 자성청정심(불성)을 드러내기 위해서는 화두를 짓고 참선하는 것이 최상의 방법이다.

화두란, 인간의 지식 즉 알음알이로는 도저히 알 수 없는, 글귀로 비유하자면 일종의 수수께끼와는 비교가 불가능한 더 오묘한 깨달음의 방안이다.

떨어지는 낙숫물이 바위를 뚫듯 작위 없는 수행을 간화선이라 한다.

우리는 생활인이든 수행인이든 주위 환경이나 그로 인해 파생되는 일로 인한 감정의 노예가 되어 살아가는 우는 범하지 않아야 하겠다.
부처님의 가르침에 따라 나는 내려놓고, 비우고 남에게는 얹어주고 채워주는 베풂의 자비행이 살아 있는 간화선이 깨달음의 원천이 된다.

5) 사고의 전환과 수행 방법의 개선

불교에서 수행이란 깨달음을 위한 필수적인 방법이다. 인간으로 태어나 맺게 된 인연의 끈을 잘라내 외적인 면에서 속세에서의 아무개라는 자신을 완전히 버리는 기본적인 행위에서 시작하여 염불과 기도로 일념 삼매에 빠져드는 내적인 자아 탈피의 행위로 수행의 강도를 높이게 된다.

자기를 완전히 버린 상태에서 화두에 일로매진하여 행주좌와(행동하고 머물고 앉아 있거나 누워 있을 때) 어묵동정(말할 때와 침묵을 지킬 때 움직이거나 조용히 있을 때) 간에도 한 생각만이 여여하고 꿈속에서도 다를 바 없이 계속되어 낙숫물이 바위를 뚫듯 초지일관의 자세가 견지되어야 한다.

이로써 천지 만유의 생성과 소멸의 오묘한 이치를 시각 장애인이 눈을 뜨고 대명천지를 보듯 깨닫게 되는 것이다. 이것은 깨달음을 얻기 위해 원대한 서원을 세운 출가승들이 행하는 수행의 원칙과 진행 과정이지만 수행의 성취도는 개인마다 큰 차이를 보이게 된다.

부처님께서 제자들에게 사성제를 설하셨을 때 깨닫는 시기를 세 종류로 분류하셨는데 시전(사성제의 사상을 보여 주는 것)과 권전(사성제의 수행을 권하는 것), 그리고 증전(사성제의 도리를 부처님 스스로 증명해 보이는 것)이다.

개개인이 가지고 태어난 능력의 차이가 상근 중근 하근인데 상근은 최초의 시전에서 깨닫고, 중근은 다음의 권전에서 깨닫고, 하근은 증전에 이르러서야 각각 도를 깨쳤다고 한다.

마찬가지로 인간은 성품과 총명함에서 상중하의 능력을 따로 갖추고 태어나 여러 분야에서 성취도를 달리하고 있다. 그래서 일상생활을 살아가는 우리로서는 불자로서의 공부 방법이 달라져야 할 것 같다.

수억만 겁의 한없는 세월을 살아오는 동안 탐·진·치 삼독심의 번뇌로 인해 쌓여 온 습관과 행위들이 자기만의 습관과 마음(업장)으로 굳어져 윤회의 수레를 타고 계속되어 오늘의 나로 이르게 되었다.

그래서 우리 인간의 나(자아)라는 인식은 자기 것만을 생각하도록 육식(안식, 이식, 비식, 설식, 신식, 의식)과 제7말나식(자아의식), 그리고 제8아뢰야식에도 깊게 드리워져 있음을 알아야 한다. 나라는 육신은 팔만 사천의 번뇌 또한 담겨 있어 시도 때도 없이 끝 간 데 없이 찰나 찰나 들락거리며 우리의 마음을 어지럽히고 있다.

나라는 올가미에서 벗어나지 못한 우리 인간이 할 수 있는 건 번뇌의 지시에 따라 행하는 노예 생활 외에는 아무것도 없다. 이와 같은 우리 중생들이 화두를 정해 참선에 일심전념하는 수도승의 모습을 흉내 낸들 그 결과야 뻔할 것이다.
물론, 하지 않는 것보다는 마음의 안정을 유지하는 데에 다소의 도움은 있을 것이다.

성불을 목표로 출가하는 스님들은 출생하면서부터 함께한 부모 형제는 물론, 주변의 친척이나 친구 등 인연 지어진 모든 사람과 직장이며 사업이며 돈이나 물질이거나 모든 것과의 관계를 말끔히 정리하는 동시에 무명초라 불리는 머리카락도 말끔히 깎는 삭발 의식을 경건히 치러 텅 비었고 그림자 없는 육신을 지니고 수도 생활을 시작한다.

그러나 우리는 태생적으로 지닌 팔만사천의 번뇌로 인해 살아 있다는 자체가 번뇌의 소용돌이에 휩싸여 있다는 사실을 명심해야 한다.

이러한 연유로 수행의 방법이 달라져야 하며 달리 행하기 위해서는 사고의 전환이 이루어져야 할 것이다.

사고의 전환이란 깨달음을 얻으려는 방법에 대한 잘못된 생각을 바꾸는 것인데 어떻게 해야 하는 것일까?

수도승과 속세의 중생들은 같은 인간이지만 여러 가지 면에서 차이가 있음을 인정해야 한다.

수도승이나 중생이거나 간에 육근(안, 이, 비, 설, 신, 의)과 육경(색, 성, 향, 미, 촉, 법) 그리고 육식(안식, 이식, 비식, 설식, 신식, 의식)이 서로 연관 관계를 이루며 삼화성촉(육근, 육경, 육식의 상호화합)으로 인식 작용을 하게 된다.

이 인식 작용에 승과 속은 너무나 현격한 차이를 나타내게 된다.

승은 모든 것에 대한 인식이 깨달음만을 위한 것이어서 버리고 취함에서 단순명료하여 화두에 집중력이 오래도록 지속될 수 있다. 속은 인식이 주변의 잡다한 인연과 연결되어 있어 복잡 미묘한 망념의 와중에 휩쓸리어 깨달음을 위한 정신일도의 상태가 순간적으로 흐트러지며 화두는 혼미하게 흐려지고 잡다한 생각만이 일게 된다.

 이러한 상태가 반복적으로 일어나는 가운데 아무리 긴 시간을 참선하여도 아무런 효과를 나타낼 수 없다.
 사실 우리 인간의 육체는 아궁이 위에 놓인 솥과 같고 마음은 그 속에 담긴 물과 같다.
 솥 속의 물이 담긴 원래의 상태 그대로 조용하고 차갑게 있고 싶지만, 아궁이에 불을 지펴 열을 가하게 되면 물은 가열되어 뜨겁게 요동치며 차가움(냉정함)을 잃게 된다.
 아무리 찬물을 부어도 불을 끄지 않고서는 뜨거운 소용돌이는 잠잠하게 식을 줄을 모른다.
 앞에서 잠깐 언급했지만, 수도승은 모든 것을 버려 속세로부터 완전히 차단하는 행위를 끝내고 수행에 임하지만, 우리 중생은 버리는 것 하나 없이 모든 것을 지니고 천근만근의 무게로 수행에 임하려 하니 수행 공부의 깊이와 진도에 엄청난 차이가 생겨나는 게 당연한 이치일 것이다.

 우리 중생의 실질적인 삶이 잠시 잠깐의 안정이나 여유도 없이 휘돌아가는 인연에 엮이어서 물질만능 시대의 치열한 경쟁에서 이해타산은 꺼질 줄 모르고 계속해서 아궁이에 불을 때고 있다.
 이와 같은 여건에서 우리가 할 수 있는 수행은 아무것도 없으며 어떠한 방법으로도 수행은 제대로 이루어질 수 없을 것이다.

 어찌 수도승과 같은 반열에 서서 같은 방법으로 깨달음을 논할 수 있겠는가!

 그렇다면, 우리가 일상생활을 영위해 가며 행할 수 있는 수행 방법은 어떠해야 할까?
 이제 주어진 인연에 따른 이해타산의 계산기는 지금까지의 복잡한 셈을 털어 영으로 맞춰놓고 더하기 곱하기는 배제하고 빼고 나누기만으로 다시 시작해야 한다.

 우리의 수행은 일상생활 중 하나 하나의 행위가 어떻게 이루어지는가를 살피며 잘한 일은 장려하고 잘못된 것은 고쳐 나가야 한다.
 사람들을 만나면서 일을 하면서 느끼고 생각하고 말하고 생활하는 와중에 어떻게 하는 것이 편향됨이 없는 마음의 안정과 여유를 찾을 수 있는 것인지를 관찰해야 한다.

 빼고 나누는 것으로 생활 수행을 하자는 것은 나의 욕심은 버리고 나의 이익은 남과 나누는 것으로 생활 기준을 삼아 일상생활을 영위해 나가자는 것이다.

 언감생심 수도승과 같이 부처되기를 바라지 말고, 생활인으로 인간다운 참 인간이 되는 방안을 마련해야 하는 것이 참다운 불자의 도리가 될 것이다.

 그런데 인간의 안락하고 편안한 삶을 방해하는 가장 핵심적인 이유를 꼽자면 넓은 의미에서 팔만사천의 번뇌 때문이지만 고통을 유발하는 중요한 내용은 여섯 가지 기본 번뇌와 스무 개의 수(隨) 번뇌 때문이다.

 우리는 어떤 내용의 번뇌로 내가 괴롭고, 남을 괴롭히고, 미워하고, 원망하며 시기 질투하는지를 알지 못한다.
 내게 닥친 상황이 무엇이며 나는 어떠한 형태로 반응하는지를 제대로 알지 못하고 허둥대기만 한다.
 기본 번뇌와 수 번뇌의 내용을 파악하여 대처하는 방안을 가슴에 새겨 착한 행동은 하되 악업은 짓지 않고 고뇌에 빠져드는 일이 없도록 세심한 배려가 있어야 하겠다.

 분한 일을 당하여 자신을 한탄하거나 남을 원망하지 말고, 다른 사람이 장한 일을 했을 때는 칭찬해 주고 성공하여 부귀영화를 누리게 되면 축하해 주는 미덕을 보이고 시기나 질투로 자기를 괴롭히는 일 없이 스스로 분발하여 노력하는 자세가 올바른 처세가 된다.

 자기 것을 아끼고 베풀지 않는 것은 남의 것을 뺏는 것보다는 낫겠지만 결코 현명한 일이 될 수 없으며, 자비의 황홀한 기쁨은 느껴 볼 수 없을 것이다. 자신의 실체를 속여 잘난 체하고 뽐내며 방자한 것은 겸손의 미덕을 모르는 불손한 태도로 삼가야 할 것이다.
 비굴하게 아첨하는 행위는 남에게 언짢은 말을 하는 것보다 더 나쁜 짓이며 사리가 분명하고 떳떳하게 자기의 소신을 밝히는 정당함이 필요하다.
 교만하여 남을 우습게 여기고 멸시하는 것은 자신이 오만무도한 형편없는 사람임을 모르는 것이며, 잘못을 저지르고도 참회하지 않음은 바보스러운 행위이고, 부끄러움을 느끼지 못한다면 떳떳한 인간으로의 면모는 찾아볼 수 없을 것이다

　포악한 일을 저지르고 잘못된 견해를 피력하고도 반성하지 않는 것은 선량하고 착한 마음을 갖지 못하였기 때문이니 우리의 성정(타고난 본성)을 바르게 하여 올바른 견해를 사실대로 밝히는 것으로 바로 잡으면 된다.

　마음이 흔들려 안정을 찾지 못함은 외부의 환경에 공포와 불안을 느끼거나 스스로 생각 자체를 불길한 방향으로 이끄는 어리석은 행위 때문이다.
　자신이 하는 일이 어려움에 처해 있거나 마음이 어두워 정신이 혼미한 상태로는 생활하기가 매우 어려워진다. 짜증나고 매사가 귀찮아 사리판단이 정확하지 않다.

　게으름을 피우고 나태한 사람의 대부분이 방종하고 방탕하기 그지없으며 항상 불만에 차 있어 자신에게 닥쳐온 고통에 어찌할 바를 몰라 우왕좌왕 허덕이다 자신의 삶을 포기하는 경우가 허다하다.

　진리의 참다운 말을 믿지 못하고 제대로 시행하지 못하면 무엇이 옳은 일인지를 판단하기가 어렵고 생각은 혼란스러워 일의 성취가 어려워진다.
　우리의 생활이 편안하고 행위가 정상적으로 되기 위해서는 무엇보다 세상을 바라보는 생각이 바르고 올바르게 이루어져야 하나 항상

오해하는 어리석음으로는 사사건건 분란만 일으키게 된다.

 위에 열거한 사례들과 같이 잘못된 생활 습관으로 인해 우리 중생들의 삶이 고통을 겪으며 혼란스러울 수밖에 없다.
 안정과 여유를 찾고자 하나 느끼는 그때 그 순간뿐이며 곧 다시 혼란스러워 고통에 빠져들게 된다.

 시간 시간마다 매일매일 행위의 앞과 뒤를 또 그 결과의 전후를 살펴보고 무엇인가에 문제점은 없었는지 주의 깊게 살펴보고 성찰해 보는 잠시 잠깐의 시간이 엄청난 힘으로 누적되어 쌓이는 것을 느끼게 될 것이다.

 보잘것없어 보이는 하나의 못이 천근만근의 무게를 지탱할 수 있다는 사실을 상기해 볼 필요가 있다.
 잘 다스려지고 잘 닦여진 습관은 시간마다 매일같이 마음의 안정과 여유로 비축되었다가 질기고도 질긴 업장을 녹여내는 원동력으로 참다운 불자로 사는 생활에 그 힘을 발휘할 것이다.

 마음의 안정이 어느 정도의 수준에 이르게 되면 주변 상황에 대처하는 능력이 향상되어 깨달음을 향한 수행의 기본자세는 성취되었으나 이것만으로는 만족할 수 없다.
 중생들의 수행에는 참다운 인간으로 얼마나 성실한 삶을 살고 있는지를 먼저 살펴보는 것이 순서이고 능력이 되는 것이다 현재 우리의 삶의 모습은 어떠한가요?

부모로서 남편으로, 자식으로 형제와 친지 친구로서 맡은 바 소임을 다하고 있는지 사회 구성원으로 책임지고 있는 일을 충실히 이행하고 있는지 모나거나 지적받을 만큼의 결함은 없는지를 세세히 살피고 반성하는 자세가 필요하다.

미소 짓는 모습으로 화내지 않고 짜증 부리지 않으며 지나치게 나의 욕심만을 차리지 말고, 남을 먼저 배려하는 낮은 자세를 견지하여 폭언을 삼가고 거짓으로 이웃을 속이지 않고 나의 편의를 위해 남에게 손해를 끼치지 않는 등 항상 상냥하고 부드러운 음성으로 상대에게 접근해 가는 성숙한 태도는 곧 불법 시행의 시작인 동시에 모범적인 사회인의 행동이라 할 수 있다.

깨달음으로 가는 한 여정이라 할 수 있다. 돈이나 권력으로 존경받는 것이 아니고 자상하고 아량의 폭이 넓은 인격으로 존경받는 사람이어야 할 것이다.

우리가 불법을 만나 불자가 될 수 있었다는 인연은 천금을 주고도 살 수 없는 귀한 행운이며 이 세상에 유일무이한 진리를 접하여 고통을 영원히 소멸시킬 수 있다는 자긍심만으로도 행복하고 또 행복함이니 부처님에게 최고 최상의 감사를 드려야 한다.

나무 석가모니불

찬연한 태양 빛 아래
산천경개는 변함없는데
우리의 심신은
잠시 잠깐의
머무름도 없구나.

백 년의 짧은 인생을
무상하다
한탄하지 않을 수 있으리오.
천지만유 중에
변함없이 항상 하는 것 없음을 모름이야.

한마음 알아차림으로
천지가 개벽하는
희로애락의 경계가 열리니
이보다 더 한 기쁨이
어디 있으리오.

한 티끌 중생심을
불심으로 깨우치신
삼세를 뛰어넘은
부처님의 장엄함.

석가모니불은
빛이요 자유와 평등이며
베풂과 헌신
그 자체이시다.

2.

현실세계의 실체

인간존재의 근본적 실체를 살펴보기 전에 지금 현실적인 우리의 모습이 어떠한가를 먼저 알아보는 것이 필요할 것 같다

유구한 세월 인류가 추구해 온 보다 나은 삶을 위한 노력은 물질문명의 발달사 바로 그것이었다. 이에 비례하여 정신문명은 갈수록 황폐해졌으나 인간의 삶 자체는 편리하고 안락하게 모든 것이 만족스럽게 풍족해졌으며 더욱 안정적으로 쾌락에 탐닉하는 생활을 즐기게 되었다. 이처럼 나아지는 물질적인 풍요를 지속시키고 발전시켜 더 많은 보람을 얻기 위해 인간은 악착같이 자기 본위적으로 변해 주위를 살펴볼 겨를이 없었다. 그뿐만 아니라 필요하다면 무엇이든 어떤 것이든 이유 불문하고 파괴하고 빼앗아 차지하는 행위를 서슴지 않고 자행해 왔다.

인간이란 천지 만물과 더불어 공존하며 살아가는 존재이지 독보적이거나 독자적인 존재가 아니다. 혼자서는 절대로 살아갈 수 없을 뿐 아니라, 서로 서로 상호의존 관계이다. 자연의 한 부분으로 유정 무정의 동식물들과 함께 천지 산하를 조화롭게 이용하며 살아가야 하는 것이 순리인데도 말이다. 지금 자연환경은 수습하기 어려울 정도로 황폐해지고 있으며 천연자원의 고갈로 머지않은 장래에 재앙의 그림자가 인간 사회를 뒤덮을 것이다. 그런데도 인간의 탐욕 그 욕구는 끝없이 시시각각 행동으로 옮겨지고 있다.

인간을 비롯하여 천지만물은 지, 수, 화, 풍 4대 요소의 인연화합으로 이루어졌음은 주지의 사실이다. 이처럼 모든 것이 인연 법칙에 따라 생성 소멸하는 과정을 통해 생성되고 소멸하며 존재해 가는 것이

다. 인간의 이러한 행위가 인과 연의 결합으로 어떤 결과물을 만들어 낼지는 누구도 예측하기가 어렵다. 자연을 파괴하여 주변 환경이 황폐해 지면 그에 따른 악순환의 결과가 필연적으로 발생한다는 건 변하지 않는 진리이다. 우리에게 닥칠 자연환경이 안겨 줄 재앙이 두려운 것 또한 사실이다. 그러나 그것보다 더 무서운 것은 물질문명의 발달로 파생되는 정신세계의 황폐화로 말미암아 생겨날 인간성 말살의 피해가 더 큰 무서움이다. 지금의 세태를 살펴보면 어찌 온전한 인간들의 생활이며 삶의 터전이라 할 수 있겠는가? 자본주의의 극치로 치닫고 있는 현실 세계에서 필요 절실한 것은 오직 돈 뿐이다. 황금만능주의가 온 세상을 뒤덮고 있다. 정치 경제 사회 교육 문화 복지 등등.... 어느 분야에서든 모든 것을 해결할 수 있고, 심지어 종교계에서도 돈이면 만사형통이다. 인간사 어떠한 어려운 문제도 영혼의 구제마저도 돈으로 해결하려 하고 해결할 수 있다고 믿는 사회이고 인간들이다. 참으로 황당하고 어처구니없는 실정이 만연해 있다. 정녕 말세가 도래한 것인가?

자연은 자연대로 환경 파괴의 대가로 인명과 재산의 피해가 늘어가고 있어 예측할 수 없는 재앙이 닥쳐올 것이고, 인간은 인간대로 쉼 없는 탐욕의 대가로 서로 죽이고 죽이며 멸망의 길을 걸을 수밖에 없는 현실에 직면해 있다. 누가 무엇으로 끝없이 황폐해지고 있는 자연환경을 보호하고 욕망의 늪에서 어찌할 바를 몰라 허우적이고 있는 인간 사회를 구제할 수 있을까?

부처님의 말씀이 엄연히 존재하고 있으니 불 · 법 · 승 삼보에 귀의

하는 것이 최상의 방법이 될 것이다. 이미 2500여 년 전에 천지를 개벽할 수 있는 깨달음으로 법륜을 굴리시어 존재하는 모든 중생을 고통과 환난으로부터 구제하고 계신다. 아직도 인류가 멸망하지 않고 버티어내고 있는 그 원동력은 바로 불법이 엄연히 존재하고 있음이다. 그런데 세세생생 불법이 전해져 왔고 지금도 엄연히 존재해 있고 삼보(불·법·승)의 가피력(부처나 보살이 사람들에게 힘을 줌)이 왕성한 힘을 발휘하고 있는데도 인간은 왜? 이렇게까지 타락하고 욕망의 늪에서 벗어나지 못하고 고통을 고통으로 느끼지 못하고 살고 있을까? 오랜 세월 동안 알게 모르게 자행해 온 숱한 탐욕 때문에 쌓이고 쌓인 습성이 개개인의 특성에 따라 하나의 성격으로 자리 잡으며 모든 행위를 지배하게 되었기 때문이다. 부처님의 가르침보다 자기의 이익을 우선시하는 본능적인 심성의 작용으로 깨달아 알고 있는 바를 실행에 옮기지 못하기 때문이다. 법당에서 부처님을 친견할 때의 그 경건함을 스님의 설법을 경청할 때의 고요하고 밝고 올곧은 마음을 그대로 유지하고 간직한 채 일상생활을 이끌어갈 수 있다면 생활이 곧 불법이요 이 세상은 바로 극락정토가 될 것이다.

그러나 일상생활에서는 무엇 하나 제대로 지켜지는 게 없다. 돌아서면 도로 아미타불이다. 마음으로는 그러지 말아야지 좀 더 선하고 착하게 베풀면서 살아야지 하며 분명히 알고 있는 바를 참다운 생활로 실천하려 노력은 하고 있지만 여기에 인간의 한계와 모순이 도사리고 있다.

착하지 않아서, 선한 마음을 갖지 않아서가 아니라, 경계(인간이 인간이나 주변의 환경으로부터 겪게 되는 처지나 상태를 말함)에 부딪치면 먼저 본능에 따라 탐심의 욕구로 인해 촉발되는 이기주의가 번개처럼 인간의 착한 심성을 뺏어가 버린다. 너무나 빨리 훔쳐 가기에 빼앗긴 줄도 모르고 당연한 것으로 여기게 된다. 자기 이익을 위해 자신이 무슨 잘못을 저질렀는지를 생각하지 못할 뿐만 아니라 아무런 죄책감도 느끼지 못한다. 당연한 행동으로 여길 뿐 아니라 도리어 자기가 갖게 된 여러 이익에 대해 아주 만족해하고 행복스러워한다. 그러나 자신의 기대치에 미치지 못하면 우리는 실망하고 자기 자신보다 남을 원망하고 괴로워하며 소기의 목적 달성을 위해 수단 방법을 가리지 않게 된다. 그 과정을 되돌려 살펴보면 얼마나 안타깝고 괴로운 시간을 보내는지 알지 못한다.

여기에서 앞서 언급한 경계와 인간관계를 살펴보자. 경계란 인간의 사회생활 중 생멸 변화하는 천지만물과 천태만상의 그 변화해 가는 과정을 접하면서 일어나는 모든 행위 일체를 이야기하는 것이다. 행위뿐만 아니라, 느끼고 사고하고 추측하고 상황 변화에 대처하는 정신적인 작위 전체를 말하는 것이기도 하다.

예를 들면 나와 너의 이익이 첨예하게 대립할 때 나의 편안한 생활환경이 빼앗기거나 무너질 것 같은 불안함을 느낄 때 인간들은 결사 항전을 외치며 육체적이나 정신적으로 강한 공격성을 갖게 된다. 직장에서 동료에게 뒤처지지 않고 상급자를 추월하여 출세하고자 부단히 노력한다. 경쟁 기업체와의 생존경쟁에서 뒤지지 않겠다는 각오를 항상 다짐하며 절친한 친구 심지어 형제보다도 더 잘되고 싶은(많은 금전과 높은 지위 확보를 위한) 욕망에 우리의 착한 심성은 여지없이 무너지고 만다.

내 부모님, 아내와 자식들에게 훌륭한 주거 공간에서 맛있는 음식과 호화로운 의복 등 풍요로운 생활 여유를 한껏 즐기며 모든 이의 부러움과 찬사를 받으며 살 수 있는 여건 마련을 위해 악착같은 심정으로 살아가고 있다. 이러한 인간의 욕망을 나쁘다고만 할 수 없는 것 또한 사실이다.

인간이라는 존재 자체가 멀고 먼 과거로부터 무한한 미래에 이르기까지 끝없이 반복되고 반복되며 이어져 온 습성을 쉽사리 씻어버릴 수 없는 것 또한 자명한 사실이기 때문이다. 생태적으로 반복되어 습관화되어 가는 일체 행위를 일으키는 원인을 알아야 순환하는 버릇을 끊어낼 수 있을 것이다. 본능적인 탐심과의 싸움에서 이기는 방법을 연구해야 하지 않을까? 그러려면 먼저 우리 인간이 어떻게 생성되어 존재하는지를 규명해 알아야 대처해나갈 방법이 생길 것이다.

부처님께서 천지 만물을 비롯해 인간존재가 인연에 의해 생성되고 인연을 좇아 없어진다고 하셨다. 이렇듯 모든 것은 인연에 따라 생멸한다는 말은 불교의 핵심 사상 그 골수를 아주 명확히 잘 간파한 것이다. 그러면 이 인연설의 원리는 어떻게 이루어지는 것일까?

인(因)이란 존재를 생성하는 제일원인이요, 연(緣)이란 간접적인 보조 원인이니 가령 콩을 두고 인연을 설명하면 다음과 같다. 콩의 씨(종자)는 인이니 곧 콩이 싹을 틔우는 직접적인 재일원인이다. 그러나 종자만으로는 싹이 트여 열매가 맺힐 수 없고 반드시 흙이 있어야 하고, 태양 빛이 존재해야 하고, 비가 내려야 하며 적절한 수분과 온도가 조화를 이루어주는 등 이러한 간접적인 보조 원인인 연을 만나야 결실을 보게 되는 것이다. 이것은 현실적인 생활 속의 예이나 근본적인 사례를 살펴보자.

우리 인간에게 불(火)이란 가장 귀중한 존재로 생활의 질을 획기적으로 발전시키는 데 중요한 역할을 해왔다. 지금은 인지의 발달로 여러 가지 편리한 기기를 이용해 손쉽게 얻을 수 있지만 옛날에는 이 불을 얻고 보존시켜 나가는 것이 매우 어려웠을 것이다.
'유(有)는 원래 스스로 무(無)인대 인연(因緣)이 이룬 바이다.'
원래 불이란 존재하지 않았으나, 인간이 자연현상에서 발화되는 현상을 목격하여 배운 바를 응용하여 사용하게 되었다. 나무와 나무(因) 또는 부드러운 풀잎에 나무막대(因)를 서로 마찰시켜(緣) 불(果)을 얻게 되는 것으로 시작되었다. 이처럼 무에서 유도 나무와 풀이 다 타버려 불이 꺼지고 나면 아무것도 남지 않듯 사라지게 된다. 인과 연이 화합함으로 불이 생겨나고 인과 연이 다하면 불은 자연스레 소멸하고 만다. 원래 불이란 있었던 것이 아니고 다만 인연의 소산일 뿐이다. 이처럼 우주 만법은 단독의 힘으로는 생기 발전할 수 없으며 반드시 인과 연의 결합이 있어야 한다. 단지 어떤 존재이든 인과 연이 화합하면 잠시 나타났다가 인과 연이 소멸하게 되면 없어지고 마는 인연생 인연멸일 뿐이다.

한 남자와 한 여자가 인연이 되어 결혼 후 자식을 낳으면 부모와 자식의 관계가 성립되고 이 아들과 딸이 성인이 되어 결혼하여 또 아들과 딸을 낳으면 부모와 자식의 관계가 또 성립되면서 할아버지 할머니가 생기고 아버지 어머니의 손자와 손녀가 새로이 존재하게 된다.

이러한 인과 연의 관계가 연기설의 주된 이론이다. 즉 할아버지 할머니가 존재하므로 아버지 어머니의 존재가 성립되고 아버지와 어머니는 손자와 손녀의 존재를 연결하는 고리가 인과 연의 논리가 되는 것이다. 이처럼 연기설은 불교 교리 전반에 걸쳐 기초가 되는 일관된 핵심 사상으로 원시불교에서 이 연기설을 가장 조직적으로 설명한 것이 바로 12연기설이다.

이 12연기설을 보다 소상히 이해하기 위해서는 우선 윤회의 이론을 아는 것이 필요하므로 이에 대하여 살펴보고자 한다.

윤회란 어떠한 존재이건 그의 영혼(정신)이 육체와 함께 업(業, 저질러 온 여러 행위)에 의하여 다른 생을 받아 시작도 끝도 없이 생사를 반복하는 것을 말하며 유전 또는 전생이라고도 한다. 다시 말해 우리 일체중생이 오래오래 전의 영원한 옛날로부터 무궁한 미래를 향하여 삼계(三界), {욕계(慾界)·색계(色界)·무색계(無色界)}와 육도(六道), (지옥, 축생, 아귀, 아수라, 인간, 천상)로 돌고 해매면서 나고 죽고 또 나는 것이 마치 구르는 수레바퀴와 같이 다함과 끝이 없다는 뜻에서 이름 한 말이다. 그런데 이처럼 무한한 공간을 영원히 윤회하기 위해서는 반드시 그 윤회의 주체가 있어야 할 것이다. 인간을 위주로 살펴보면 인간 존재의 실체가 무엇인지 무엇으로 우리 인간이 나고 죽고 또 나는 것이 성립될 수 있을까? 다시 말해 윤회의 주체가 있어야 할 것이다.

그러나 만일 그 주체가 항상 변하지 않고 존재하는 것이라면 태어나서 죽음에 이르는 일이 없을 것이고 또한 주체가 없다면 여기저기서 태어나고 죽는 일이 없을 것이므로 다 같이 윤회는 성립할 수 없게 될 것이다. 그렇다면 항상 변함없이 존재하는 실체를 인정하지 않는 불교에서는 윤회의 주체를 무엇으로 어떻게 설명할 수 있을까? 천지만유의 본 바탕인 오온(五蘊) (색 · 수 · 상 · 행 · 식)이 주된 체성으로 내용은 아래와 같다.

1) 오온(五蘊)

모든 중생은 어떠한 실체가 따로 있어서가 아니라 오직 오온(五蘊)[색(色), 수(受), 상(想), 행(行), 식(識)] 즉, 정신과 물질의 거짓된 화합으로 이루어진 존재라는 것이다. 그러면 여기에서 오온이 무엇이며 사상적 배경이 무엇인지 알아보기로 하자.

(1) 색온(色蘊)

색온은 감촉으로 깨달음을 일으키는 눈, 귀, 코, 혀, 신체[몸]가 즉 인간과 동식물 등이 바깥 사물을 인식하는 능력(주관적 인식능력)을 가지고 있음과 동시에 인식될 수 있는 모든 성질 색깔과 형태를 지닌 물체, 물질과 환경(객관적 감각 대상)을 말하는 것이기도 하다. 다시 말하면 지, 수, 화, 풍의 사대요소로 형성된 이 세상의 모든 사물과 형태를 가진 물질이며, 이러한 것들이 서로서로 다른 인이 되고 다른 연이 되면서 새로운 성질과 형태를 지닌 물건들로 인연생기하는 자연 순환의 역할을 하는 것을 말한다. 핵심적인 표현은 색온은 빛과 모양을 가진 일체만물을 만들어낼 수 있는 실질적인 기본 바탕인 지, 수, 화, 풍의 사대 원소로 이루어져 있다.

① 지대(地大)

지대는 그 구성이 흙으로 원소는 고체의 에너지이다. 그렇다고 단단한 성질만으로 구성되어 있는 건 아니다. 온갖 나무와 식물이 자랄 수 있게 하는 부드러운 성질도 함께 갖고 있다. 그리고 사대 원소의 기본 에너지로 흙의 생명 에너지가 활성화 되지 못하면 나머지 원소의 에너지도 활성화 되지 못 한다. 흙의 에너지는 물, 불, 바람, 허공을 형성하는 주체가 되며 여타 원소들의 에너지 질을 좋게도 나쁘게도 바꿀 수 있는 역할도 한다. 생명체인 육체의 살. 뼈. 장기를 이루며 자만심, 인내, 끈기 등의 근본이기도 하다.

② 수대(水大)

수대는 기본이 물로서 그 원소는 액체의 에너지로 생명의 흐름 곧, 식물의 수액이나 동물이나 인간의 체액, 혈액, 정액으로 구성되며 촉촉하게 적시는 습기로 순환하는 성품이 주된 역할로 모든 사물을 품어 수용하는 성질을 가지고 있다.

물의 습기는 어떠한 것도 받아들여 조화를 이루는 작용을 하므로 시멘트나 밀가루에 물을 섞으면 가루가 엉기듯이 뭉쳐주는 접착성의 특성이 있다. 인체의 가래, 고름, 피, 땀, 비계, 눈물, 침, 콧물, 소변, 연골 등이 물의 성분으로 신체의 각 부위에 형성되어 흩어지지 않게 뭉쳐주고 또 곳곳으로 흐르게 하는 역할도 하고 있다. 사물을 젖게 하고 흐르는 성질은 끊임없이 생각의 흐름으로 이어져 분노와 사랑이 그 지배적인 성질이 된다. 바람이 불면 강이나 바다가 출렁이듯이 마음의 동요는 증오와 분노로 그리고 사랑으로 표출된다.

분노는 폭력적인 말과 행동으로 나타나고 남을 미워하는 마음을 생겨나게 하지만 또한 기쁘고 즐거운 마음으로 사랑하는 마음을 일으키며 자비심으로 이웃을 보살피고 보듬는 착한 성품을 나타내기도 한다. 이와 같은 사실의 중요성은 인간의 마음에 선과 악이 공존해 있으므로 바람이 불어 풍랑이 칠 때 인간이 지닌 바탕이 어느 쪽으로 기우느냐에 따라 결과가 달라짐을 확연히 깨달아야 참다운 인간의 삶을 살 수 있음을 알아야겠다.

③ 화대(火大)

화대는 불의 성질로서 그 원소는 기체의 에너지로 인간과 여러 존재가 가진 체온이고 따듯함을 성품으로 하여 물질을 성숙, 성장시키는 역할을 한다. 그래서 체온의 높낮이를 조절하여 생존에 용이하도록 온도를 적절하게 유지하는 기능을 가지고 있다. 또한 빛과 형상의 에너지이기도 하여 시각을 형성시키는 물질이기도 하다. 불의 열기로 사물을 태우고 위로 향하는 소모성의 운동을 하며 그 특질은 위로 올라가고 확대하고 성숙시키는 힘이 되기도 한다. 그래서 몸에 열기가 생겨 몸이 더워지거나 뜨거워지기도 한다. 뜨거워지는 속성은 대표적으로 육체적인 왕성한 식욕, 쉽게 삭혀지지 않는 불타는 성욕, 심적으로 물질에 대한 강한 집착력 등이 불의 속성이기도 하다. 불길이 모든 대상을 열기로 태우듯 이 불의 타는 성질에 의해서 마음이 일으키는 번뇌는 소유하고자 하는 즉, 재물욕, 색욕, 식탐 등으로 나타난다. 채워도 채워도 모자라는 인간의 허기짐은 불이 일으키는 왕성한 욕심의 사물이다.

④ 풍대(風大)

풍대는 바람으로 그 원소는 생명체의 들이시고 내쉬는 호흡이며 생명력의 근본 에너지이다. 이 생명 에너지는 가볍고 살아 움직이는 성질로 흐르는 행동성을 특성으로 하며 회오리치는 성향을 지니고 있어 광대한 공간의 소리를 전달하는 역할도 한다. 몸의 모든 움직임은

이 바람의 요소에 의해 이루어지며 몸속에서 올라가는 바람은 움직이고 밀고 당기는 육체적인 능력이다. 내려가는 바람은 대소변을 내보내는 바람이며 배 안에 있는 바람은 창자 바깥의 뱃속 바람이며 창자 속의 바람과 팔다리에 부는 바람은 힘줄과 막을 따라 전신으로 다니며 굽히고 펴는 작용을 하며 들어가고 나가는 바람이다. 바람의 움직이는 성향 때문에 몸을 움직이고 입으로 말하고 고함지르며 마음으로 생각도 일으키는 등 모든 움직임을 일어나게 하므로 의지의 집합체를 형성하기도 한다.

마음은 바람의 움직이고 뒤흔드는 충격 에너지에 의해 마음은 망상과 질투심을 일으킨다. 바람이 불어 잔잔한 호수에 물결이 일고 물이 혼탁해지는 것과 같이 바람에 의해 일어나는 망상의 물결에 의해 존재 본질에 대한 이치가 어두워져 마음이 좌충우돌하면서 상대방을 미워하고 다투려는 질투심을 유발하는 요인이 된다(사대 요소의 설명: '깨달음으로 가는 길'에서 인용).

이와 같은 내용의 물질세계는 이처럼 분자 전자 그리고 더 미세하게는 원자핵과 양성자라는 극히 작은 입자들이 모여 잠시 잠깐도 멈추거나 머무르지 않고 계속 움직이고 있다. 움직이고 있다는 것은 계속해서 변화하고 있다는 것이다. 우리가 느끼기에 고정되어 변화하지 않을 것 같은 나무나 돌이나 바위 같은 것들이 실제로는 끊임없이 생멸 변화하고 있다. 이렇게 모든 존재가 항상 변화하고 있다는 것은 인간을 비롯한 천지 만물이 항상 계속함이 없이 생멸 변화하고 있다는 것인데 눈앞의 변화무상함을 보고서도 어찌 고정된 실체가 있다고 할 수 있을까?

　우리가 참으로 알아야 할 것은 고정된 실체란 있을 수 없다는 사실을 명심해야 할 일이다. 또한, 이러한 전자라는 입자들은 질량을 가지는 작은 덩어리이지만 파동이라는 작은 떨림으로 바뀔 수가 있다. 다시 말해 물질이 에너지로 바뀔 수 있다는 것이며 이 또한 이로써 모든 것은 변화한다는 사실을 확인시켜 주고 있다. 상황과 여건의 변화에 따라 존재의 실체가 달라지고 변형될 수도 있다. 질량과 에너지가 주위의 조건에 의해 시시각각 변화를 추구하면서 어떠한 형태로도 새롭게 탄생되어 존재할 수도 있고 소멸할 수도 있다. 모든 존재가 연기의 속성에 의해 생멸 변화를 유도하여 천지 만물의 생존을 가능하게 하고 있다.

　그러면 오온(五蘊) 중 색(色) 다음으로 수(受), 상(想), 행(行), 식(識)의 내용을 살펴보기로 하자.

(2) 수온(水蘊)

　수온(水蘊)은 감수작용으로 우리 인간이 지닌 기본적인 감촉능력의 하나인 육근(六根)(주관적이고 내적인 감각기관 : 눈, 귀, 코, 혀, 몸, 뜻)과 육경(六境)(외적인 대상 : 물질, 소리, 냄새, 맛, 느낌, 의지)이 만났을 때 생겨나 우리가 알아차리는 세 가지 감정을 이름한다. 고수(苦受 ; 괴로운 느낌) 낙수(樂受 ; 즐거운 느낌) 불고불낙수(不苦不樂受 ; 괴롭지도 즐겁지도 않은 느낌)을 말한다. 눈으로 보아 깨끗하다, 더럽다, 깨끗하지도 더럽지도 않다, 보기 좋다, 싫다, 보기 좋지도 싫지도 않다, 예쁘다, 밉다, 예쁘지도 밉지도 않다, 귀로 들었을 때 감미롭다, 시끄럽다, 감미롭지도 시끄럽지도 않다, 코로 맡은 냄새가 고약하다, 향기롭다, 고약하지도 향기롭지도 않다, 몸으로 느꼈을 때 불편하다, 편하다, 싫다, 좋다, 싫지도 좋지도 않다, 마음으로 눈 귀 코 혀 등 몸으로 느낀 감정이 왜? 무엇 때문에 무엇으로 어째서 좋고 싫은지, 좋지도 싫지도 않은지를 분별한다. 또한 자체적으로 호불호를 가리는 작용을 한다. 호 불호를 가리는 작용 중에는 위에서 열거한 바와 같이 접촉에 의한 것이 대부분이지만 아무런 접촉도 없이 인간 감정에 강한 영향을 미치는 작용도 있다.

(3) 상온(想蘊)

상온(想蘊)은 현실적으로 우리의 눈앞에 펼쳐져 있는 일체 만물의 형태나 상황을 표시하려는 심적인 내용이다. 여러 가지 존재와 존재 사이에 같거나 다른 관계의 요소를 추상해 보려는 작용이며 물체나 인물이나 주변 환경 등을 생각할 때 그것들이 눈앞에 없어도 머리에 잠재되어 있어 흐릿하게 떠오르는 상태를 마음으로 자세히 그려보아 미루어 짐작하려는 추억 작용이다. 눈앞의 대상에 대하여 식별하고 분석하여 그것들에 이름을 부여하고 내용을 인식하는 총체적 작용을 말한다.

우리 인간이 생활 속에서 위의 작용을 살펴보면 아래 표기하는 바와 같을 것이다.

상(想)은 생활에서 추측 추억하는 생각이며 물체를 보고 느끼는 의견이고 어떤 음식을 먹고 싶다, 무엇에 대하여 연구하고 깨달음을 얻고 싶다는 등 자신의 어떤 목적을 위해 행동으로 움직이고 누구를 애틋하게 사모한다든지 그것은 나로서는 어쩔 수 없는 일이라고 간주하고 단념하는 작용이다. 그리고 각오 결심하는 작용 또한 빼놓을 수 없다.

(4) 행온(行蘊)

행온(行蘊)은 마음이 사람의 지(知), 정(情), 의(意)의 움직임인데 이 마음의 작용 이외에 나타나는 물질과 마음을 움직이게 하는 힘이며 의지 작용 잠재적 형성력이기도 하다. 어떠한 모양을 이루는 힘이나 인간의 사려, 선택, 결심하여 실행하고자 하는 능력이나 행위이며 기억, 상상, 추리 등의 정신작용을 말한다. 일체의 태어나 죽고 죽어서 다시 태어나는 일들이 실제로 있다고 생각하는 이치를 말하는 것이며, 인간이 바깥의 일체 사물에 대한 느낌에 대하여 반사적으로 일으키는 몸과 입과 뜻으로 하는 일 즉 행위나 행동을 말한다.

(5) 식온(識蘊)

식온(識蘊)은 일반적으로 분별하고 인식하는 작용을 말하며, 그러나 직접 대상을 인식하고 판단하는 작용을 하는 것은 상의 작용이고 식은 다만 대상을 스스로 느끼기 전 단계까지 인식할 수 있을 뿐이다. 쉽게 말해 눈, 귀, 코, 혀, 몸으로 무엇인가를 느껴 인식하는 작용을 말한다.

지금까지 인간을 비롯하여 천지만 물을 생성시키는 오온에 대하여 설명하였다. 이로 미루어보면 공식적이거나 획일적으로 일관되는 존재는 있을 수 없다. 인간의 존재마저도 이의 범주에서 벗어날 수 없으며 모두가 인연 생기의 법칙과 오온의 존재만이 현실 세계의 존재를 설명할 수 있는 유일한 방법이 될 것이다. 이에 오온 즉 정신과 물질을 결합하는 힘이 있어야 할 것인데 그것이 업(業)이라는 하나의 세력이며 이 업 때문에 모든 존재의 생멸이 연속되는 것이다. 업이란, 인간이 유사 이래로 자행해 온 갖가지 생각과 행동들의 하나하나가 축적되어 있다 나타나는 세력으로 존재 형성의 기본적인 힘을 말한다.

마치 섶에 붙은 불이 바람의 힘으로 다른 섶으로 연소하듯이 섶에 붙은 정신의 불이 업력의 바람에 의해서 서로 인(因)이 되고 연(緣)이 되면서 영원히 계속되는 것이다.

다시 말하면 우리의 육체는 없어지더라도 신(身), 구(口), 의(意) 삼업(三業)에 의해서 일어난 불은 더욱 새로운 존재로 태어나고[生] 사라지면서[滅] 이러한 순환이 영원히 계속되는 것이다.

인간으로 예를 들면, 지금의 우리는 현생에 저질러온 성격, 습관, 행위만으로 존재하지 않는다. 과거 전생의 수많은 생애 동안 익힌 버릇으로 저질러 온 행위 일체가 현생에 함께한다. 과거 개였을 때의 버릇, 돼지였을 때의 버릇, 소였을 때의 버릇, 새였을 때의 버릇, 천인이었을 때의 버릇, 거지였을 때의 버릇, 양반이었을 때의 버릇, 왕족이었을 때의 버릇 등등 수백생 수천생 동안의 갖가지 성격으로 행하여 왔던 행위 전체가 똘똘 뭉쳐 지금의 우리가 있게 되는 것이다. 이것이 불교의 윤회 사상이며 곧 생사윤회의 원리이다. 어제는 지나간 오늘이요, 내일은 다가오는 오늘이다. 어찌 보면 인간은 과거에 의해서 과거 때문에 산다고 할 수 있다.

2) 십이인연법(十二因緣法)

이렇게 중생들이 업력에 의해서 과거, 현재, 미래의 삼세에 걸쳐 무한히 생사윤회 하는 모습을 열두 항목으로 나누어 관찰한 것이 곧 12인연설이다. 12인연을 세분하면 1.무명 2.행 3.식 4.명색 5.육입 6.촉 7.수 8.애 9.취 10.유 11.생 12.노사이다. 내용을 설명하기 전에 관찰하는 방법에서 노사의 원인은 생이요, 생의 원인은 유라고 점차로 소급해 거슬러 올라가 원인을 추구하는 것을 역관이라 하고 이와 반대로 무명으로 인해 행이 있고 행으로 말미암아 식이 있다고 하여 생겨나고 사라지는 순서대로 관찰하는 방법을 순관이라고 한다. 여기에서는 순관으로 관찰하겠다.

(1) 무명(無明)

무명(無明)이란, 무지나 몽매라는 뜻이며 진리에 어두워서 사물의 도리를 옳게 알지 못하는 최초의 한 생각을 가리키는 것이다.

이 무명 일념이 탐심(貪心 ; 탐내는 마음), 진심(嗔心 ; 화내는 마음), 치심(癡心 ; 어리석은 마음)의 삼독심(三毒心)으로 인해 일체 번뇌 망상을 낳고 번뇌 망상으로 말미암아 악업을 짓고, 악업 때문에 고통을 받게 되니 그러므로 무명은 일체 번뇌의 근본인 동시에 악업의 원인이 된다.

여여한 자연 그대로의 마음이 최초에 오염되어 악업의 굴레에 빠져드는 것은 자연 현상계 즉 일체만유의 생존 본능과 인간의 생존본능이 서로서로 베풀고 헌신하는 것인데 이것을 일방적으로 파기하고 자기 본위적인 욕심의 충족을 위한 이기심 때문이다.

본래 한마음인 자연생태계와 인간을 주와 객으로 나누어 인식하고 좋고 나쁨, 많고 적음 등등 물질적이고 정신적인 면에서 분별로 취사선택하며 올바르지 못한 인식 작용으로 번뇌와 망상에 사로잡혀 이로 인한 잘못된 행위의 결과로 끝없이 나쁜 결과를 받게 하는 환경에 빠져들게 되는 것이다.

그러므로 한마음이 주객으로 나누어지지 않고 분별과 집착의 어리석음에도 빠져들지 않는 한마음의 참모습을 찾아야 할 것이다. 이것이 무명의 미세한 움직임마저 없는 고요함에 안주할 수 있는 길로 나아가는 노력이 수행으로 이루어야 할 근본 이치가 된다.

(2) 행(行)

행(行)이란, 무명의 영향으로 반응하는 인식으로 인해 저지르는 갖가지 생각이나 행동을 일으키는 움직임을 가리키는 것이다. 기본적인 번뇌인 삼독심 즉 탐내는 마음 [貪心]. 성내고 짜증내는 마음[嗔心], 어리석은 마음[癡心]이 서로 번갈아가며 상호 상승작용을 일으키며 육체적인 행위인 몸과 입으로 짓는 두 가지 업과 정신적 행위인 의업으로 끊임없이 악업을 지어 가는 것을 말한다.

(3) 식(識)

식(識)이란, 삼독심(三毒心)으로 행해지는 악업으로 말미암아 모태로 들어가는 탁태의 초념을 가리키는 것이다. 탁태의 초념이란 무엇을 의미하는 것일까?

우리는 자신의 태어남과 인생살이에서 살아가며 겪게 되는 여러 가지 상황에 대해 이건 숙명이다, 저건 운명이다 하며 주어지고 닥쳐오는 조건과 환경에 대해 여러 가지로 얘기를 하게 된다.

따라서 부모로서 어떤 자식을 갖느냐, 자식으로서 어떤 부모를 만나느냐? 이러한 조건은 우리 인간이 스스로 선택할 수 있는 것이 아니라 선택되어지는 것이다. 누구를 막론하고 자식 된 자는 금전적으로 호화스럽고 풍요로워 안정된 가정 형편과 훌륭한 인격자로 자상하고 너그러운 자질을 지니신 부모님 얻기를 원할 것이고. 또한 부모 된 처지에서는 몸 건강하고 총명하며 효성이 지극한 자식을 갖고자 하는 것은 모든 부모님의 간절한 바람이겠지만. 그건 우리들의 선택의 문제가 아니라 자기가 지은 업의 결과에 따라 인연으로 정해지는 절대적인 운명 즉 숙명의 문제이다.

자신이 전생에 자행해 온 행위 행동의 선악 여부에 따라 부잣집 아들딸로 가난하고 헐벗은 가정의 아들딸로 양반집 도련님으로 노비의 자식으로, 심지어 짐승으로 태어나기도 하는 등등 참으로 천차만별의 조건과 환경 그리고 형태를 갖고 태어나게 된다. 실제로 마음으로 원해서 원한대로 태어날 수는 없다. 자기가 무심코 만들어 가는 발자국이 얼마나 무서운 결과를 가져다주는지 명심하고 명심하여 올바르고 착한 일에 매진해야 할 것이다.

(4) 명색(明色)

명색(明色)이란, 명(明)은 정신적 작용이며, 색(色)은 지(地), 수(水), 화(火), 풍(風) 등의 기본적인 물질이 육체적 부분으로 어머니의 몸속 태내에서 몸과 마음으로 점차 발육하기는 하나 아직 오관(五觀:眼, 耳, 鼻,

身)이 온전히 갖추어지지 못한 상태를 가리키는 것이다.

전생 업으로 인연에 따라 만나게 된 숙명적 관계인 부모님 즉 아버지와 어머니의 정자와 난자의 결합으로 태내에 하나의 생명체로 안착하면서 정신적으로 부모님의 성격 성품 등을 물려받고 육체적으로 얼굴이며 몸매에 이르기까지 닮아 그 틀을 갖추어가기 시작하는 단계를 말한다. 눈 귀 코는 물론 오장육부까지 같은 흙으로 빚어 만든 토기나 도자기처럼 형태와 내용을 같이 하기 위한 기초 단계이기도 하다.

(5) 육입(六入)

육입(六入)이란, 육처(六處)라고도 하는데 정자와 난자의 합일로 눈, 귀, 코, 혀, 몸, 뜻의 여섯 감각기관이 모태에서 점차로 성장 발육하여 완벽하게 모양과 형태 그리고 기능까지 제대로 갖추어 어머니로부터 출산하기까지를 말한다. 외부 세상의 대상물들을 온전히 인지 파악하여 세상살이에 어려움 없이 살아가기 위해서는 여섯 감각기관 중 어느 하나라도 이상이 있어서는 안 될 것이다.

(6) 촉(觸)

촉(觸)이란, 어머니 뱃속에서 10개월의 숙성 기간을 거쳐 출산 후 외계의 갖가지 물물들을 접촉하게 됨을 말하는 것이다. 기초적으로 느끼는 감각작용으로 생후 2~3세까지에는 눈으로 빛을 보고, 귀로 소리를 듣고, 코로 냄새를 맡는 등의 단순한 감각작용의 접촉을 가리키는 것이다. 우리 인간이 갖고 태어나는 여섯 개의 감각기관은 인식기능을 갖고 있는 기관으로 육근(六根)이라 칭하며 육근(六根)이 외부세계의 대상을 인식하는 상대를 육경[六境;안경(眼境), 이경(耳境), 비경(鼻境),

설경(舌境), 촉경(觸境), 법경(法境)]이라 하며, 육근이 육경을 접촉하여 일으키는 인식의 작용을 육식 (안식 이식 비식 설식 촉식 의식)이라 이름하며 우리가 외부 세계의 무엇인가를 인식하기 위해서는 육근 육경 육식의 세 가지 요소가 필요하며 어느 하나라도 빠져서는 제대로 알아차릴 수가 없다. 또한 육근이 육경을 접촉하여 육식이 생겨나는 것을 촉이라고 하며 이를 일러 삼화성촉이라 한다.

(7) 수(受)

수(受)란, 삼화성촉의 화합으로 인하여 어쩔 수 없이 받아들여야 하는 괴롭고[苦受], 즐겁고[樂受], 괴롭지도 즐겁지도 좋지도 싫지도 않은 느낌[不苦不樂受]을 말하는 것이니 가장 기본적인 감각을 가리키는 것이다.

고수(苦受)란, 불편하다거나 괴롭다는 느낌 언짢은 느낌 등을 말하는 것으로, 외부적으로 육체[몸]와 정신에 가해지는 여러 가지 형태의 자극으로 느끼게 되는 불편함을 말한다.

몹시 덥다거나 춥다든지 외부의 물체와 부딪친다든지 넘어지거나 뜨거운 물에 댄다든지 등등의 여러 가지 형태로 느끼는 감정 모두를 고수라고 한다. 또한 내부적으로는 마음이 스스로 느끼는 감정이며 배가 고프다든지 먹고자 하는 음식이 맛이 없다든지 바라고 원하는 것이 이루어지지 않았을 때나 전혀 생각지 못했던 불상사가 생겨나면 짜증스러워하고 비탄에 젖어 원망하며 번민의 소용돌이에 빠져들게 된다.

낙수(樂受)는, 고수의 느낌과는 정반대의 감정으로 외부적으로 신체에 미치는 편안함과 고요함 부드러움으로 여건이 형성되면 만족해하며 기분 좋아하는 것을 말한다. 내부적으로는 고수와 정반대로 맛있는 음식을 먹고 마음에 드는 고급 옷을 입고, 좋은 직장에서 많은 봉급을 받으며 대접받는 여건에서 생활하는 등 무엇이든 마음먹은 대로 이루어져 여유와 윤택함으로 살 수 있을 때 느끼는 감정을 말한다.

불고불낙수(不苦不樂受)란, 인간 개개인의 성향에 따라 조금의 차이가 있을 수 있는 느낌이기도 하나, 사실 따지고 보면 고수나 낙수라는 느낌 자체도 절대적 감정이라기보다는 경우와 형편에 따라 인간의 성격 차이에 의해 많이 좌우되는 경향이 있다. 고통스럽지도 편안하지도 않은 감정이란 때론 상대적 견해 차이에 의해 많이 좌우될 수도 있을 것이다.

이 정도의 고통은 고통으로 느끼지 않는 이가 있는가 하면 오히려 더욱 심각한 고통이라 여기고 아주 불편하게 느끼는 이도 있을 것이다. 역으로 이 정도의 편안함이면 정말 행복하다고 느끼고 좋아하는 이가 있는가 하면 그건 아무런 편안함이 아니라고 불평하는 이도 있을 것이다. 어쨌든 인간이란, 여건과 상황에 따라 고수(苦受), 불고수(不苦受), 낙수(樂受) 불낙수의 감정을 갖게 되어 행불행의 교차로에서 방황하는 것만은 틀림없는 사실이다.

이로써 미루어 볼 때 우리의 정신과 육체의 면역력이 어떠하냐에 따라 행·불행의 상태가 결정되는 중요한 요인이 됨을 명심해야 할 것이다. 생활 자체를 수행의 일환이라 여겨 매사에 깊이 있는 수행이 있어야 하겠다.

(8) 애(愛)

애(愛)란, 목마른 자가 애타게 물을 구하듯이 괴로움을 피하고, 즐거움을 탐하는 본능적인 욕망을 일으키는 것을 말하며, 가장 중심적인 역할을 하는 것이 애욕(愛慾)이다. 좋아하는 것에 대한 애착심, 싫어하는 것에 대한 증오심과 물질적이고 정신적인 존재에 대한 욕심, 갈애 등이 이에 속하며 또 애(愛)에는 욕계(慾界), 색계(色界), 무색계(無色界)의 욕망이 있다. 욕계의 욕망이란 인간의 마음속에 도사린 모든 욕심을 충족시키고자 하는 심성이다.

인간의 마음속에 잠재되어 있다가 육체적으로나 정신적으로 외부의 접촉이나 내적인 충동에 따라 꿈틀거리며 살아나는 욕심을 이름하며 그 성취를 위해 하루인들 편안한 날이 없다. 색계[빛깔의 욕망]의 욕망이란 물질을 한없이 갖고 싶어 하고 이성을 사랑하고 사랑받고자 하는 그래서 나 혼자만의 사랑으로 독점하고 싶은 마음과 더불어 생활 속에 필요한 여러 가지 재화를 남보다 하나라도 더 많이 갖고자 하는 끈질긴 욕망을 말한다.

무색계(無色界)의 욕망이란, 눈에 보이는 것에서 벗어나고자 함을 의미하며, 육체적이나 정신적으로 물질도 이성도 취하고 싶지 않으며 여여하게 자연을 벗하며 물 흐르듯 살고픈 욕망이다.

(9) 취(取)

취(取)란, 취착이라는 뜻이며 자기가 사랑하는 것들과 가지고 애용하고 있는 것들을 놓칠까 두려워하여 집착하는 것이며, 아상(我想), 아집(我執)의 극대화의 경지를 이르는 말이다. 그리고 여기에는 욕취(欲取), 견취(見取), 계금취(戒禁取), 아어취(我語取)가 있다.

　욕취(欲取)는 다섯 가지의 욕망 즉 재물욕, 성욕, 음식욕, 명예욕, 수면욕이 있고 안, 이, 비, 설, 신, 의 오근이 인식하는 색, 성, 향, 미, 촉(빛깔, 소리, 냄새, 맛, 신체) 등 다섯 가지 대상에 대한 집착하는 욕망이다.
　견취(見取)는 그릇된 의견 사상과 학설에 얽매어 고집하는 것으로, 편견과 잘못된 고정관념에 사로잡혀 자기주장만을 옳다고 여기는 것이며, 내가 옳다는 아상이 생겨 참다운 진리에 어두워 사리를 제대로 판단하지 못하는 잘못을 저지르게 되는 경우이다.
　계금취(戒禁取)는 사람들의 그릇된 행동을 잘못 생각하여 청정하고 올바른 행위라고 여기고 인간이 지켜야 할 참다운 사회규범이나 규율을 지키지 않고 범하려는 욕구를 말하며, 이것은 또 몸뚱이에 대해 잘못되고 어리석은 애착으로 인해 몸뚱이를 편하게만 하고자 하는 욕구이기도 하다.
　아어취(我語取)는 내 견해, 내 말, 내 주장만 옳다고 집착하여 고집부리고 다른 사람들의 의견이나 뜻은 아예 무시해 버려 하찮게 여기는 것으로 총체적인 아상을 말한다.

(10) 유(有)
　유(有)란, 존재라는 뜻으로 앞의 애(愛)와 취(取)의 영향으로 미래의 결과물을 생성케 하며 그 업보로 인하여 별의별 세상사를 전개시키는 것을 말한다. 여기에서 부언하고 싶은 것은 행(行)과 유(有)는 둘 다 업(業)을 형성하는 것은 같으나 행(行)은 무명 [無明 ;어리석음]으로 인해 생기는 보다 근본적이고 소극적인 업이라고 한다면 유는 애와 취를 조건으로 하여 생기는 적극적이고 현실적인 업이라고 할 수 있다.

어떻게 보면 행(行)은 태초에 무명(無明) 때문에 한 생각이 일으킨 과거 생에 지어 현재의 존재에 영향을 미치는 근본 업이며, 유(有)는 우리가 현재 살아가면서 지은 업의 결과로 미래의 존재에 영향을 끼치는 일반적으로 말하는 보편적인 업이라 말할 수 있다.

(11) 생(生)

생(生)이란, 무명으로부터 시작되는 인연법에 따른 행한 바대로 쌓인 결과로써 생명체로 태어나는 것을 말하는 것이다.

(12) 노사(老死)

노사(老死)란, 생을 받은 생명체의 필연적인 결과로써의 노사이지만 이는 전멸후생(全滅後生 ; 앞의 것은 사라지고 뒤의 것이 다시 생겨 남)의 의미로 현세를 떠나 내세에 다시 태어나서 노사에 이르기까지를 가리킨 것이다. 다시 말하면 다음 미래 생에 어머니의 몸을 빌려 태어나서 죽음에 이르기까지를 노사로 정의한다는 뜻이다.

이상의 12인연을 혹 업고의 삼도에 대비해 보면 무명(無明)과 애(愛)와 취(取)는 미혹함이며 행(行)과 유(有)는 내세에 그대로 받을 수밖에 없는 업이요, 그 밖의 식(識), 명(明), 색(色), 육입(六入), 촉(觸), 수(受)의 5가지는 현재의 나타남이다. 다음 애(哀), 취(取), 유(有)의 3가지는 현재 업을 짓는 행위이고 생(生), 노사(老死)의 2가지는 미래의 두 가지 결과이다.

지금까지 12인연에 대해 살펴보았지만, 결론적으로 인간들은 과거의 미혹한 생각이나 판단으로 잘못된 행위를 저질러 이것이 원인으로 현재의 고통을 끝없이 받으며 살아가고 있다. 또한, 현재 생에서도 마찬가지로 미혹한 행위로 잘못 지어진 업의 영향력으로 이것이 원인이 되어 미래의 고과를 받게 되는 것이다.

인간존재가 무명(無明)과 행(行)으로 말미암아 육처(六處;안, 이, 비, 설, 신, 의)가 육경(六境;색, 성, 향, 미, 촉, 법)을 접촉하여 육식(六識;안식, 이식, 비식, 설식, 신식, 의식)으로 삼라만상뿐만 아니라 인간과 인간의 존재 사이에서 여러 형태의 느낌을 유발하여 애, 취, 유의 활동을 활성화해 생, 노사를 일으켜 끝없는 윤회의 길로 이끌어 가게 된다.

다시 말해 무명과 행은 인간을 지상에 태어나게 하며 존재를 존재케 하는 원초적인 힘으로 근본적이나 소극적인 성격을 띤다고 볼 수 있다. 그러나 애, 취, 유는 현실적이고 적극적인 업으로 인간 생활사 속에서 보편적으로 광범위하게 일어나고 있으며 삼계(욕계·색계·무색계) 육도(지옥·짐승·아귀·아수라·인간·천도)로 시간과 공간에 구애됨이 없이 우리를 윤회시키고 있다.

애, 취, 유의 현실적이고 보편적으로 작용하는 그 형태를 실제 생활에서 살펴보는 것도 흥미로울 것이다.

우리가 생활하면서 좋아서 가까이하고 싶은 것, 갖고 싶은 것, 차지하고 싶은 것, 싫어서 배격하고 멀리하고 싶은 것, 버리고 싶은 것, 잊고 싶은 것, 등등 인간 감정은 좋았다가 싫어지고, 싫었다가 좋아지는 사랑과 미움의 감정이 모두 애에 속하는 감정의 속성인 것 같다.

우리가 접하는 여러 대상 중에 물건, 여자, 직장, 재물, 권력, 친구, 학문 등에서 호불호의 감정에 집착하여 좋은 것은 취하고, 싫은 것은 배격하는 심성에 애, 취, 유는 표출되는 것이다.

그러나 중요한 것은 십이인연 법칙에서 애, 취, 유의 작용 상태에 따라 선인선과(善人善果) 악인악과(惡因惡果)로 콩 심은 데 콩 나고 팥 심은 데 팥 난다는 사실이다. 탐욕의 노예가 되어 사악한 마음이 시키면 시키는 대로 아무 거리낌 없이 자행해서는 안 된다. 좋은 원인에 좋은 결과가 생기고, 나쁜 원인에 나쁜 결과가 생기기 마련이다.

부처님께서 법화경에서 말씀하시기를 '전생 일을 알고자 하느냐? 지금 네가 받는 모든 것이 바로 그것이다. 내생 일을 알고자 하느냐? 금생에서 네가 지금 행하고 있는 모든 것 그것이다.'라고 말씀하셨습니다. 전생에 우리가 착한 사람이었나, 악한 사람이었나를 알고 싶으면 금생에 우리가 받고 있는 것 즉, 지금 부족함이나 불편함 없이 얼마나 행복하게 잘 살고 있느냐? 불행 속에, 고통에 시달리며 힘들게 살고 있느냐? 를 살펴보면 명확한 해답을 얻을 수 있을 것이다.

자세히 설명하자면 부자로 혹은 가난한 자로 살고 있는지 육체적이나 정신적으로 질병이나 불편함 없이 온전하고 건강한지? 부모와 자식 형제 중에 몹쓸 병에 걸려 고생하거나 갑작스러운 죽음을 맞이해 여러 사람을 슬픔과 고통에 빠트리는 경우가 없는지 이 모든 것이 자신이 저질은 과거 업장으로 인해 생겨난 일들임을 명심하고 명심해야 한다.

잘살든 못살든 모두가 자신의 탓이니 누구를 원망하거나 미워하거나 하며 불평 속에서 원망스러운 삶을 살지 말아야 할 것이다. 다시 말해 자작자수이니 자기가 짓고 자기가 받는 것을 어떻게 할 것인가? 부처님 말씀의 근본은 바로 이점에 있다고 할 수 있다.

우리가 도를 닦아 성불하기 이전에는 업력에 이끌리어 자꾸 윤회하게 된다. 따라서 나고 죽고 나고 죽고 하는 무한한 고가 따르는데 이것을 생사고(生死苦)라고 한다. 이 무한한 고를 어떻게 벗어날 수 있을 것인가? 부처님이 깨우치신 것처럼 누구나 가지고 있는 불성을 바로 보고 바로 알아 무애자재한 대해탈을 얻는 것이다.

경전에 말씀하듯이 '사람 되기 어려운데 이미 되었고, 불법 듣기 어려운데 이미 듣나니, 이내 몸을 금생에 제도 못하면 어느 생을 기다려서 제도하리오.'

애, 취, 유를 단박에 끊어 버리고 수업수생 인연의 업에 끄달려 끝없이 윤회할 것이 아니라 수의왕생 마음먹은 대로 우리 마음대로 태어나고 싶은 곳에 태어나 살고 싶은 곳에서 언제 어디서나 자유자재로 태어날 수 있도록 다 함께 불법 공부에 매진해야 할 것이다.

3.

이상세계의 실체

현실 세계에서 인간의 실체는 앞에서 언급한 바와 같이 인연에 의해 생하고, 인연에 의해 멸하는 즉 죽고 사는 것이 모두 오온의 인연화합과 인연멸로 이루어진다고 했다. 그러나 우리는 인연 화합으로 생겨난 나란 존재를 굳게 믿고 천년만년 살 것처럼 생각하여 행동하면서 죄업의 그늘에서 벗어나지 못하고 삼계 육도로 끝없는 윤회를 하며 살고 있다. 이것을 행복한 삶이라 할 수 없다.

모든 존재가 하나인 것인데 주객으로 나누어 주[나]에 집착하고 객[이웃과 자연]을 분별하는 등 전도몽상(마음이나 생각 그리고 몸이 깨끗하지 않은데 스스로 깨끗하다는 생각. 괴로움을 겪으면서도 즐겁다는 잘못된 생각. 모든 존재가 항상하지 못한데 항상하다는 어리석은 생각. 나라는 존재의 실체가 없는데도 나가 있다고 굳게 믿는 생각. 이러한 잘못되고 어리석은 생각)에 사로잡혀 고통은 세월이 깊어 갈수록 더욱 강해지고 행복하고 자유스러운 생활은 점점 요원해지기만 한다. 그러면 어떻게 해야 진정 행복한 이상세계를 현실에서 맞이할 수 있을까?

잘못된 사고를 바꾸어 새로운 전기를 마련해야 할 것이다. 우리 스스로 불법을 열심히 배우고 닦으며 실천에 옮기면서 인생과 우주의 진리를 바로 깨달아 안심입명(安心立命)의 해탈을 얻어야 그 전기는 마련될 것이다.

불법(佛法) 중에 원시불교의 교리로 가장 중요하고 핵심적인 것으로 삼법인(三法印)이 있다. 이것은 세 가지 거짓이 아닌 진실한 가르침으로 굳이 인(印)자로 이름한 것은 도장이 언제나 거짓 없음을 증명하듯이 부처님의 가르침도 언제 어디서나 누구에게나 거짓 없는 진실임을 밝히고 있다는 뜻이다.

1) 재행무상(諸行無常)은 모든 존재가 잠시 잠깐의 머묾도 없이 옮기고 흐르면서 변해가는 일시적인 존재이므로 분별하며 집착하여 신·구·의 삼업으로 죄를 지어 고통에 빠지지 말라는 것이며 2)제법무아(諸法無我)는 말 그대로 모든 존재의 실체가 없는데 나라고 우기고 고집부리며 다투고 싸우면서 힘들고 어렵게 살지 말라는 뜻이며 3)열반적정(涅槃寂靜)은 불어서 끈다는 뜻으로 우리 인간의 온갖 탐심, 진심, 치심을 끊어 번뇌와 고통의 삶 속에서 영원히 벗어나 생·노사가 없는 인생 여정을 이끌어 고통 없는 이상세계를 이룩하라는 불교 교리의 가장 기본적이고 중추적인 교리이다. 인간이 영원히 행복할 수 있는 삶을 살아갈 수 있는 절대적 방안인 삼법인을 좀 더 자세히 알아보도록 하자.

1) 제행무상(諸行無常)

세존이시여, 자주 무상 무상 하시는데 무엇을 무상이라고 합니까?
"라타야 우리들의 신체[色]는 변한다. 우리들의 감각[受]은 변한다. 우리들의 상 즉 표상(물체나 인물을 생각할 때 그것이 눈앞에는 없어도 머리에 흐릿하게 떠오르는 것)은 변한다. 라타야 이같이 관찰하여 일체를 떠나라. 일체를 떠나면 탐욕은 없어지고 탐욕이 없어지면 해탈할 수 있다. 해탈하는 그때 미혹된 삶은 끝난다."라고 하셨다.

이 세상에 존재하는 일체 만유에는 유정 무정의 동식물과 산하대지가 공존하고 있다. 여기에서 제행무상이란 四大(地, 水, 火, 風)와 五蘊(色, 受, 想, 行, 識)으로 이루어진 존재 모두가 변해간다는 것이다.
다시 말해 五蘊이란 나라는 소우주와 일체만유(一切萬有)라는 대우주를 의미하며 일체만유 삼라만상이라고 표현되는 전체 우주를 말하는 이러한 모든 것들이 하나도 빠짐없이 다 무상하다는 뜻이다.

항상하지 못하고, 그 형태를 온전히 보존하지 못하고, 시시각각으로 변한다는 사실을 말한다. 여기서 제행(諸行)이라는 것은 모든 것이 바뀐다는 뜻이며 일체의 만들어진 것 다시 말해 인연 따라 생겨나 인연 따라 멸하는 有爲(움직임이 있는)의 물질적 정신적인 모든 존재 형상을 가리킨다.
여기서 모든 존재 형상은 제행무상의 시간적 표현이며 시간상으로 볼 때 무상하다는 것이다. 이 세상에 변화하지 않는 것이 무엇이 있을까?

일체 사물의 존재, 그 존재의 속성은 바로 모든 것이 변한다는 가장 평범한 진리이다. 초목이 봄, 여름, 가을, 겨울에 따라 그 형태가 변하고 사람이 아기, 어린이, 소년, 청년, 장년, 노년으로 세월이 흐르듯이 변해가는 거와 마찬가지이다. 존재란 미립자 원자 분자 등 여러 요소가 주어진 조건에 맞추어 한때 모인 집합체에 불과하므로 존재를 구성하고 있는 요소와 조건이 변하거나 사라지면 존재 역시도 변하거나 사라지며 온전한 형태를 계속 유지하지 못한다.

  모든 것이 인연 생 인연 멸하는 인연법(因緣法)의 결과이니 무상할 수밖에 없다. 이처럼 일체가 변한다는 사실을 알아차리게 되면 항상 하지 않는 존재에 대한 집착에서 벗어날 수 있을 것이다.
  인간의 생활 속에서도 이런저런 집착에 얽매이지 않는다면 탐욕의 그늘에서 벗어날 수가 있다. 그리하여 질긴 탐욕의 늪에서 벗어나는 순간, 우리는 해탈의 광명을 접하며 어리석은 삶은 끝나는 것이다.
  우리가 눈을 한번 크게 뜨고 가없이 펼쳐진 우주공간을 관찰하면 하늘에는 해와 달 그리고 별들이 있어 끝없이 명멸하고 시시각각으로 떨어지며 사라지고 땅에는 산하대지가 삼라만상이 준동하면서 변천을 계속해 나가고 있다.

  산하대지는 비바람에 깎이면서 그 형태가 변형되며 홍수에 의해 범람하는 물로 대지는 호수가 되고, 또 호수는 토사에 의해 대지가 되기도 한다. 삼라만상도 계절의 변화 때문에 쉼 없이 그 형태가 변형되면서 우리의 눈을 의심스럽게 만들기도 한다.
  봄이 되면 얼어붙었던 대지는 아른거리는 아지랑이와 함께 훈풍에 녹아 딱딱한 성질이 부드럽게 부풀어 오르고 앙상한 가지에는 뾰족뾰족 새움이 트는가 하면 온갖 나뭇가지에 새순이 돋아나고 어느새 별의별 꽃들은 피기 시작하여 그 화려함을 뽐내고 갖가지 새들은 멋들어진 울음소리를 조잘대며 우리의 귀청을 즐겁게 한다. 그러나 꽃들은 보름을 견디어 내지 못하고 우리 눈을 즐겁고 황홀하게 해주었던 형형색색의 꽃잎은 하루아침에 봄바람의 위세에 꺾여 너무나 허무하게 편편히 낙화해 땅바닥에 뒹굴며 발길에 짓밟히니 이것을 어찌 무상타 하지 않을 수 있겠는가?

봄이 지나고 여름철에 접어드는 유월에 작열하는 태양 빛은 온갖 나무와 풀을 싱싱하게 성장시켜 푸른 신록의 계절을 맞게 하여 꽃의 부질없이 사라진 호사스러움을 잊고 풍성한 생명력에 감탄하는가 했더니 가을에 접어들면서 그 싱그럽고 풍성했던 잎들이 색깔을 변형시키더니 하나둘 맥없이 떨어지면서 영롱했던 나뭇잎들이 우수수 낙엽 되어 떨어지니 이 또한 어찌 무상타 하지 않을 수 있겠는가?

찬바람 불고 옷깃을 여미게 하는 추위가 찾아오게 되면 산하대지와 삼라만상은 모든 것이 정지해 버린 듯 고요 속에 깊이 잠들게 된다. 차갑게 휘몰아치는 삭풍에 분분히 내리는 백설은 모든 존재를 설편으로 가두고 찬바람은 그것들을 조금의 흐트러짐이 없게 꽁꽁 묶어 버린다.

이러한 상황들이 우리에게 죽음과 무상을 절실히 느끼게 한다. 이러한 무상함을 어찌 자연현상에서만 찾아볼 수 있겠는가? 우리 인생은 과연 어떠할까?

어머니의 자궁에 잉태되어 열 달 시간을 소비하고 고고의 소리를 내며 한번 이 세상에 태어난 후 흐르는 세월과 더불어 속절없이 늙어만 간다. 유아가 영아 되는 것도 무상이요, 소년이 청년 되는 것도 무상이며, 청년이 장년 장년이 노인 되는 것도 무상이다. 이 세상에 태어난 자 어느 사람이 늙지 않고 죽지 않을 수 있겠는가? 태어나고 늙어 죽는 것 이것이야말로 정녕 무상함이 아니겠는가?

"어화 날 속였다. 춘풍추우 날 속였다. 철철이 돌아오매 유심히 여겼더니 홍안은 어디 가고 백발만을 남겼구나"

그렇다. 우리가 춘풍추우 봄 여름 가을 겨울 바뀌는 사계절을 즐기는 동안 자신도 그렇게 변하며 바뀌어 늙어만 가는 것이다.

제아무리 홍안의 미모와 완력을 자랑한다 해도, 어느 세월엔가 호호백발 허리 굽고 얼굴엔 주름 잡히고, 눈에 눈곱 끼는 추한 모습의 늙은이로 변하니 이 어찌 무상타 하지 않겠는가?

이러함을 《법구경》에서도 다음과 같이 일러주고 있다

"냇물이 급히 흘러가면 오지 않듯이 인명도 한번 가면 돌아오지 못하나니 사람이 채찍을 잡고 소를 길러 잡아먹듯이 노사 또한 그러해서 목숨을 앗아가고 만다. 있는 것은 다 하고, 높은 것은 또한 떨어지며, 만나면 반드시 여의고, 태어나면 반드시 죽으리라. 이날 하루가 다하면 목숨도 따라 깎여 옅은 물의 고기와 같거니 이 무슨 즐거움이 있으랴."

지금까지 자연 환경계와 인간 전반의 변해가는 제행무상의 실태를 살펴보았다. 이제 범위를 좁혀 나라는 존재의 생활 속에서의 변화에 대해 생각해 보아도 또한 마찬가지이다.

 내가 거머쥔 권력과 명예 그리고 재물 등 부귀영화가 영원할 것으로 생각하고 악착같은 심정으로 집착하며 살아가고 있다가 행여 권력에서 밀려 나거나 명예가 실추되고 금전적인 손실이 발생하면 억울해하고 안타까워하며 스스로 고통의 멍에를 뒤집어쓴다. 하늘이 내렸다는 대기업체의 회장도 많은 돈으로 권세를 누리며 행복하다며 살겠지만 평범한 서민들이나 마찬가지로 삼시 세끼 먹고 한 평 정도의 공간을 차지하고 잘 것이며 일반 서민들과 별반 다를 바 없이 먹고 자고 느끼며 살다 세월의 무게를 견디지 못하고 늙고 병들어 죽는다. 나이가 들면 누구이든 인간으로 태어나게 한 인과 연이 다하게 되면 서서히 막을 내리게 될 것이다.

 고금을 막론하고 세계 어느 나라에서나 막강한 권력을 휘두르는 독재 정권도 조건이 변하고 때가 되어 계기가 마련되는 어느 시점에서는 붕괴하고 마는 것이 권력의 속성이요 무상함이다.
 언제까지고 영원히 내 곁에 있어 줄 것 같은 그녀의 사랑도 똑같이 그녀의 곁에서 지켜주고 보살펴 주며 영원을 약속하던 나의 사랑도 언젠가는 변하게 되고 떠나가기 마련이다.
 어쨌건 인간의 마음이란 촌각을 다투는 변덕스러움이 있어 처음과 그 끝이 같을 수가 없이 변하기 마련이라 마음만이 아니고 인간의 육신 또한 끊임없이 변화하며 늙어갈 것이다.

 태어날 때 모습 그대로 그 외모를 지니고 살아가기도 쉽지 않다. 마음 씀씀이가 어떠했으며 생활환경은 어떠했는지 어떻게 쓰고 닦았느냐에 따라 많은 차이가 생긴다. 우리는 얼굴 모습에서 그 사람의 생활환경과 인격을 볼 수 있다고 하지 않는가?

불혹의 나이에 자신의 얼굴 모습은 본인의 책임이라 말할 정도로 살아온 형태에 따라 얼굴도 몸도 달라지는 것이다. 태어날 때 갖춘 능력이나 재능도 타고난 그대로 변함이 없을 것 같지만 그렇지 않다. 얼마나 큰 노력을 기울여 닦고 개발했느냐에 따라 결과는 엄청난 차이가 생기게 된다. 아무리 뛰어난 재능을 지녔어도 방치해 두고 노력하지 않으면 아무 소용없이 되고 만다.

좋은 인(因)에 좋은 연(緣)을 곁들여 주면 좋은 결과가 생기고 좋은 인이라도 나쁜 연을 만나게 되면 나쁜 결과로 귀결되기 마련이다. 이 세상의 모든 존재는 변한다는 사실만이 변하지 않는 유일한 사실이며 진리이다. 항상하지 않고 모습이나 형태가 변한다는 것은 슬프고 괴로운 일이다.

여유 있게 많이 있을 때 만족감을 느끼고 명예나 권력의 지위가 유지되고 향상되고 있는 동안은 행복함을 느낀다.

건강한 육체와 정신으로 활기차게 살고 있을 때 즐기고, 사랑도 사랑하는 마음이 충만하고 사랑하는 상대가 건강하고 편안히 옆에 항상 있을 때 행복을 느낀다. 명예와 권력과 지위를 빼앗겼을 때 경제력을 상실하고 파산했을 때, 사랑하는 이가 감정의 변화로 내 곁을 떠나갔거나 병으로 사별했을 때, 내가 죽어갈 때나, 사랑하는 사람들이 죽어갈 때 등 이러한 여러 가지 경우가 생기게 되면 우리는 행복할 수 없고 행복감의 상실로 비탄에 빠지게 된다. 행·불행은 제행무상의 이치로 본다면 당장은 행복할지 모르지만, 이 행복이 언젠가 다가올 불행과 괴로움을 전제로 한 순간적인 잠시 잠깐의 행복인 것이다. 이러한 사실을 모르고 영원한 행복을 간직한 양 거짓 행복에 빠져 있는 모습은 어리석고 불쌍한 중생의 모습이라 아니할 수 없다.

 제행무상이라 하니 인생도 무상이요, 모든 존재도 무상하다며 부정적인 의미로 잘못 인식하여 한탄스러운 말로 쓰이는 때도 있을 것이다. 그러나 무상하다는 것은 허무주의를 뜻하는 바가 아니며 자연현상과 인간의 생로병사를 사실대로 관찰하여 얻어진 결과이며 우주만유의 진리이다.
 오히려 인생이 무상하다는 것이 살아갈 이유를 제공하는 것이 될 수도 있다. 자연적으로 변하기 때문에 아이가 어른이 되고, 인연법에 따라 병든 사람이 건강해지고, 직장 없이 놀던 사람이 직장을 얻게 되고, 악한 사람이 착한 사람으로 발심하여 좋은 일을 하며, 가난한 사람이 열심히 노력하여 많은 돈을 벌어 부귀영화를 누리고 어리석은 사람이 열심히 수행 정진하여 현명하고 지혜로운 자로 변신할 수도 있는 것이다.

 우리의 몸놀림 하나가 조금의 오차도 없이 우주를 진동시키며 퍼져나간다.
 내가 베풀어가는 선한 무주상보시가 우리 마음과 주변을 밝고 명랑한 사회로 만든다고 생각하면 참으로 착하게 살아야겠다는 생각이 들 것이다. 내가 주위 이웃에게 끼치는 나쁜 행동이 알게 모르게 온

사회에 큰 파급효과를 가져온다면 어찌 살생하고 도둑질하고 간음하고 이간질을 할 수 있겠는가?

　여러분도 익히 아시겠지만, 나비 효과라 하여 중국 양쯔강에서 나약한 나비의 날갯짓 하나가 인이 되어 태평양을 건너 지구 저편에 다다르면 거대한 태풍이 된다니 이 얼마나 가공할 만한 일인가.
　이렇게 사소한 하나의 작용인 나비의 날갯짓이 엄청난 재난을 몰고 오는 태풍으로 변하여 우리의 삶에 직접적인 영향을 미치는데 만물의 영장이라 자칭하는 우리 인간의 행위 하나 하나가 얼마나 큰 영향을 미칠지에 대해 다시 한번 살펴보아야 할 것이다. 언어 행위 하나 하나에 조심하고 또 조심하여 신중하게 마음가짐을 다잡으며 성실히 살아야 할 것이다.

　입력한 대로 컴퓨터에 어김없이 저장되듯이 대수롭지 않게 생각하고 내뱉은 말 한마디, 행동 하나가 우리의 마음속에 일체로 저장되었다가 업으로 다시 내게로 현현한다면 참으로 무서운 일이 될 것이다.
　우리의 친절한 말 한마디 자상한 보살핌 하나가 인간 생활 전반을 두루 감싸 안아 인간 세상을 밝게 비추는 힘을 발휘한다면 이보다 기분 좋은 일이 어디 있으며 가슴 설레게 하는 이런 일들이 지상낙원인 불국토의 현실화이다.
　그런데 제행이 무상하다는 데에는 일기무상과 찰나무상의 두 가지가 있다. 일기무상이라는 것은 일정한 기간 존속하면서 변화하는 것을 말한다. 예를 들어보면 인간이 한번 태어나 일정한 기간 동안 자신의 생애를 누리다가 마침내 수명을 다하고 죽어 없어진다거나 어떠한 존재가 그 존재 나름의 존재 기간을 유지하다가 그 기간이 다하면 사라지는 것을 일기무상이라 한다. 찰나무상이란 시시각각 바로 변화하는 것을 말한다. 그 변화무쌍함이란 분분초초에 생각생각이 잠시 잠깐의 머무르는 여유도 없이 변화하는 것을 찰나무상이라 한다.

하루 주야간 24시간 동안 육십사억 구만구천 팔백팔십의 찰나가 있다고 했으니 이렇게 극히 짧은 순간에도 인간의 몸뚱어리나 생각이 또한 천지 만물의 숱한 존재가 자꾸자꾸 변해가는 것이 이 세상의 실체이며 진실은 바로 이것 외에 따로 있을 수 없다.

이렇듯 우리 인간을 비롯하여 이 세상의 모든 사물이 모두가 하나같이 무상하거늘 어리석고 무지몽매한 우리 중생들은 천년만년 영원히 살 줄 알고 어리석게도 아끼고 탐내고 분별하여 집착하고 무엇인가에 얽매어 사는 등 자유 없고 괴로운 생활을 계속하니 이 얼마나 안타깝고 슬픈 일인가?

모쪼록 모든 사람이 불법의 숭고한 진실을 배워 참다운 깨달음의 세상 즉 부처님이 열어 놓으신 불국정토에서 살 수 있기를 기원하는 바이다.

"마음 한번 고쳐먹으면 피안 (평화와 평등의 세상)이 바로 저기 있는데"

2) 제법무아(諸法無我)

"수루나야. 어떻게 생각하느냐? 신체는 불변하느냐 변하느냐?"
"세존이시여. 변하나이다."
"변한다면 그것은 괴로운 것이냐? 즐거운 것이냐?"
"세존이시여. 괴로운 것입니다."
"변하고 괴로운 것이라면 그것을 관찰하여 이것은 내 것이다. 이것은 나다 이것은 나의 본질이다. 라고 말할 수 있겠느냐?"
"세존이시여. 그럴 수 없습니다."

제법무아라는 것은 우리 인간을 비롯하여 이 세상의 모든 사물은 실체가 없다는 뜻이다. 즉 천지 만물의 변형되는 형태를 시간상으로 과거, 현재, 미래-미래, 현재, 과거로 관찰할 때 무상한 것과 같이 다시 이 공간 속의 존재로서 생멸 변화의 과정을 살펴볼 때는 무아이다.
 이 세상의 모든 존재는 모두가 인연으로 말미암아서 모여 생겼다가 인연이 다하면 흩어져 그 존재가 소멸할 뿐 그 무슨 나라고 내세울 만한 실체는 아무것도 없다는 것이다.
 다시 말해 생멸하지 않고 존재할 수 있는 주된 체성이 없다는 것이다. 광활한 우주 공간대와 그 속의 천지만물을 대우주라 칭하고 나를 소우주라 함은 그 구성성분의 자질이 같다는 것이다.

 우리의 육 척 남짓한 몸을 볼 것 같으면 아버지와 어머니라는 부모의 인연을 빌려서 뼈[地], 피[水], 온도[火], 호흡[風] 등 여러 원소가 어우러져 몸을 이루고 공간을 차지하고 존재하는지라 그 무엇으로도

'나'라고 주장할 수 없으며, 또한 사회의 구성원으로 생활하면서도 주위의 숱한 사람들, 인연의 도움으로 '나'라는 한 생명을 유지하며 그들과 공존하고 있는 것이거늘 그 무엇으로도 독자적인 '나'라고 고집할 수는 없다.

사람은 태어나면서부터 '나'라는 관념을 가지고 전생의 업으로 말미암은 습이나 부모로부터 물려받은 성격 그리고 자라면서 환경과 교육으로 익혀진 습관대로 세상사 모든 일을 처리하고 있다.
내 몸, 내 마음, 내 버릇, 내 집, 내 재산, 내 지위, 내 명예 등 나를 중심으로 생각하고 말하고 행동하지만 실제로 이런 것들 가운데 참나는 존재하지 않고 참나가 행하는 바는 아무것도 없다.

결정코 내 것이라고 할 수 있는 몸뚱이나 마음조차 내 마음대로 할 수 없는 것이 인간의 참다운 실체이다. 내 마음 기뻐지고 싶다고 기쁠 수 있으며 행복하고 싶다고 행복해 질 수 있을까?
그저 거미줄처럼 엮여있는 인연따라 주위 환경 및 상황에 따라 그 외부적인 조건에 의해 끊임없이 영향을 받아 마음이 행복, 불행, 고독, 허탈, 허무 등의 느낌으로 지옥과 극락을 쉴 새 없이 드나들게 된다. 우리가 생각하는 '나'는 일정한 성품을 항상 지니고 있는 것도 아니고 자신을 마음대로 주체할 수 있는 능력도 없는 어찌 보면 텅 비어 있고 실체가 없는 존재이다.

물론, 우리가 무아라고 하여 현재 현실의 나 현상적인 활동을 하고 있는 나의 존재까지 부정하는 것은 아니다. 이 실체적인 나를 고정불

변이라고 믿는 것 자체를 부정하는 것뿐이다.

  내 몸이라고 하나 그 몸바탕에 자성이 있단 말인가? 만약 있다면 그것은 무엇이란 말인가? 자성이 있어 내세울 수 있다면 상주불멸 해야 할 것인데 아시다시피 인간의 몸은 찰나찰나 변하여 늙고 병들어 결국은 죽어가지 않는가? 또한 내 몸이라고 하면 자유로워야 할 것이며 만약 자유가 있다면 나 자신을 내 마음대로 할 수 있어야 할 것이며 늙고 병들어 죽는 것을 막아낼 수 있어야 할 것이다.
  내 몸, 내 마음을 자유로이 할 수 없는 인생이니 그 밖의 무슨 재산이나 명예 등을 내 것이라 칭할 수 있겠는가? 있다면 오직 인연화합의 힘이 있을 뿐이다.

  그러므로 모든 존재는 인연을 좇아 생겨나서 또한 인연을 따라 없어진다고 하였다. 이렇듯 존재하는 모든 것은 두 가지 이상의 여러 인연의 힘에 의해서만 성립되므로 그 인과 연 어느 한쪽 단독의 힘만으로는 생성 존재할 수 없다. 무아는 내가 없다는 뜻이며 우리가 나라고 여기는 자신을 살펴보면 나라고 내세울 만한 근거가 없다.

  나의 존재가 고정불변한 것이 아니므로 지금의 내가 조금 전의 나나 잠시 후의 나와 같은 형상은 지녔지만, 같을 수가 없을 뿐 아니라 모든 사고 행위 또한 달리한다. 오늘도 나고 내일도 나로 항상 같아야 나라고 할 수 있지 늘 변한다면 그것을 어찌 나라고 할 수 있으며 또 내 마음대로 할 수 있어야 나지 마음대로 할 수 없다면 어찌 나라고 할 수 있겠는가?

항상 똑같을 수 있어야 하고 마음대로 할 수 있어야 하는 이 두 가지 속성이 있어야만 나라고 할 수 있지만 지금 우리 앞에 있는 나는 그렇지 못하다 항상 하지도 못하며 끊임없이 변하고 있으며 백 년도 채 못 되어 완전히 변하여 죽음을 맞이하게 될 것이다.

이러하기에 우리는 무아라고 아니할 수 없다. 이렇게 말하면 불교는 나와 천지만물의 존재를 부정하는 허무주의나 염세적인 종교가 아니냐고 반문해 올지 모르나 그것은 자연 생존 순리를 모르는 데서 비롯된 오해이다.

인간과 천지 만물이 끊임없이 변화하는 존재라는 것을 여실히 알고 생겨나서 변해가다 결국 사라지고 마는 것이 인연 화합에 의한 것으로 고정된 실체로서의 나를 인정하지 않는 것뿐이고 이것은 현상계의 본질을 바르게 밝힌 것이다.

이와 같은 불교 교리의 진면목은 모든 존재(물질과 정신)가 모두 일시적인 존재일 뿐 영원한 것은 아무것도 있을 수 없으니 영원히 살고 영원히 내 것으로 갖고자 집착해서 분별하며 질기고 질긴 탐욕의 늪에 빠져 고통의 올가미에 빠져들지 말라는 것이다.

무소득은 무소유로 무소유는 무집착으로 무집착은 무분별로 이어지는 사고패턴으로 생활을 할 수만 있다면 모든 탐욕과 고통에서 벗어날 수 있을 것이며 세상은 그대로 고요하고 마음은 스스로 온전한 평화를 얻게 될 것이다.

제법무아에 대하여 부처님은 이렇게 말씀하셨다.

"많이 들어 지혜로운 제자들아!

이 오온은 나가 아니요, 나의 것이 아니라고 관찰하라.

이처럼 살펴보면 이 세상에 취할 것이 없게 된다.

취할 것이 없다 함은 집착할 것이 없다 함이다.

집착하는 것이 없는 사람이라야 스스로 마음의 평화[열반]를 깨닫는다."

제행무상(諸行無常) 제법무아(諸法無我)는 참으로 거룩하고 비교할 바 없는 진리이다. 그 오묘함을 무엇으로 표현할 수 있겠는가? 부처님께서는 우주 만법의 근원인 진리를 깨치시고도 며칠 동안 많은 고민에 빠지셨다. 스스로 깨치신 오묘한 진리와 중생의 무자각한 삶을 견주어 살펴볼 때 실망하고 비탄에 빠지지 않을 수 없었다.

눈앞에 펼쳐지는 온갖 갖고 싶은 것에 대한 오욕(五慾:안·이·비·설·신·의 욕심)의 준동으로 탐내고 성내고 사리 판단의 어리석음으로 내일의 고통을 자초하면서 사는 우둔한 중생들에게 깨달음의 바른 진리를 일러 구제한다는 것은 거의 불가능에 가까운 일이라 판단하시고 일깨워 주어도 알아듣지 못할 바에야 차라리 침묵을 지키시는 게 옳다고 부처님은 생각하시기도 하였다. 그러나 한편으로 달리 생각해 보면 스스로 출가하여 부처가 된 것은 생사윤회의 고통에서 영원히 벗어나는 길을 깨달음인데 이제 만일 중생들을 위하여 참다운 법을 알려주지 않는다면 그들은 영원히 고해의 바다에 빠져 헤어나지 못할 것이니 비록 미혹한 중생들일지라도 가르쳐 깨우쳐줌이 옳으리라고 생각하시게 된 것이다.

이처럼 그 당시 부처님께서도 중생들이 진리를 깨달아 고통에서 벗어나기가 참으로 힘들고 어렵다고 판단하신 바대로 몇천 년이 지난 지금도 깨달음의 길은 참으로 힘들고 요원하기만 하다.

우리의 삶이 윤회의 과정을 거치고 거치면서 쌓이고 쌓인 업장 때문에 현세에서 깨달음은 오히려 더 힘들지도 모를 일이다. 과거, 현재, 미래 삼세에 걸쳐 숱한 세월을 살아오는 동안 三界(慾界 色界 無色界)와 六道(地獄·丑生·餓鬼·阿修羅·人間·天上)를 거치면서 쌓아온 업장의 무게가 히말라야 산처럼 높다고 한다. 세상에는 두개의 히말라야 산이 있다고 하는데 실제 해발 8000미터 급의 히말라야 산이 있고 인간 내면에 또 하나의 히말라야 산이 있다고 한다.

불교의 유식 철학에서는 인간에게는 안·이·비·설·신·의·식의 육식과 7·8식이 있는데 여기에서 제7식을 말라식이라고 하며 이것을 인간의 자아의식 내지 에고(EGO) 의식이라고 한다. 말라식 즉 자아의식이란 우리의 의식과 무의식을 이어주는 통로 역할을 한다. 무의식은 숱한 과거사에 행해졌던 경험식이며 오랫동안 반복해 온 행동이 계속되면서 습관화된 의식을 말한다.

흔히들 인간이란 과거에 의해 사는 존재이며, 어제는 지나간 오늘이며 내일은 다가오는 오늘이라고 말한다. 이같이 인간이 수백만 년 동안 진화를 계속해 오면서 쌓인 모든 정보(경험 행위 지식 등)가 제7식인 말라식에 차곡차곡 저장되어 수천 생을 되풀이 하면서 숙생의 업장이 되어 시루떡처럼 쌓여 실제 산의 높이와 업장의 높이가 같다는 것이다.

　고대 인도의 수행자들이나 현재의 모든 수행자가 인간 내면의 자아의식을 정화하는데 모든 노력을 기울이고 있으며 도를 닦는 핵심도 바로 이 애고의식을 소멸시키는데 있을 것이다. 부처님의 진리의 깨달음도 바로 여기에 있다. 우리가 진리를 깨달아 인간의 참다운 진면목을 알기 위해서는 히말라야 산만큼이나 높은 업장을 봄철 얼음 녹이듯 말끔히 삭혀낼 수 있어야 한다. 산악인들이 산을 정복하기 위해 사투를 벌이듯 수행자들도 목숨을 걸고 정진하지 않으면 그 무엇도 성취하지 못할 것이다.

　제행이 무상하고 제법이 무아임을 철두철미 확연한 깨달음을 얻어 번뇌의 불길을 끄고 자유롭고 평화로운 심정으로 마음의 안정을 찾게 되면 열반적정의 해탈문은 저절로 열릴 것이며 현실 세계의 번민과 이상세계의 진입으로 고통에서 벗어나 어려움 없이 평안함을 누릴 수 있을 것이다.

　그러나 느낌과 깨달음은 다르다. 지식과 지혜가 다르듯이 안다고 해서 다 행할 수 있는 것은 아니다. 지식의 눈으로 진리를 보는 것과 지혜의 눈으로 진리를 보는 것은 엄청난 차이가 있다. 지식은 앎이요, 지혜는 깨달음의 결과이기 때문이다. 알고서도 실행에 옮기지 못하면 모르는 것이나 마찬가지이다. 일반 중생들의 일거수일투족이나 세상을 바라보는 관점이 깨달은 이의 행동이나 정견 하는 자세와는 참으로 많은 격차가 있다. 제행무상의 도리를 바르게 깨달았다면 제법무아의 도리가 무엇인지도 확실하게 깨달아야 열반적정의 이상세계에 안주할 수 있을 것이다.

그러나 보편적으로 일반 중생이 불법을 바라보는 시각이나 깨달음에 대한 느낌에 근본적인 문제점이 도사리고 있다. 제행무상의 상황은 살아가는 생활 속에서 어렵지 않게 겪게 되고 느낄 수도 있다. 봄 여름 가을 겨울 사계절의 변화에 따라 느끼는 기쁘고 슬픈 감정이라든가 사랑하는 부모나 형제와의 뼈아픈 사별 친구나 사랑하는 사람과의 이별 영원할 것 같았던 부귀영화가 하루아침에 물거품처럼 사라질 때 항상 하리라 믿었던 권력의 허무한 몰락 활기에 넘치던 사람의 갑작스러운 죽음 초라하게 서서히 늙어가는 자신의 모습 등등. 이처럼 자신이나 자기 생활과 주변 환경의 변화가 인생무상이란 이름으로 어느 특정 개인에게만 일어나는 사건이 아니고 모든 존재가 어김없이 겪을 수밖에 없는, 시간의 흐름으로 인해 변하고 사라진다는 진실을 우리는 깊이 있게 절실히 느끼지 못한다.

제행무상의 참다운 진리는 깨닫지 못하고 단순히 인생무상의 변화만을 느끼게 되는 것이다. 그러한 상황이 나에게 닥쳤을 때 허무한 인생이라며 좌절과 절망에 빠질 것이 아니라 이러한 모든 사실이 제행무상의 실체로구나 하고 진리를 바르게 깨달아야 할 것이다.

긍정을 위한 부정 사라져 없어지는 것이 아니라 새 생명을 얻는 새로운 탄생이라는 우주 공간 전체의 존재 현상임을 깨달아야 한다. 유구한 시간의 흐름 속에 온전하게 보존될 수 있는 건 아무것도 없으며 아무것도 없는 가운데(공간 속)에 나라는 존재의 주체는 존재할 수 없으며 존재 나름대로 주어진 인연의 시간에 따라 그 시간이 지나면 존재는 사라졌다가 또다시 태어남을 알아야 할 것이다. 다시 말해 제행무상은 존재의 시간적 관찰이며 색불이공 공불이색(모든 존재는 시간이 흐르면 아무것도 없이 비게 된다는 것이며 아무것도 없이 비었다는 것은 시간의 흐름으로 모든 존재의 새로운 탄생을 의미하는 것이다)이요. 제법무아는 존재의 공간적인 관찰로 색즉시공 공즉시색(모든 존재는 없는 존재이고 비었다는 것은 꽉 찼다는 것이다)이다.

이로써 살펴볼 때 제행무상을 제대로 깨닫게 되면 제법무아는 자연히 따라 깨달을 수 있는 것이다. 그러나 중생들은 제행무상은 어느 정도의 느낌이나 깨침에 이르는 경우가 종종 있지만 제법무아의 깨달음은 도저히 용납될 수 없는 거부감을 느끼게 된다. 무엇보다 내가 없다는 것은 도저히 인정할 수 없는 사실이다. 인간의 자기 [자아]라는 것은 중생의 사고로 볼 때 원초적인 본능이며 변할 수 없는 실체이기 때문이다. 태어나면서부터 나와 너는 구분되고 주관과 객관의 차이 그 엄연한 분별을 갖게 된다. 나 속에는 수천수만 생부터 면면히 이어져 오는 나(전생의 사고나 행위 전체)라는 의식이 잠재의식으로 각인되어 있다. 현세에서도 자아의식으로 시도 때도 없이 경계에 부딪치며 나를 지배하고 있다. 이 자아의식의 높이는 히말라야 산보다 높고 넓이와 깊이는 바다보다 더 넓고 깊다.

부처님의 진리를 깨달아 열반적정의 이상경으로 가는 길은 너무나 험하고 힘들기만 하다. 수천 겹으로 끼어 입은 나라는 옷가지를 하나

하나 벗어버리지 못하면 맨살의 알몸을 어찌 볼 수 있겠는가? 제법무아를 학연이 일목요연하게 깨치지 못하면 자기 자신이라는 자아의식의 올가미에서 벗어날 수 없다. 따라서 아집(자기의 고집)과 아만(자기의 자만심)의 틀 속에서 끊임없이 분별하고 집착하면서 탐 진 치 삼독심으로 팔만사천의 번뇌에 사로잡혀 생사고해의 사설에서 벗어날 수 없게 된다.

그러면 어떻게 하여야 전도된 몽상에서 벗어날 수 있을까?
보살이 이 언덕(현 인간세상)에서 저 언덕(불국토)에 도달하기 위하여 닦아가는 여섯 가지 수행 방법으로 육바라밀이 있다. 육바라밀은 깨달음을 얻기 위한 여섯 가지의 중요한 수행방법이니 우리 중생들도 밤낮으로 용맹정진 하여 고통의 그늘에서 벗어나 광명천지로 나아가야 할 것이다.

아집에서 벗어나게 되면 나라는 존재가 연기로 인해 생겨난 존재이기에 공이어서 비어 있는데 집착할 수 있는 것이라고는 아무것도 없으니 무집착이며 무엇에 대해서도 이렇다 저렇다 하고 내세워 분별할 수 없는 무분별이고 텅 비어 있는 세계에서 그 무엇도 얻을 수 없으므로 무소득이니 소득이 없는 곳에서 가질 수 있는 게 없으므로 무소유임을 알게 될 것이다.

이것이 육바라밀을 수행하여 얻을 수 있는 참다운 진리이요. 불국토로 가는 길이기도 하다 여기서 육바라밀이 어떠한 내용인지를 소상히 살펴보도록 하자.

3) 육바라밀(六波羅蜜)

① 보시바라밀(布施波羅蜜)

보시란 베푼다는 뜻으로 베풂을 수행의 시작으로 하여 너와 내가 둘이 하나이며 남에게 베푸는 것이 아니라 나 자신에게 베푸는 무주상보시가 바로 보시바라밀의 의미라고 할 수 있다 불쌍하고 안타까운 사람에게 동정으로 말미암은 단순한 베풂과 보시바라밀은 엄청난 차이가 있다.

베푼다는 것은 불쌍한 사람에게 정신이나 물질로 보탬을 주는 행위이므로 여기에는 착한 일을 행했다는 자만심이나 있다. 또 베풀기 싫은데 주위의 권유로 어쩔 수 없이 억지로 베풀 수도 있을 것이다.

그러나 보시바라밀은 베풀고도 누구에게 무엇을 어떻게 베풀었다는 생각을 남기지 않는 청정한 수행의 방편으로의 베풂 즉 무주상보시를 말하는 것이다. 무주상보시란 누구에게 무엇을 어떻게 라는 인식을 뇌리에 남겨두지 않고 행위는 있는데 잔영을 남기지 않고 물 흐르듯 흘려보내는 보시를 의미한다. 내가 누구에게 무엇을 어떻게 도왔다는 생각이 남아 있으면 나중에라도 돌려받을 수 있지 않을까 하고 생각하거나 훗날 그 사람이 자기에게 서운한 행동을 하게 되면 배은망덕한 놈이라며 야속한 마음을 갖게 되고 다시는 도와주지 않겠다고 도리어 앙심을 품게 되어 오히려 나쁜 결과를 가져오게 된다.

이렇게 생각에 머물러 보시하게 되면 그 마음이 굳어져 업으로 남게 되어 윤회하는 원동력이 되기도 한다. 결과적으로 그 생각 때문에 좋지 못한 방향으로 윤회하게 되는 것이다. 무주상 보시는 나와 너 그리고 천지만물이 모두 지·수·화·풍의 4대 요소의 인연화합으로 말미암은 존재로 서 그 구성 요소가 같은 동체로서 다르지 않고 같다는 논리에서 성립되며 이 같은 올바른 지각이 있을 때 자연적으로 생겨날 수밖에 없는 실천의 행이다. 본래 나와 너라는 분별은 망상의 결과일 뿐 사실이 아니니 어디에 내 것이 있고 네 것이 어디 따로 있겠으며 가고 옴이 있겠는가?

나와 네가 둘이 아니라는 올바른 자각의 지혜가 생겨나면 동체대비의 대자비심이 우러나오기 때문에 서로가 둘이 아니고 다르지 아니하다는 자각이 무주상보시의 실천행으로 나타나게 된다.

무주상 보시는 베풀었다는 생각을 남겨두지 않으므로 인과응보의 결과로써 보답이나 보상을 바라지 않는다. 내리는 비가 땅속에 스며들고 태양 빛이 따스하게 천하를 비추고 훈풍이 사위를 감싸듯 당연히 해야 하고 할 수밖에 없는 일을 하는 것뿐이다. 너와 내가 상대적이지 않고 주관과 객관이 다르지 않으니 주는 자도 받는 자도 없어서 베풀고도 베풀었다는 생각이 일어날 수 없다. 배가 고파 밥 먹고 갈증이나 물 마시는 것처럼 배고픈 사람 있어 음식 대접하고 갈증이 나 목말라하는 사람 있어 물을 주는 것일 뿐이다. 외로움에 지쳐 있거나 힘겨운 생활에 어찌할 바 몰라 할 때 손을 잡아주고 가슴을 내어주는 일 또한 기꺼이 해야 할 사명이다.

이처럼 내가 내게 대하듯 자연스럽고 당연하게 행함에 기대하는 바 없이 실행하는 것이 보시바라밀의 참뜻일 것이다. 우리가 이웃의 기쁨이나 슬픔과 어려움을 인연생기의 도리로 따져 보면 생겨나는 세상사 모두가 너와 나로 구분되는 각자의 것이 아니고 하나라는 것을 알게 되면 당연히 기쁠 때는 같이 기뻐하고 슬플 때나 어려움을 겪을 때는 나에게 하듯 위로하고 어루만지며 자비심을 베풀어야 한다. 그러므로 보시바라밀은 단순히 베푸는 것이 아니라 왜? 무엇 때문에? 무엇을 얻고자? 행하는지를 아는 지행합일의 수단이며 지혜가 깨달음의 결과로 밝혀졌을 때 할 수 있는 일이다.

　베풀고 또 베풀면서 보시바라밀의 참 공덕을 심어 놓다 보면 제법무아의 참다운 진리도 자연스레 깨닫게 되어 지혜의 눈은 더욱 밝아질 것이다. 그렇기에 보시바라밀은 그저 복이나 짓는 행위가 아니고 숭고한 깨달음의 수행 그 자체이기도 하다. 보시바라밀을 행하는 과정에서 나와 너의 구분을 철저히 단절시키고 모든 탐욕의 근원이 되는 분별 집착에서 벗어나는 방하착 수행은 곧 제법무아를 깨닫는 첫걸음이다. 정녕 하심으로 남에게 베푸는 선행을 많이 행하면 행할수록 제법무아에 대한 깨달음의 깊이가 더욱 깊어지고 커지게 될 것이다. 상구보리 하화중생 이 말은 위로는 깨달음을 구하고 아래로는 중생을 구제하겠다는 보살들에게 주어진 사명이기도 하다. 보살에게는 나와 남이다 라는 분별심이 없어서 중생이 괴로우면 보살도 괴롭다.

　보살에게 있어 나는 일반 중생들의 나와는 달리 나 혼자만의 나가 아니라 일체중생들과 둘이 아닌 존재로서 나이기 때문에 보살의 베풂에는 베푼 대상과 베푼 이가 따로 구분되지 않는다. 일체가 나와 너의 구분 없이 오로지 나이기에 주고받는 이가 따로 없다. 근본은 이러하지만, 우리 중생들은 보살행을 제대로 하지 못하고 있다. 나라는 상을 버리지 못하고 나라는 놈이 언제나 끼어들어 누구에게 무엇을 어떻게 얼마만큼 베풀었다는 생각을 떨쳐내지 못하고 베풀었다는 상에 집착하게 된다.

이러한 보시를 유주상보시라 한다. 우리가 유주상보시를 하는 한 참다운 보시는 이루어질 수 없고 제행무상 제법무아를 깨달아 열반적정의 저 피안의 세계에 도달할 길은 더욱 요원해 질뿐이다. 누누이 강조하지만 아상의 뿌리를 송두리째 뽑아버려 보시바라밀을 실천하는 실생활에서 참다운 베풂의 수행이 이루어져야 불보살이 꿈꾸는 불국정토를 사후 세계가 아닌 현실에서 맞이할 수 있다. 돌이켜 살펴보면 우리는 빈 몸뚱어리 하나 울러 매고 이생에 잠시 머물면서 인연 닿는 대로 이쪽저쪽으로 끌려다니다가 인연이 다하면 빈 몸으로 다시 돌아간다.

자기가 가진 것이 무엇이든지 얼마나 많은 것인가에 관계없이 알몸으로 돌아가게 되어 있다. 그러나 내 것이 많은 사람일수록 죽을 때 내 것에 대한 집착은 더욱 강하고 차마 쉽게 단념할 수 있는 게 아니다. 죽음에 즈음해서 조차 버리고 가기가 쉽지 않다. 그리하여 죽어서도 재물에 대한 집착을 버리지 못하고 내세로 편히 가지 못하고 이승을 떠도는 원귀가 될 수도 있다. 인간이 죽을 때 본능에 따라 나타내는 세 가지 애착심이 있으니 첫째는 자체애 둘째는 경계애 셋째는 당생애이다.

자체애는 자신의 몸뚱이에 대한 애착심을 말하며 늙고 병들어 초췌해진 육신이 명근이 끊어지면 썩어 없어지는데도 자기라는 자신을 놓지 못하는 심성을 말한다.
  경계애는 자기의 주변 경계 즉 내 가족 재산 지위 명예에 대한 애착심을 말하며 두고 떠나기가 너무나 아쉬운 것들을 말한다.
  당생애는 다음 생에 좋은 세상에 태어나 아무런 환란도 겪지 않고 부귀영화를 누릴 수 있는 좋은 환경에서 태어나기를 바라는 애착심이다.

  살아생전에 어쩔 수 없이 애착심의 노예가 되어 고통 속에서 고통인 줄도 모르고 살아왔는데 죽음에 이르러서도 고약한 애착심을 끊지 못한다면 좋은 인연을 만나기는커녕 마음의 평안도 찾을 길이 막연할 따름이다. 여기서 다시 한번 강조하는 바이지만 애착심을 끊기 위해서는 무주상보시인 보시바라밀을 행하고 또 행하여 제법무아의 참 뜻이 무엇인지 여법하게 깨달아야 할 것이다.

  대기업체 총수라 하여 자기가 지녔던 웅장하고 호화스러운 주택도 최고급 승용차도 온갖 종류의 사치스러운 장식품도 죽음 앞에선 한 푼도 없는 거지 신세나 마찬가지로 한낱 물거품에 지나지 않는다. 자기 몸 하나도 가져갈 수 없는 예외 없이 화장터 불길 속에서 한 줌의 재가 되어 나오기는 마찬가지이다.
  일체만법의 생주이멸이나 우주만유의 성주괴공 인생의 생로병사의 진리처럼 내 것으로, 나로 영원히 존재할 수가 없다. 나로 존재하려는 욕심으로 애쓰고 발버둥 치면 칠수록 업장만 짙어져 갈 뿐이다. 나라는 것이 무상 무아이고 텅 빈 것이라는 것을 분명히 알았으니 지금껏 허망하게 집착해 온 모든 것들을 시냇물 흘러가듯 이 한 생각 놓아버리면 우리의 삶은 저절로 무주상보시가 행해질 것이다.

이제 무엇이 참된 진리이며 참으로 자신을 위하는 길이 무엇인지 어떻게 살아야 제대로 된 삶을 살 수 있는가의 진리의 장이 여기에 있음을 알아야겠다.

② 지계바라밀(持戒波羅密)

지계란 계를 받아 지녀 수행의 지침으로 삼고 용맹정진 하는 것을 말한다. 매사의 사고와 행위를 계율에 따르고 지키겠다는 뜻이다. 수행도 일반인의 생활과 대동소이하다 수행인의 삶이나 일반 중생의 삶이나 마찬가지로 뜻과 말과 행동으로 이루어진다.

지계는 우리가 생활 속에서 부처님의 법을 공부하고 수행하는데 나침반 같은 역할을 한다. 수도 생활을 하는 수행자는 몸과 마음을 청정히 하고 오롯이 깨달음을 얻기 위해 외부와의 접촉을 끊고 홀로 명상에 잠겨 용맹 정진한다.

이와 같은 노력은 우리의 불행의 원인이 육체의 생리적 유혹에 있다고 생각했기 때문이다. 우리의 존재는 정신과 육체의 결합으로 생명을 유지하면서 갖가지 일상생활을 영위하는 가운데 원래 때 묻지 않은 깨끗한 심성이 먹고 자고 이성을 그리워하는 등 육체가 갈구하는 물질의 유혹으로 말미암아 마음이 흔들리고 집착하면서 불행해진다.

수도 생활의 목적은 이 흔들리는 마음을 안정시키고 집착에서 벗어나 평안을 찾는데 있는 것이다. 우리가 이러한 목적을 위해 정진해 나감에 있어 계는 주위의 온갖 거친 경계 잡다한 유혹으로부터 우리를 안전하게 잘 보호해 주는 수단인 것이다. 또한 매일매일 묵언으로 지내며 주위의 관심으로부터 완전히 벗어나 오직 홀로 깨달음의 멀고도 험한 긴 여정을 나아갈 때 마음으로부터의 삿된 생각에 휘말려 수행에 방해받지 않도록 해주기도 한다. 따지고 보면 이 모든 수행의 밑바탕에는 제법무아의 깨달음과 실천이 수행의 성패를 좌우하는 중요한 요인이 된다. 오늘날 우리가 사는 이 세상의 실상은 어떠한가?

　물질문명의 급진적인 발달로 황금만능주의의 사조가 팽배해 물질이나 정신 모두가 오염되어 혼탁하기가 그지없다. 사회는 극도의 기계화 도시화 때문에 너무나도 복잡하고 혼란스럽고 우리 인간의 마음 또한 혼탁한 물결에 오염되어 서로서로에게 무관심하고 시기 질투하며 탐 · 진 · 치의 삼독심이라는 격한 풍랑에 휩쓸리어 수많은 죄업을 지으며 살고 있다. 하루라도 편한 날 없이 잠시 잠깐도 머물지 않고 시시비비를 가리며 힘겹게 살고 있다.

　오늘날 오탁악세의 말법 세상에서 무엇이 있어 우리를 올곧게 이끌어 줄 수 있을까? 바로 지계바라밀을 잘 지켜 나가는 것만이 유일한 방법이 된다. 모든 생활 속에서 계율을 잘 지키고 행동으로 실천에 옮기는 것만이 온전하게 깨달음의 길로 인도해 주어 우리의 마음을 편안하게 유지해 줄 수 있다. 그러나 어리석고 무지한 중생들이 굳은 결의로 마음을 다져 수행을 하고자 하여도 주위 경계에 많은 역경이 도

사리고 있다. 매사에 수행을 방해하는 일들이 생겨나기 마련이다.

　지계바라밀을 잘 실천하는 수행자는 기본적으로 삼업(三業:몸과 말과 뜻)을 잘 다스려 모든 행위가 맑고 청정하기에 그만큼 안팎의 온갖 역경을 견디어 내는 능력이 뛰어나다. 또한 진실한 수행자에게는 눈에 보이지는 않지만 느끼기도 하고, 전혀 느끼지는 못하지만 알게 모르게 자비의 손길이 이들을 돕고 있다. 이처럼 지계바라밀은 모든 수행자의 온갖 장애를 막아주며 오직 수행에만 정진할 수 있도록 안정과 지혜의 능력이 더욱 돈독해진다.

　삼학(三學:戒·定·慧)에서 계를 먼저 언급한 것도 계를 지킬 수 있어야 그 연후에 마음의 안정과 지혜를 얻을 수 있다고 한 바도 이러한 연유인 까닭이다. 계라는 것은 지혜를 얻기 위한 최선의 방편이다. 무엇을 하지 말라는 금지 규정을 의미하는 것이 아니라 하지 말라는 행위를 뛰어넘어 적극 행하라는 긍정적인 뜻으로의 실천적 가르침이다.

　예를 들어 살생하지 말라는 계는 단순히 죽이지 말라는 뜻만이 아니라 많은 생명을 살리라는 적극적인 행위로 자비심을 일깨우면 생명을 경시하여 일어나는 모든 악행은 자연히 소멸한다는 뜻으로 받아들일 수도 있다. 대승불교에서는 소승불교와는 달리 나 혼자만이 아닌 모든 이들이 함께 동참하여 지킬 수 있도록 적극 권장하는 이타행이 기본 정신이다. 달리 설명하면 자신만을 위한 수행이 아니라 만인을 위한 수행방법이므로 절대 어겨서는 안 되는 무조건적인 계행만을 강조하는 것이 아니다. 오히려 형식과 문자의 규범에 얽매이지 않고 지키고자 하는 이것이 무엇을 위한 계행인가를 잘 파악해 스스로 마음에서 우러나 올바른 실천이 이루어져야 하는 것이다.

계를 어기는 것이 나를 위한 것인가 아니면 중생을 위한 어쩔 수 없는 선택인가에 따라 파계의 기준이 달라져야 한다. 중생을 위한 이타적인 동체대비의 마음이라면 어쩔 수 없이 계를 어길 수도 있는 것이 대승보살불교의 실천행이다. 이것이 지범개차(持犯開遮)의 정신이다. 보살이 이타적인 동체대비의 마음으로 자비행을 베푼 것이 파계가 되면 지범개차인 경우이겠으나 기준이 자신을 위한 것이라면 파계가 된다.

보살은 모든 중생이 성불할 때까지 성불하지 않으며 모든 중생이 지옥고에서 벗어나기 전까지 자신도 지옥고에서 벗어나지 않는다. 대승불교에서는 출가승이나 재가자의 구분 없이 지켜야 할 윤리적이고 실천적인 계가 있으니 십선계이다. 근본불교에서는 십업설(十業說)로 알려진 교설인데 신·구·의 삼업으로 짓는 갖가지 악행을 말하는 것으로 자세히 나누어 살펴보면 신업으로 살생. 투도. 사음 세 가지, 구업으로 망어. 기어. 양설. 악구 네 가지, 의업으로 탐. 진. 치 세 가지이다. 여기에서 우리가 깊이 생각하고 짚고 넘어가야 할 것이 있다.

일체유심조라고 모든 생사 변화가 마음 하나로 이루어지고 형성된다는 말로서 모든 것의 근원에 마음이 있으며 신업과 구업도 마음의 다스림에 따라 움직이며 스스로 마음 또한 의업을 일으킨다. 손끝 하나 까딱하지 않고 입 한번 뻥끗하지 않고도 엄청난 악업을 짓고 있다.

우리는 생각만으로도 수많은 폭행을 자행하고 살인도 서슴지 않고 있다. 겉으로 입 꾹 다물고 손 하나 까딱하지 않으면서 남의 것을 훔치고 빼앗고 온갖 욕설을 일삼으며 저주하고 소리 없는 전쟁을 치르며 엄청난 영향력으로 미래를 창조하고 더 나아가 우주법계를 진동시키고 있다.

이 같은 사실들이 의업 즉 생각의 작용으로 비롯되어 나타난다고 생각하면 우리가 마음 다스림의 중요성을 더욱더 절실하고 간절하게 느껴야 할 것이다.

③ 인욕바라밀(忍慾波羅密)
인욕바라밀은 견디기 힘든 것을 참아내는 실천행을 말한다. 참는 데에는 그 종류와 방법에 여러 가지가 있다. 무조건 참는 것만이 능사가 아니고 무엇을? 어떤 방법으로? 참아내느냐가 매우 중요하다.

일반적으로 참는다 하면 탐·진·치 삼독심 중에서 성내고 화내는 진심을 가라앉혀 견뎌내라는 경우가 대부분이다. 우리는 하루에도 끊임 없이 순간순간 변화하는 자기의 마음을 느낄 수 있을 것이다. 주위의 경계와 마주칠 때 즉 누가 나에게 욕한다거나 비방했을 때 혹은 폭력을 행사할 때 등 여러 가지 상황에서 우리 마음은 참을 수 없는 성냄이 일어나고 견디기 어려운 모욕감을 느낄 때가 잦다. 이러한 경우가 생겨날 때 마다 그 괴로운 상황에서 화내지 말고, 잘 참아 내라는 것이다. 인욕이 화나는 마음을 꾹 누르고 그냥 참으라는 말이 아니라 그 분함을 응어리지게 하지 말고 풀어버리고 흩어버리라는 뜻이다. 걸리거나 휘둘리지 말고 잘 놓아 버려야 한다는 말이다. 욱

하고 치밀어 오르는 분노가 왜? 무엇 때문에? 를 찰나의 순간에 생각해 보면 모든 것이 별 것 아님을 바로 깨치게 되어 자연스럽게 성내는 마음을 놓아 버릴 수 있기 때문이다. 그냥 꽉 눌러 참는 것만이 인욕이 아니고 받아들여 지혜로 녹여내는 것이 인욕바라밀의 참뜻이기 때문이다.

　지혜로 녹여내라는 것은 존재의 실상이 연기로 말미암은 것임을 깨달아 나라는 존재는 연기되어진 인연화합의 산물일 따름임을 알아차리라는 것이다. 내가 어떻게 생겨났는지 무엇인지를 알게 되면 나라고 주장할 무엇도 없고 화를 낼 주체가 아예 없게 된다. 나에 대한 집착을 버리게 되면 내가 원하는 대로 되지 않았다고 나를 괴롭힌다고 화를 내거나 성을 낼 수 있겠는가! '나'라는 상이 없어졌는데 누가 있어 화를 내겠는가! 화내는 마음을 있는 그대로 정견하고 그 마음을 내려놓았을 때(방하착)성내는 마음은 편안하게 고요해질 것이다.

　인욕바라밀은 앞에서도 언급했듯이 무엇이든지 무조건 참고 견디라는 것이 아니다. 억지로 참는 것은 마음의 병을 만들어내는 것이 될 것이다. 옛날 우리네 어머니들이 시집살이 하는 동안 참고 또 참은 결과가 한으로 맺혀 속병을 얻으시는 것과 같이 아주 무모하고 위험한 일이 될 것이다. 또 풀어버리지 못하고 눌러두게 되면 시간이 지나면서 그 마음의 무게를 견뎌내지 못하고 가슴 깊숙이 가라앉게 된다.
　우리는 이것을 잘 참아 내어 모두 없어진 것으로 알겠지만, 사실은 시간이 지나면서 응어리진 마음이 풀리지 않은 채 깊은 의식 속에 자리 잡게 되어 업으로 남게 된다.

아무리 괴로운 일, 성나는 일도 시간이 지나면 자연히 잊게 되고 없어지는 줄로 알겠지만 사실은 시간이 약이 되어 주지는 못한다. 올바른 지혜를 가지고 바르게 알아차림으로 온전히 그 마음을 비우고 놓아서 깨끗하게 풀고 가는 것이 약이 되고 인욕바라밀의 실천행이 되는 것이다. 인욕바라밀은 재가·출가의 구분 없이 모든 수행의 근본이 되며 가장 훌륭한 방법이다.

'몸을 절제하고 말을 삼가고 그 마음을 거두고 화내는 마음을 버려야 하나니 도를 행함에는 인욕이 가장 훌륭한 방법이 된다'《법구경》
지금껏 화를 내는 나에 대하여 살펴보았습니다만 화를 낼 때는 반드시 그 대상이 있기 마련이다. 내가 연기에 의한 존재로 무아이면 상대가 되는 대상의 존재도 연기이며 무아라는 것을 올바르게 알아야 할 것이다. 화를 내게 하는 그 대상에 대한 집착을 놓아버리면 화를 낼 상대가 없으니 자연히 인욕이 되는 것이다. 즉 마음을 비우고 놓아버리는 노력이 인욕바라밀의 핵심이다. 우리가 살아가며 인욕행만 잘 수행할 수 있다면 어떠한 괴로움도 이겨 낼 수 있고 그 순간이 지상낙원일 것이다.
주위환경에 부딪치면 그것에 얽매이지 말고 오히려 그 대상을 나의 수행의 길잡이라 생각하고 윤활유나 촉진재로 여길 수만 있다면 괴롭기만 하던 세상 모든 경계가 고마운 존재로 여겨질 것이다.

'만일 나쁘게 꾸짖는 말을 기쁘게 참아 받아서 감로(달콤한 물)를 마시는 것과 같이하지 못하는 자는 도에 들어갈 지혜인이라고 이름하지 못한다.'《유교경》

'다툼으로서 다툼을 그치게 하면 결국 그치지 못한다. 오직 참아야 능히 다툼을 그치느니라'《증아함경》

'인내는 보리(깨달음)의 바른 인이다. 아누다라삼약삼보리(최상최고의 깨달음)는 인내의 결실이다'《우바세경》

　지금까지 인욕바라밀이 무엇인가와 우리의 수행과 생활에 참으로 귀중한 가르침임을 알 수 있겠으나 그 실천은 참으로 어려울 것이다.
　수행하는 과정이나 생활해 가면서 몸과 마음을 끝없이 낮추고 온 누리에 가득한 자비심으로 내가 나를 아끼고 사랑하듯 세상 천지만물을 아끼고 귀히 여기며 극진히 사랑하는 마음없이 인욕바라밀의 실천은 이루어 질 수 없을 것이다. 인간이 참아낼 수 있는 한계를 초월한 고통을 견뎌내는 힘은 아주 미미하나 쉽게 행할 수 있는 인내에서부터 그 강함이 비롯됨이니 참고 또 참아내는 연습을 통해 꾸준히 실천하여 참다운 불자의 모습을 보여 주자.

　④ 선정바라밀(禪定波羅蜜)
　선정바라밀은 고요히 마음을 가라앉혀 시도 때도 없이 끊임없이 들락거리는 온갖 잡생각을 오롯이 제어하는 수행을 말한다. 태어나 살아오며 경험하여 아는 사실과 자연의 순리를 비교 분석하여 참다운 깨달음에 이르기 위해 산란한 마음은 가라앉혀 일심으로 탐구하는 수행방법이다.
　이와같이 온전한 수행을 위해서는 잡다한 생각을 끊고 인간 본유의 성품을 정확히 볼 수 있는 실천행이 필요하다. 이 실천을 위해서는 사량 분별하는 마음에서 벗어나야 한다. 그러나 실제로는 사량 분별에서 벗어나기가 쉽지 않다.

　인간의 마음은 쉼 없이 철썩이는 파도처럼 온갖 잡념들이 나타났다 사라지기를 반복하며 그치지를 않는다.
　이와 같은 원인은 인간 마음을 쥐락펴락하는 12處 18界가 무엇인지를 알아야 제대로 된 설명과 분석이 될 것이다. 12處란 6根과 6境을 말하며, 18界란 6根이 6境을 접하여 6識이 생겨나는 것을 말한다.

　6근이란 우리 인간의 육신에 존재하는 안. 이. 비. 설. 신. 의. 여섯 가지 감각기관이며 6경은 6근이 인식하는 색[물질]. 성[소리]. 향[냄새], 미[맛], 촉[감촉], 법[자각]이 여섯 가지 자연 현상계의 대상을 일컫는 말이다.
　다시 말해 6근이란 인식기능을 가지고 있는 기관이요, 6경은 인식의 대상이며, 6식은 인식의 작용이다. 우리가 무엇인가를 인식하기 위해서는 이 세 가지 요소가 꼭 필요한 것이다. 6근 6경 6식의 만남을 삼화성촉이라고도 한다.

　우리가 삼세(三世;과거, 현재, 미래)에 걸쳐 숱한 세월을 살아오는 동안 느끼고 행하면서 지식과 경험 그리고 온갖 감정이 겹겹이 쌓여 과거를 이루고 그 과거는 우리의 현재를 만들고 있다.
　'어제는 지나간 오늘이요, 내일은 다가오는 오늘이다'
　지금, 이 순간 인간은 표면적으로는 현재에 살고 있지만 실질적으로는 과거에 의해 산다고 해야 될 것이다. 현시점에서 느끼고 생각하는 모든 판단이 과거에 겪었던 경험을 바탕으로 하지 않고서는 성립

될 수 없기 때문이다.

과거라 하여 전생만을 뜻하는 것이 아니고, 자기 삶의 현재 이전을 의미하기도 한다. 우리가 과거의 사고 판단에 의한 지식이나 습관 경험에 의지하여 오늘을 살 수밖에 없는 이유는 무엇 때문일까?

인체가 가지고 있는 육식(안식. 이식. 비식. 설식. 신식. 의식) 중 육의식의 각각의 작용과 역할 때문이다. 육의식에는 첫째 오구의식, 둘째 몽중의식, 셋째 독두의식, 넷째 정중의식이 있다.

오구의식은 항상 전오식(안식, 이식, 비식, 설식, 신식)과 함께 작용하여 그 대상을 분별하고 의식하는 것을 뜻하며, 몽중의식과 정중의식은 객관 세계의 대상과 함께 작용하는 여타의 의식과는 다르게 내면에서 단독으로 사유하고 생각하는 의식을 의미한다.

독두의식은 과거에 있었던 일들에 대해 회상하면서 괴로워하거나 즐거워하면서 미래에 있을 일에 대해 추측하고 앞으로 있을 일에 대한 계획을 수립하는 의식이다. 독두의식은 한편으로 온갖 분별심을 일으키고 본래 고요한 인간 본성을 흩트려놓아 마음을 뒤흔드는 작용도 한다

우리가 선정에 깊이 들어 마음을 안정시키고 태초의 본심을 깨달아 활연대오의 큰 지혜를 얻기 위한 그 끝없는 노력에도 소기의 목적 달성이 어려운 것은 6의식의 수많은 분별심이 원인으로 야기되는 팔만사천의 번뇌 때문이다. 이와 같이 많은 번뇌의 기본이 되는 것은 6가지 근본 번뇌와 20가지의 수번뇌가 있다.

6가지 근본 번뇌는 탐(貪;욕심) 진(嗔;화냄) 치(痴;어리석음) 만(慢;교만심) 의(疑;의심) 악견(惡見;잘못된 견해)이며,

수번뇌(隨煩惱)는 다음과 같다. 분하여 약하게 성냄, 원한, 죄업을 숨김, 분하여 한탄함, 시기, 질투, 아끼고, 베풀지 않음, 속이고, 교만함, 첨아첨, 남에게 손해를 끼침, 교만하여 남을 멸시함, 잘못을 저지르고 참회하지 않음, 포악한 일을 하고 반성하지 않음, 마음이 요동함, 혼미하고 침체함, 진리를 못 믿음, 게으름, 방종하고 방탕함, 진리를 기억하지 못하고 산란함, 정신이 밖으로 내달려 악견을 유발함, 대상을 항상 오해하는 어리석음 등 이렇게도 많은 번뇌가 쉬지 않고 끊임없이 영향력을 행사하여 원래 고요하고 밝은 마음이 일체 사물의 참된 모습을 제대로 보는 걸 방해한다.

일상생활 속에서도 흘러넘치는 번뇌와 집착의 영향으로 우리의 삶이 제대로 된 판단을 할 수가 없다. 오직 자기 이익만을 좇아 사량하고 분별하며 분석하고 이리저리 머리 굴리며 헤매고 있을 뿐이다. 자기의 생각만이 가장 합리적이고 현명한 방법이라 생각하면서 모든 생활 속의 문제를 해결하려 든다. 그러나 이러한 번뇌 망상의 잘못된 방법으로 문제가 해결될 수도 없으며, 참된 해답을 얻을 수도 없다. 고요하고 텅 비어있는 가운데 우리 의식은 가장 밝게 깨어 있어 선정바라밀을 통한 삶만이 최상의 방법임을 알아야 할 것이다.

선정(禪定)은 고요하고 격리된 공간에서 가부좌하고 앉아 있는 것만으로도 이룩될 수 있는 것으로 생각하기 쉬우나 이것은 아주 소극적인 선정에 지나지 않는다. 행주좌와(行住坐臥;움직일 때, 머무를 때, 앉아 있을

때, 누워 있을 때). **어묵동정(語默動靜;**말 할 때, 침묵 할 때, 움직일 때, 조용이 있을 때) 간에 언제든 실천할 수 있어야 하며 적극적으로는 사회생활을 영위해가며 이루어지는 수행방법이다.

'앉아 있다고 해서 좌선이 될 수는 없다. 삼계(욕계. 색계. 무색계)에 있으면서 몸과 마음이 움직이지 않는 것을 좌선이라 한다. 무심한 가운데 행동하는 것을 좌선이라한다. 번뇌를 끊지 않고 열반에 드는 것을 좌선이라 한다.'《유마경》

이처럼 사회생활 중에 이루어지는 수행이 참된 선정이 되기 위해서는 인연을 떠나 혼자 있어 어떤 경계로부터 도 자극을 받지 않는 상태에서 마음이 고요하다는 것만으로는 부족하다.
일상생활 가운데 몸은 바쁘게 움직이고 열심히 일하며 남들과 접촉해 가면서도 마음만은 어디에도 집착함 없이 무심하여 얽매이지 않고 편히 행동하는 한결같음이 선정바라밀의 실천행이다.

이처럼 몸을 분주하게 움직이며 생활에 참여하더라도 미련도 집착도 모두 놓아 버린 방하착의 실천이 생활 참선의 길이다. 생활 속에서 올바른 선정을 하기 위해서는 행동하면서도 우리의 마음을 잘 관찰하여 항상 무심한 상태에서 지낼 수 있어야 한다.

⑤ 정진바라밀(精進波羅蜜)
정진바라밀은 마음을 조금의 흔들림도 없이 견고히 갖추고 갖가지 유혹의 달콤함에도 굴하지 않고 간절히 원하는 바의 목표를 향해 용

맹정진 하는 것을 말한다. 보시바라밀을 실천하면서 무아 사상으로 자비심을 일깨우고 지계바라밀을 굳건히 지켜 몸과 마음을 청정히 유지하며, 인욕바라밀로 흐트러짐이 없이 참고 견디어 오롯이 수행하는 힘의 원천이 되게 하며, 선정바라밀은 고요하고 또 고요하여 아무러한 잡티 하나 없이 깨끗하게 마음을 지니게 하는 것이 모두 정진바라밀을 끊임없이 닦아나갈 수 있게 하는 원동력이 되는 것이다.

떨어지는 물방울이 바윗돌을 뚫듯 노력하고 또 노력하는 실천 의지가 필요하다. 누구인들 결심이야 못하겠는가? 그러나 작심삼일이라고 꾸준히 목표를 달성할 수 있는 끈기를 가지고 근면하고 부지런히 실행해 나가는 힘을 가진 사람은 찾아보기 어렵고 말 따로 행동 따로인 사람이 대부분이다.

여기에는 정진하고자 하는 마음을 나약하게 만드는 온갖 장애가 우리의 생활 속에 무수히 존재하기 때문이다. 금강석 같은 굳은 서원을 세우고 그 서원에 대한 간절한 마음이 결코 포기할 수 없는 성취욕으로 승화될 때 정진바라밀의 수행은 이루어지게 된다. 어떠한 외부 세력의 방해가 있더라도 맞서 싸울 수 있는 기백 즉 히말라야 산 정상을 정복하려는 산악인의 목숨을 건 사투가 수행의 기본이 되어야 할 것이다.

⑥ 반야바라밀(般若波羅蜜)
반야바라밀은 총체적인 지혜를 의미하며 완전한 깨달음을 의미하기도 한다. 인간뿐만 아니라 천지만유의 모든 존재 그 근원적 실체를

환히 밝혀 실상을 투철히 깨달아 아는 것을 말한다.

반야라는 밝은 지혜는 사량 분별하는 지식이 아니라 있는 그대로의 현실을 한 치의 오차도 없이 올바르게 관조했을 때 존재 근원의 바탕 자리를 깨달음으로 얻을 수 있는 인식 지혜이다.

걸림 없이 확연해진 지혜를 실천에 옮겨 고통에 신음하고 있는 만 중생을 구제하겠다는 서원의 완성을 뜻하기도 하다.

반야바라밀은 보시, 지계, 인욕, 선정, 정진바라밀의 꽃이라 할 수 있다. 다섯 바라밀 하나하나의 수행에서 조금의 흐트러짐도 허점이나 부족함이 없어야 하며 끈질긴 노력은 항상 철저하여야 하고 어느 하나의 바라밀 수행도 균형을 잃어서는 아니 될 것이다.

제행무상과 제법무아의 진리가 깨달음의 결과로 입증되면 지금껏 어리석게도 집착해 왔던 나다, 내 것이다. 내가 옳다 내 방식대로 하겠다. 등 일체의 분별에서 벗어나 아상의 허물을 시원스럽게 털어 버릴 수 있을 것이다.

사실, 인간 고통의 근본 원인이나 생활 속에서 나타나는 갖가지 모순이나 안타까운 현실이 '나'라는 '상' 하나 때문이며 탐 진 치 삼독심의 거미줄에 걸려 신·구·의 삼업으로 숱한 잘못을 저지르게 된다. 이러한 잘못의 결과 저지른 행위에 따른 업보는 업보대로 받고 생사윤회의 그 끝없는 멍에가 굴래가 되어 삼계(욕계, 색계, 무색계), 육도(지옥, 축생, 아귀, 아수라, 인간, 천상)로 돌고 도는 것이다.

반야 지혜의 엄숙함은 중생들이 겪을 수밖에 없는 이 어리석은 윤회의 굴레를 과감히 잘라내어 벗어나게 하는 길이 된다. 반야 지혜의 보도를 손에 거머쥘 수 있다면 무엇인들 못 자르겠는가? 그러나 중생의 처지에서 보면 사실 그림의 떡과 같을 뿐이다.

　스님의 말씀을 듣고 경전을 읽으며 수행할 때는 자신도 능히 행할 수 있을 것 같은 생각이 들기도 하겠지만 중요한 것은 깨달아 느낀 바의 실천행위이다. 난마처럼 얽혀 있는 주위 경계에 분별 집착하는 우리 중생들이 느낀바 아는 대로 실행에 옮길 수 있을까?

　반야 지혜의 깨달음은 '나'라는 착각에서 벗어나 나와 남이 다른 형태로 분별하여 구분되는 존재가 아니고 무아의 세계인 나와 너 그리고 일체가 다르지 않은 존재임을 아는 것인데 이 지식이 지식으로만 거쳐서는 아무 소용이 없다. 깨달아 아는 바 진리를 실천에 옮겨 동체대비의 지극히 대승적인 자세로 자비의 손길을 온 천하에 베풀어야 그 깨달음의 뜻이 실현되는데 중생의 능력으로는 실행할 수 있는 의지나 힘이 부족한 것이 사실이다.

　논리상으로는 깨달아 알아도 주위 경계에 부딪치면 나라는 아상의 강하고 끈질긴 집착의 소용돌이에 휘말려 아무것도 행할 수가 없게 된다. 깨달음과 깨달음의 실행 능력에 대해 두 가지 주장이 엇갈리고 있다.

　돈오돈수(頓悟頓修;깨달음도 한 번에 깨닫고 수행도 실행의 능력도 단번에 이룩하는 것)와 돈오점수(頓悟漸修;깨달음은 한번에 깨달으나 수행은 점차로 닦아가며 완성시키는 것)이다. 돈오돈수는 단박에 깨달은 바를 단박에 실행으로 완성된다는 주장이고, 돈오점수는 깨달음은 단박에 깨쳐도 수행의 완성은 점진적으로 이루어진다는 주장이다. 다시 말해 끊임없이 이어지는 수행이 필요하다는 것이다. 중요한 것은 돈오냐 점수냐가 아니다 깨달았다는 자의 자질과 품격이 어느 정도 인가가 문제가 된다.

정녕 깨달은 자의 성품과 자질, 수행 덕분에 갖추어진 능력 전생업이 끼친 돈오의 깊이와 심오함에 깊은 영향을 줄 수도 있겠으나 무엇보다 깨달음을 얻은 후의 행위와 행적이 돈오돈수인가 아니면 점수가 필요한 깨달음인가를 가늠할 수 있는 잣대가 될 것이다.

사실 깨달음, 깨달음이라 하지만 아둔한 중생의 입장에서는 아지랑이처럼 아른거릴 뿐 실체 파악이 명료하지가 않다. 그러하니 깨달은 자의 실체가 어떠한 것인지를 제대로 감을 잡을 수가 없다.

정녕 깨달은 자의 능력을 입증할 수 있는 제도적 장치는 어디에서 어떻게 찾아야 할 것이며 깨달았다는 사실을 무엇으로 증명할 수 있을 것인가? 상상할 수 없는 어려움을 극복하고 이룩한 진리를 말이나 글로써 깨달음의 진위 여부나 그 깊이를 가릴 수 없을 것 같다.

부처님과 가섭존자가 심오한 진리의 이치를 이심전심으로 공유하신 것은 말이나 글로써는 드러내 표현할 수 없고 일반적인 지식으로는 도저히 이해시킬 수 없고 이해할 수도 없는 초연한 정신세계인 것이다.

지닌 향은 아무리 감추려 해도 스스로 뿜어져 나와 온 세상을 진동시키듯 깨달은 바의 내용이나 그로 인한 능력이 실천으로 행동에 옮겨지므로 우리 중생들은 느끼고 깨닫게 되는 것이다.

세존이신 석가모니 부처님은 동쪽 하늘에 유난히 반짝이는 샛별의 강한 빛과 동공이 마주치는 순간 심안이 활연히 열려 최상 최고의 깨달음을 얻으신 것은 성품과 자질의 뛰어나심도 있지만 과거 여러 전생에서 보살로 부처로 닦아오신 업력과 현생에서의 각고의 노력과 맞물려 돈오가 완성된 것이다.

부처님께서 깨달으신 바의 진리를 인연에 따른 중생의 근기에 맞게 교화하시기로 결심하신 후 50여 년 간의 포교 행적에 추호의 흐트러짐도 없이 과거 현재 미래를 통해 가장 훌륭한 대 영웅의 면모를 보이셨다.

정녕 돈오돈수의 지고지순한 표본이셨다.
우리나라 원효대사도 저녁에 어둠 속에서 먹었던 그 시원하고 맛있던 물이 해골에 고여 있던 썩은 물인 것을 아는 순간 일체가 유심조임을 대오각성 하셨고, 자신을 연모하다 목숨이 위태로운 공주를 구원하기 위해 파계도 불사하지 않으셨으며 가장 밑바닥 인생인 걸인들과 어울려 동고동락하신 행적에서 가히 돈오돈수의 진면목을 볼 수가 있다 하겠다.

그러나 돈오돈수의 진면목을 보여주신 많은 조사님도 계시지만 그렇지 못한 경우도 허다하다. 면벽 10년의 수도 끝에 크게 깨치셨다는 스님께서 황진이의 농염한 자태와 지분 냄새에 현혹되어 파계의 길에 빠져든 것은 깨달음의 실행이 얼마나 준엄하고 힘든 일임을 알아 경계하고 또 경계해야 하는지 잘 보여주는 예라고 할 수 있겠다.

지행합일은 아는 바대로 행동해야 한다는 실천 규범으로 일상생활에서 꼭 지켜져야 할 지침서의 역할을 하는 것으로 제대로 지켜만 진다면 삶은 매우 만족스럽고 참으로 윤택해질 수 있을 것이다.

이처럼 부처님의 진리를 실행에 옮기기 위해서는 또렷한 실천 목표가 있어야 한다. 한달 일년 십년을 실천 목표의 달성기간으로 정할 것이 아니라 매일 매시 매분 매초 찰나의 변화를 감지하고 마음의 움직임을 다잡아 불쑥불쑥 출몰하여 혼돈 속으로 빠뜨리는 집착을 끊고. 아는 바대로의 실행이 얼마나 어려운 것인가를 알아 잠깐이라도 방심이나 나태에 빠지지 않도록 노력해야 할 것이다.

반야 지혜를 실천하기 위해서는 보시, 지계, 인욕, 선정, 정진바라밀로 우리의 마음과 행동을 철두철미하게 단련해 조금의 허점이나 빈틈도 없이 일관된 수행으로 부족한 자질과 업력을 최고조로 고양해 깨달은 자의 만족과 평화를 따라갈 수 있어야 할 것이다.

현생에서 이루지 못한 부족하고 미진한 부분이 있으면 내세에서는 성취할 수 있도록 자질을 향상해야 한다. 우리 불자들은 모르면 모를까, 알고 있으면서 실행 능력이 부족하여 영원한 평화의 길을 갈 수 없다면 얼마나 바보스럽고 안타까운 일이겠는가?

부지런히 갈고 닦아 태양보다 밝은 반야지혜를 성취할 수 있도록 각고의 노력을 기울이자.

4) 열반적정(涅槃寂靜)

　제법무상과 제법무아의 이치를 깨닫고 현실세계의 일체개고 즉 모든 고통에서 벗어나 이상세계의 낙원에서 살 수 있는 방도가 열반적정으로 마련될 수가 있다. 열반적정이라는 것은 모든 분별과 탐욕 때문인 괴로움과 어려움 등 인간이 현실의 삶에서 겪을 수밖에 없는 온갖 마음의 고통에서 벗어나 시끄러움 없이 고요하게 자유스러워지는 것을 뜻한다. 여기에서 열반이란 불을 불어서 끄듯이 그릇된 고집과 갈등에서 오는 번뇌의 불길을 불어서 없앤 항상하고 즐겁고 자유롭고 청결한 상태로 항상 우리가 염원해온 바 이상의 실현으로 피안의 경지를 이름 한 것이다. 그래서 열반을 없어졌다, 고요하게 건넜다, 원만히 고요하다는 등의 뜻으로 표현하기도 한다.

　우리의 삶에서 행복은 무엇이며 불행은 무엇인지 살펴 볼 필요가 있을 것이다. 일반적으로 재화가 풍족하여 부유하고 지위가 높아 명예와 권세를 함께 누리는 것 등으로 행복하다고 생각하며 이를 이루기 위해 큰 노력을 기울이지만 잠시 잠깐의 아지랑이일 뿐 참다운 만족을 이룰 수 있는 행복은 아니다. 이와 같은 헛것에 홀려 삶의 참다운 행복을 찾지 못하고 있는 것은 올바른 생각을 하지 못하고 안타깝고 어처구니없게도 탐, 진, 치 삼독심의 준동을 이겨내지 못하고 탐욕스럽게 갈구하고 미워하고 시기하며 교만하고 의심하는 등 백팔번뇌와 나아가 팔만사천의 번뇌에서 벗어나지 못하기 때문이다.

　그러나 이처럼 우리의 마음을 욕심으로 구속하여 핍박하는 번뇌에서 벗어날 수만 있으면 마음의 평화는 물론이며 생사윤회 하는 업의 인력에서 벗어나게 되니 이것이 해탈이요 열반인 것이다. 인간이 누릴 수 있는 비할 바 없는 최고 최상의 즐거움이다.

열반적정은 인간이 이상향을 이루어 살 수 있는 유일무이한 세계이다. 질투하고 시기하며 미워하는 등의 행위가 일어나지 않고, 이러한 행위의 상대도 존재하지 않는 서로가 하나임을 알아 아끼고 보살피고 사랑하는 참으로 정겨운 사회가 바로 열반적정이 만들어 내는 이상향의 세계이다.
 이상향의 세계를 이룩하기 위한 실천행은 생활 속에서 짓게 되는 죄업을 하나하나 되새겨 반성하며 고쳐나가다 보면 깊은 수양이 저절로 이루어져 실천행이 완성될 것이다.
 현실 세계의 일체 현상계를 설명한 제행무상과 제법무아의 진실한 이치를 철저히 깨달아 이상세계의 본체계를 설명한 열반적정의 세계를 구축해야 할 것이다.

열반적정의 열반에는 유여열반과 무여열반의 두 가지가 있으며 유여열반이라 함은 비록 일체 번뇌를 끊어서 미래에 태어나고 죽는 생사인은 끊었다고는 하나 아직 전생의 과보인 오온으로 이루어진 바의 신체를 남겨 의지한다는 뜻이고 무여열반이라 함은 전생업의 결과물로서의 신체마저 모두가 업어져 전혀 남김이나 의지할 바가 없다는 뜻이다.
 어쨌건 업인인 번뇌를 끊고 열반을 얻어 아라한이 되어 생사윤회의 고통에서 벗어나게 된다. 그러나 이것은 자신의 안위만을 얻기 위한 소극적이고 편협한 소승불교가 목적하는 바의 종교적인 한 형태이다. 우리 불자들은 여기에 만족하는 일 없이 상구보리 하화중생의 보살정신을 이어받아야 할 것이다. 단 한명의 중생이라도 빠트리지 않고 성불시키겠다는 서원과 함께 이 목적이 달성될 때까지 성불하지 않겠다는 대승불교의 보살 정신으로 용맹정진 해야 하겠다.

이로써 만중생이 윤회의 사슬에서 벗어나 불국정토에서 영생할 수 있도록 하는 것만이 열반적정이 우리에게 주는 깨달음의 참 뜻이 될 것이다. 우리불자들이 기필코 성취해야 할 절체절명의 과제이기도 하다.

인간 미오의 세계. 우리 인간이 태어나 자라고 성장하여 성인으로 사회생활을 하기 위해 여러 가지 지식습득이 필요하게 된다. 이러한 지식은 생을 현명하고 지혜롭게 살기 위한 하나의 방편이다. 멀고도 먼 옛날부터 현재에 이르기까지 먹을 것을 구하고 입을 것을 챙기고 주거를 편안하게 안정시키기 위해 부단한 노력을 기울여왔다.

부단한 노력이란 남에게 뒤처지지 않고 더 나은 생활을 할 수 있는 수단과 방법 조직 사회에서 조직원으로서 지켜야 할 덕목과 예의범절 그리고 사회정의를 위한 규범을 말한다. 교육과 경험으로 얻게 된 지식을 바탕으로 활동하는 힘겨운 행위이기도 하다.

그런데 실제는 살아가는 동안 치열한 경쟁을 벌이면서 지켜져야 할 윤리나 규율은 헌신짝처럼 내팽개치고 자신의 이익 창출만을 위해 사랑하고 용서하고 베풀며 보듬어주기보다 시기하고 질투하며 미워하고 증오하여 스스로도 혼란스러워하고 사회질서도 혼란에 빠트리는 이중성을 내보이고 있다.

우리가 이 육신을 가지고 이 세상에 살면서 삶의 보람과 행복을 찾기 위해서는 무엇보다 먼저 자기 자신과 이 세상의 여러 존재가 어떠한 형태를 지니고 있는지를 옳게 알아야 가능할 것이다.

참답고 올바른 인생관과 세계관을 깨달아 현실 세계와 이상세계를 깊이 성찰함으로써 옳고 편하게 살아갈 수가 있을 것이다.

5) 사성제(四聖諦)

(1) 인간 고통의 종류 ; 고성제(苦聖諦)

고라고 하는 것은 현실 세계의 삼계와 육도가 모두 고통 속에서 살고 있음을 뜻한다. 실제로 우리 인생의 현실을 자세히 관찰하면 괴로움 아닌 것이 없다. 정도의 차이는 있을 수는 있겠으나 어찌 고통 없이 살아 갈 수 있겠는가? 가난한 사람은 없어서 괴롭고, 가진 사람은 더 갖지 못해 괴롭고, 부유한 사람은 잃을까 괴롭고 더 차지하지 못해 괴롭고, 언제까지고 권좌에 앉아 권력을 휘두르고 싶은데 그렇지 못해 괴롭고, 사랑하고 싶은데 상대가 없어 괴롭고 사랑하는 사람이 곁을 떠나서 괴롭고, 젊은이는 늙는 것이 괴롭고, 늙은이는 죽는 것이 괴롭고, 어머니의 뱃속에서 태어나는 것도 괴로움이다. 일 년에 네 번씩 철마다 옷을 바꾸어 입는 것도 괴롭고, 하루에 세 번씩 빠트리지 않고 식사하는 것도 괴롭고, 매일매일 자고 깨고 하는 것도 괴롭다. 이처럼 우리의 삶 자체가 온통 고통뿐 이라고 설명하는 것을 '일체개고(一切皆苦)'라 한다.

여기서 괴로움의 원인이 무엇인지 보다 지금 경험하면서 받는 결과부터 알아보아야 하겠다. 일체개고에는 삼고, 사고, 팔고의 세 종류가 있다.

① 삼고

삼고에는 고고와, 괴고, 그리고 행고가 있다 고고는 원초적인 본능에서 비롯되는 고통으로, 육체적으로 겪게 되는 아픔이나 불편함이며 춥고 덥고 배고프고 목마르고 여러 가지 질병으로 인해 신체에 가해지는 고통 등 고연으로 인하여 생겨나는 모든 것들을 통틀어 말한다.

 괴고는 현재 처해 있는 주변 환경이나 상황 자체는 괴롭지 않고 즐거운 것이지만 그 즐거운 상태가 깨지는 데서 오는 고통이다. 부모님이 일찍 돌아가시거나 지니고 있던 많은 재물을 일시에 잃어버리거나 고위공직에서 쫓겨나든가 운영하던 사업체가 망하든지 어린 자식이 먼저 세상을 떠난다든지 동고동락하던 배우자를 여의게 된다든지 등등 여러 가지 경우에 우리는 비탄에 빠져 몹시 슬픈 괴로움을 겪게 된다.

 행고는 인간뿐만 아니라 이 세상천지 만물이 모두 무상하여 덧없으므로 인해 느끼는 슬프고도 애틋한 감정을 의미한다. 봄 여름 가을 겨울 사계절을 겪으며 느끼는 희로애락의 감정이 결국에는 서글프고도 허무한 심정으로 귀결됨이 모두 다 괴로움의 한 종류가 된다.
 우리 인간의 마음이 시시각각으로 주변 환경에 따라 변해가는 모습도 안타까운 일이지만 그 변한 결과가 일정하게 유지되지 못하고 계속 변해 가며 출렁이는 파도처럼 번뇌의 소용돌이에 계속 휘말리는 것 또한 감당하기 쉽지 않은 괴로움이다.

 ② 사고(四苦)
 사고는 태어날 수밖에 없어 태어나는 고통[生苦], 싱싱한 젊음을 잃고 하릴없이 늙어가는 고통[老苦], 이곳저곳 가릴 것 없이 육체적으로나 정신적으로 쇠약해져 병이 드는 고통[病苦], 늙고 병들어 허약해져 어쩔 수 없이 죽음을 맞이해야 하는 고통[死苦]을 말하며 인생에 누

구 한 사람의 예외도 없이 모두다 이 사고를 겪어야 한다. 어느 누구를 막론하고 이 세상에 태어나고 싶어 태어나는 사람은 아무도 없다. 전생에 지은 업보대로 속절없이 태어날 수밖에 없고 행·불행을 떠나 일정한 시기가 지나면 늙고 병들어 죽을 수밖에 없으니, 이것을 어찌 고통이 아니라 할 수 있겠는가?

역발산의 힘과 폐기를 지녔어도 세월이 흘러가면 그 원기 왕성하던 몸뚱이도 점점 나약해지고 피골이 맞닿아지며 늙어만 가니 이 또한 서글픈 고통이다. 사고로 다쳐 죽거나 전쟁터에서 싸우다 죽는 것 외에는 누구랄 것 없이 병들어 죽게 되어 있다. 병에 걸려 육신이 괴로움을 겪는 일을 피해 갈 수 있는 사람은 아무도 없다. 어찌 되었든 죽을 수밖에 없어 죽는다는 것이 인생의 마지막이라면 죽음 자체가 꼭 괴로움이라고 말할 수는 없지만 죽음은 곧 새로운 탄생을 의미하니 어찌 고통이라 아니 하겠는가?

모쪼록 부처님의 법을 지성으로 갈고 닦아 생사의 윤회에서 벗어나 저 피안의 언덕으로 나아가야 하겠다.

③ 팔고

팔고는 生, 老, 病, 死라는 인간존재의 근본 이치를 4가지의 고통으로 풀이하고 여기에 사랑하는 사람과 헤어져야 하는 이별의 고통[愛別離苦]. 미운 사람을 볼 수밖에 없는 데서 오는 고통[怨憎會苦]. 구하는데 결국 얻지 못하는 고통[求不得苦]. 그리고 이 몸을 갖고 태어남으로 인해 생겨나는 왕성한 욕구로 받게 되는 고통[五陰盛苦]의 네 가지를 합한 것이다.

한 말로 표현해서 인간이 태어나서 죽음에 이르는 과정과 육체를 지니고 살아가는 그 자체가 또 살면서 일어나는 갖가지 일들이 모두 고통의 연속이라는 이야기이다. '애별리고'는 말 그대로 사랑하는 사람과 해어져야 하는 데서 오는 고통을 의미한다. 부모님의 죽음을 맞이하는 것도 고통이요. 자식을 먼저 떠나보내는 부모의 절절한 슬픔도 견딜 수 없는 고통이며, 사랑하는 사람과 사별하는 것도 어쩔 수 없는 사연으로 가족이 헤어져야 하는 것도 이별이 주는 고통이다.

'원증회고'는 미워하고 증오하는 사람을 어쩔 수 없이 만나야 하는 괴로움이지만, 우리 불자들은 한번 되새겨 보아야 할 사안이다. 원래 우리 인간에게 좋은 사람 미운 사람이란 어디까지나 내 생각 내 감정에 따라 결정되며 처음부터 좋고 미운 사람이 결정지어져 있는 것이 아니다. 내가 모두를 원수같이 여기고 대하면 그들도 나를 원수로 볼 것이요. 내가 부처님 대하듯 내 주변의 사람들을 공경하면 그들도 나를 부처님 보듯 좋은 감정으로 대할 것이다. 우리가 남을 좋아하고 미워하는 것이 주변의 사람들이 어떠한 행동으로 나를 대하는가에 따라 또 조그마한 것에서부터 큰 것에 이르기까지 내게 이익을 준다든지 손해를 끼치게 되면 그 영향으로 기분이 좋아지기도 나빠지기도 하는 마음이 서로 엇갈리어 혼란을 가져다준다. 우리 인간의 마음이 기분이 좋고 나쁜 것은 상대방이 끼치는 영향이 아니라 내가 어떤 마음을 먹느냐에 따라 달라지며 좋은 사람 나쁜 사람이라는 결정도 내 감정의 변화에 따라 좋은 사람이 미워지고 밉던 사람이 좋아지는 것도 모두가 내가 느끼게 되는 이익의 변화에 따라 다른 방향으로 결정되게 된다.

'구부득고'는 원하여 구하고자 하나 얻지 못하는 불만이 고통이라는 것이다. 우리가 어린 아기 때부터 소년기 청년기를 거쳐 장년기 노년기에 이르기까지 생활하면서 구하여 갖고자 하는 것이 어디 한둘이겠는가? 그 수많은 갖고자 하는 욕구가 일일이 채워져 만족해하기보다 얻지 못해 안타깝고 서운한 경우가 더더욱 많을 것이다. 안타깝고 서운한 마음으로 끝난다면 그것을 꼭 고통이라 할 것까지야 없을 것이다. 그러나 내가 갖지 못한 것이 남이 갖고 있을 때 그 사람을 미워하고 질투하며 속앓이 하는 것이 괴로움이 된다는 것이다. 빼앗거나 훔쳐서라도 내 것으로 만들고자 하는 지나친 욕심이 해서는 안 되는 행동으로 이어져 불행한 사태를 가져와 그 결과로 슬프고도 안타까운 상처로 남게 되어 고통을 안겨 주게 된다.

'오음성고'는 색. 수. 상. 행. 식의 다섯 가지 오온이 지나치게 왕성해서 받게 되는 고통 즉 우리의 육신이 지나치게 힘이 넘쳐 성욕. 물욕 등을 제대로 처리하지 못해 생겨나는 고통을 말한다. 인간의 육체는 육근(안, 이, 비, 설, 신, 의)이 육경(색, 성, 향, 미, 촉, 법)를 접하여 육식(안식, 이식, 비식, 설식, 신식, 의식) 즉 여섯 가지 알음알이를 느끼게 되는바 여기에서 고통이 생겨난다. 예쁘고 아름다운 것들만 보려 애쓰고 역겹거나 추해 보기 싫은 것은 보지 않으려고 안간힘을 쓰고 듣기 좋은 음향에 매료되고 거칠고 투박한 소리는 듣지 않으려 애쓰고 향기로운 냄새에 도취하여 한껏 즐기지만 고약하게 악취를 풍기는 것에는 강한 역겨움을 나타낸다. 맛있는 음식은 탐하여 챙기지만, 맛없는 것에는 흥미를 느끼지 않아 내팽개치며 몸에 스치는 부드럽고 상쾌한 느낌을 유발하는 것에 촉각을 곤두세우고 싫고 짜증나는 느낌에 화를 내는 등 전오식이 인식하여 알게 되는 의식을 자아의식[제7말나식]은 좋은 것에는 강하게 집착하여 얻고자 하며 싫은 것은 절대 용납하지 않을뿐더러 받아들이지 않으려는 것에서 우리의 고통은 발생하게 된다. 인생사 모든 것이 우리의 뜻대로 이루어지지 않기 때문에 생각한 바대로 성취되지 않아 거기에 따른 불만 때문에 고통으로 이어지게 된다. 또 우리의 육신이 혈기 왕성하여 탐욕의 대상을 자신의 소유로 삼아 마음껏 즐기고 싶으나 생각한바 뜻대로 되지 않아 생겨나는 불만으로 인생 여정의 많은 부분을 고통으로 채우고 있다. 한 말로 표현하여 인간생활 전체가 온통 숱한 괴로움으로 가득 차 있다고 보는 것이 고성제의 가르침이다.

(2) 고통의 발생 원인 ; 집성제(集聖諦)

집(集)이라는 것은 고의 원인이 되는 번뇌를 가리키는 것으로 번뇌의 집기로 인하여 고의 결과를 발생시키기 때문이다. 집기란 모여서 생겨난다는 뜻으로 연기와 흡사한 개념이다. 그런데 번뇌란 번거롭고 요란스러움이라는 뜻이며 미혹한 한 생각이 우리 본연의 청정한 자성을 번거롭고 요란스럽게 만들기 때문이다. 자주 거론되는 것이지만 번뇌의 종류는 백팔번뇌이지만 포괄적으로 말하면 팔만사천이라 하는데 사실 그 근본 원인은 홀연히 일어나는 무명 즉 무지의 한 생각에 있는 것이다. 탐하는 것도 짜증내는 것도 사랑하고 미워하는 이 모든 것들이 사실은 인생과 세상의 진리에 밝지 못한 우리의 무지 탓에 생겨나는 것이다. 이 무명의 한 생각이 불현듯 일어나서 몸, 입, 뜻의 삼업을 움직이고 이에 따라 고를 받게 된다.

이렇듯 인생은 미혹한 생각이나 판단으로 잘못된 행위를 일으키고 그 결과로 업을 형성하게 되며 그 업보로 고를 받게 되는 무한한 순환으로 마치 다람쥐가 쳇바퀴 돌듯 삼계육도로 생사를 바꾸어가며 죽고 태어나고 이처럼 끝없이 윤회하게 되는 것이다.

현실에 대한 고찰로 우리의 삶 자체가 괴로움이고 과거, 현재, 미래의 삼세를 통해 끊임없이 연속됨을 알았으면 그 원인이 무엇 때문에 생겨나는지를 규명해 보아야 할 것이다. 괴로움도 연기하는 것으로 항상하지 않고 고정되어 있지도 않고 여러 가지 다른 원인과 조건들이 서로 모이고 쌓여 일어나기에 생겨난 것은 반드시 멸하게 마련이며 이같이 연기하는 것을 괴로움이라고 하는 것이다. 이처럼 무명(無明) 일념으로 번뇌가 일어나 고가 생겨난다면 이 무명은 무엇의 영향을 받아 번뇌를 일으키는 것일까?

부처님께서 인간의 근원적인 고통인 노, 병, 사의 원인을 파악하시고자 모든 인간 경계를 고요히 명상에 잠겨 살펴보시니 그 원인이 생에 있음을 아시게 되었다 인간이 세상에 태어났기에 노, 병, 사의 괴로움을 겪을 수밖에 없다는 것이다. 그렇다면 생은 무엇 때문에 생겨났는가를 살펴보니 삼계로 생사윤회 시키는 원인인 미래의 과를 존재케 하는 유(有) 때문인 것임을 아셨고 유를 있게 하는 것은 탐심에 의한 강한 욕구로 어떠한 대상을 갖고자 하는 집착을 뜻하는 취(取)에 있음이고 취는 목마른 자가 물을 구하듯 괴로움을 피하고 즐거움을 찾고자 하는 본능적 욕망인 애로 인함이요. 애(哀)는 고수(괴로운 느낌), 낙수(즐거운 느낌), 불고불낙수(괴롭지도 즐겁지도 않은 느낌)를 느끼는 수가 원인이 되고 수는 인간의 몸을 받아 여섯 개의 감각기관으로 모든 대상을 접촉하여 인식하는 촉에 의해서 촉은 인간 육체를 갖기 위해 필요한 전생업으로 모태에 낙태되는 '식' 정신작용과 지수화풍 사대의 육체적 부분이 태내에서 점차로 발육되는 단계인 명색. 여섯 감각 기관이 점차로 완성되어 인간의 형태를 지니게 되는 육입을 원인으로 하며 육입, 명색, 식은 육체적 행위인 신. 구 2업과 정신적 행위인 의업의 행위를 일으키는 '행'이 원인이 되고 이 행이 원인이 되어 진리에 어두워지고 사물의 도리를 옳게 알지 못하여 노, 사의 원인이 되는 최초의 일념인 무명을 낳게 됨을 아셨던 것이다.

이처럼 무명은 일체 번뇌를 낳고 번뇌로 말미암아 모든 악업을 짓고 악업으로 말미암아 고과를 받게 되니 인간 세상사의 일체 고통의 원인임을 여실히 깨달으신 것이다.

(3) 고통을 이겨내는 방법 ; 멸성제(滅聖諦)

멸이라는 것은 우리 인간들의 어리석은 판단으로 생겨나는 잘못된 행위 때문에 받게 되는 여러 가지 고통을 참다운 진리가 무엇인지를 배워 깨달아 실천함으로써 여하한 고통에도 구속되는 일 없이 마음의 평안과 자유를 얻어 생사윤회의 질곡에서 벗어나는 것을 말한다. 다시 말해 해탈 지혜를 얻어 방황의 생애는 끝났다. 청정한 행은 이루었다. 이루어야 할 것은 다하였다. 앞으로 방황의 생애를 반복하는 일은 없다. 라고 깨닫고 열반적정의 경지에 다가서는 것을 말한다. 그러면 어떻게 해야 이처럼 무상정등정각을 이루어 온갖 고에서 벗어나 열반적정의 이상세계에 안주하여 생, 노, 사의 결박에서 풀려 날 수 있을까? 집성제에서 살펴본 바와 같이 인간 고통은 그 원인이 무명으로 비롯됨을 알았다. 그러면 무명이 무엇이며 어떻게 발생하는지를 살펴보아야 할 것이다.

무명이나 무지라는 것은 인간이 살아가면서 저지르는 여러 형태의 잘못이 아니고 행위의 원인에 붙여지는 이름이라 생각해 볼 수도 있다. 시각 장애인이 어디를 가고자 하는 욕구로 홀로 길을 나섰다가 엎어지고 부딪치고 다치는 등 갖가지 난관에 봉착하여 고통을 느끼고 심지어 어디로 가야 할지 방향조차 알 수 없어 하염없이 헤매게 되는 것이 모두 눈이 멀어 보이지 않기 때문이다.

시각장애인이 눈이 보이지 않는 것이나 마찬가지로 우리 중생들이 무명이나 무지로 눈이 멀어 미혹하여 그 때문에 악업을 짓고 고통을 받는 삼도(혹, 업, 고)의 윤회가 이루어지게 된다. 무엇에 어두워 무엇을 몰라서 눈을 뻔히 뜨고서도 시각장애인처럼 안타깝게도 어리석게 살게 되는 것일까?
  상응부 경전 무문편과 한역 잡아함경 무문편에 다음과 같은 내용으로 부처님께서 설법하신 것을 볼 수가 있다.

"이와 같이 나는 들었다.
한때 세존은 사밧티지타림인 빈티카 동산에 계셨다.
그때 세존은 비구들에게 말씀하셨다.
비구들이여. 나의 가르침을 듣지 않은 보통 사람(중생)들도 사대소조(지, 수, 화, 풍에 의해 만들어짐)의 몸에 대해서는 싫은 마음이 생겨 멀리하고 해탈하고 싶다고 생각하는 일도 있다. 그것은 왜일까?

비구들이여!
그것은 그들도 역시 사대소조(지, 수, 화, 풍에 의해 만들어진)의 신에 대해서는 영고성쇠(성하고 쇠함이 서로 뒤바뀌는 현상)를 보기 때문이다. 그래서 나의 가르침을 받지 않은 그들 보통 사람들도 또 싫어하는 마음을 일으키고 멀리하고 해탈하고 싶어 하는 것이다.

비구들이여! 하지만 그들은 이 심이라고도 부르고 의라고도 부르고 식이라고도 부르는 것에 대해서는 싫어하는 마음을 일으킬 일도 없고 멀리할 리도 없고 해탈할 수도 없다.
그것은 왜일까? 비구들이여 그것은 나의 가르침을 들은 적이 없는 그들 보통 사람이 언제까지고 애착에 사로잡혀 이것은 내 소유이다, 이것은 나이다, 이것은 나의 본질이다. 라고 취착하기 때문이다.

비구들이여! 나의 가르침을 들은 적이 없는 중생들이 이 사대소조의 신을 아니라고 하는 것은 심을 나라고 하는 것보다 훨씬 낫다.
그것은 왜일까? 비구들이여 이 사대소조의 신은 이 세상에서 일년 이년 삼년 사년 오년 다시 십년 이십년 삼십년 사십년 오십년 어쩌면 백년 아니면 더 오래 존속할 수도 있을 것이다.

비구들이여! 그러나 이 심이라 불리고 또 의라고 불리고 또 식이라고 불리는 것은 밤낮으로 변하고 생겨나서는 또 멸한다.

비구들이여! 예를 들어 원숭이는 숲속을 배회해서 한 가지를 잡았는가 하면 다시 그것을 놓고 다른 가지를 잡는다.

비구들이여! 그와 마찬가지로 이 심이라 불리고 의라고 불리고 또 식이라고 불리는 것은 밤낮으로 변하고 생겨나서는 또 멸한다.

비구들이여! 그러나 나의 가르침을 잘 들은 성스러운 제자들은 그 연기를 정성껏 정연하게 생각하는 것이다. 이것이 있기 때문에 저것이 있다. 저것이 생기기 때문에 이것이 생겨난다. 이것이 없기 때문에 저것이 없는 것이고 저것이 멸하기 때문에 이것이 멸하는 것이다.
 즉 무명에 의하여 행이 있다. 행에 의하여 식이 있다. 이와 같음이 이 모든 고의 집적이 생기는 원인이다. 또 무명을 남김없이 멸하는 것에 의해 행의 멸이 있다 행의 멸에 의하여 식의 멸이 있다. 이와 같음이 이 모든 고의 집적[쌓임]이 멸하는 원인이다.

비구들이여! 그와 같이 생각하고 나의 성스러운 가르침을 잘들은 제자들은 육체에 있어서 싫어하는 마음을 일으키고, 감각에 있어서 싫어하는 일으키고, 표상에 있어서 싫어하는 마음을 일으키고, 의식에 있어서도 싫어하는 마음을 일으킨다. 싫어하는 마음을 일으키기 때문에 탐을 벗어난다. 탐을 벗어나기 때문에 해탈한다.
 해탈하면 해탈지를 일으켜 내 방황의 생애는 끝났다. 청정한 행은 이미 이루었다, 이루어야 할 것은 이미 다하였다. 앞으로 이제 방황의 생애를 반복하는 일은 없다. 라고 깨닫는다."

이 경에서 부처님께서는 불법의 교화를 받지 못한 보통 사람 중생들도 사대소조의 우리 몸에 대해서는 영고성쇠(榮枯盛衰;성하고 쇠하는 것이 서로 뒤바뀌는 현상)를 보는 것으로 하여 부질없음을 알아차리고 싫어하고 벗어나고 싶어 하나 마음, 생각, 느낌에 있어서는 애착에 사로잡혀 내 소유다 나다 나의 본질이다. 하고 강한 취착으로 우리가 살아가고 있는 모습 즉 인간존재의 실상이 무아임을 알지 못하는 어리석음에 대해 지적하고 계신다.

또한, 우리의 육체는 일정 기간 수명이 다할 때까지 십년 이십년 삼십년 사십년 오십년 어쩌면 백년 아니면 더 오래 존속할 수 있으나 심, 의, 식은 밤낮으로 변하고 찰라 찰나의 순간마다 생멸 변화하는 것일 뿐 특별히 존재를 인정할 수 있는 그 무엇이 있는 것도 아니고 모두가 연기에 의하여 생겼다가 없어지고, 없어졌다 생겨나는 일체 무아임을 가르치고 계신다.

여기서 결론적으로 부처님께서는 고를 멸하는 수행 방편으로 기본 존재의 구성 자체가 무아인 우리의 육체가 감각에 있어서 싫어하는 마음을 일으킬 수 있어야 표상이나, 의지, 의식에 있어 싫어하는 마음을 일으켜 탐심에서 벗어날 수가 있고 고에 빠져들지 않는다는 실천행을 강조하고 계신다.

그러나 우매한 중생들이 고해인 이 사바세계를 살아감에 우리의 존재가 무아임을 인식하고 실천 수행하거나 감각을 느낌에 있어 싫어하는 마음을 일으켜 애착하지 않고 욕심 부리지 않는다는 게 참으로 어렵고도 어려운 숙제이다. 왜 그럴까요?

우리 인간의 태생 자체가 무엇인가를 탐하고 싫고 언짢은 것에 짜증내고 무지하여 사리 분별의 능력이 부족하다. 전생의 잘못된 사고 판단으로 저질러진 행위로 말미암아 그 행업의 영향으로 탐, 진, 치의 삼독심을 갖고 태어날 뿐 아니라 우리의 육신은 육체적으로 탐심과 진심을 정신적으로 치심을 속성으로 하여 살아가게 된다. 또한 감각의 느낌에 본능적으로 탐심이 내재해 있어 좋은 것만을 탐하려는 마음이 좋은 것에 대해 싫어하는 마음을 일으키게 한다는 것이 엄청난 수행의 결과 없이는 이루어 낼 수가 없다. 이것은 감각이 현생에서만의 감각이 아니고 과거 숱한 세월을 오래도록 살아오면서 느낀 갖가지의 경험이 축적된 수이기 때문이다.

산들바람이 시원하다는 건 우리의 감각이 이미 깨달아 알고 있는 기분이다. 바람이 불 때 상쾌한 기분을 느끼고 좋아하지만 이것이 계속되는 것이 아니고 곧 사라지게 된다. 사라짐은 무더위에 짜증이 나고 고통스러워진다. 이처럼 시원한 바람이 좋다. 여기는 순간은 순식간에 사라지고 남는 건 불쾌감만을 가져다 줄 뿐이다. 그리하여 상쾌한 산들바람을 싫어하게 되는 것이 아니고 더욱 시원한 바람에 집착하게 된다.

우리의 훈련된 감각은 기호에 맞는 것만을 탐할 뿐 싫어하는 마음을 일으키지 못한다. 탐하는 마음이 나를 더욱 강하게 인식시키고 좋은 것에 대해 더욱 심하게 집착하게 한다.

색(色;육체)에 있어서 싫어하는 마음을 일으키고 수(受;감각)에 있어 싫어하는 마음을 일으키고 상(想;표상)과 행(行;의지)도 싫어하는 마음을 일으키고 식(識;의식)에서도 싫어하는 마음을 일으켜 탐욕에서 벗어나면 고에서 벗어나 해탈을 얻을 수 있지만, 이 숭고한 진리를 이룩하기에는 우리 중생들의 수행 능력이 너무나 미약하다. 그러나 본능의 집착이 아무리 강해도 노력하고 또 노력하면서 수행을 계속하다 보면 언젠가는 깨달음을 실현할 수 있는 능력이 꼭 생겨날 것이다.

좋은 것이 좋은 것만이 아니고 좋은 것과 싫은 것이 동전의 양면이나 손을 손등과 손바닥을 함께 가리키는 이치와 같이 느끼게 되는 열반을 성취할 수 있을 것이다. 그러나 무엇보다 중요한 것은 내가 무아라는 존재의 실체를 확신할 수 있어야 우리의 수행이 더욱 깊어질 수 있을 것이다.

내가 사대소조(지. 수. 화. 풍으로 만들어진)의 인연화합으로 이루어진 존재라 하지만 실존하고 있는 나를 부정할 수만은 없는 것이 사실이 아닐까? 나로 존재하는 동안만은 나인 것 또한 사실이다. 이러한 요인이 우리의 사고 판단을 힘들게 하고 있다.

물론 제법무아의 사상이 실존하는 인간을 부정하는 것은 아니지만 인간을 구성하고 있는 기본 요소인 땅의 성질, 물의 성질, 불의 성질, 바람의 성질을 일러 나라고 할 수는 없을 것이다. 현실적으로 개똥이로 살아온 내가 개똥이가 아닐 수 없듯이 육근, 육경, 육식으로 느끼게 되는 갖가지 의식 세계가 무아라고 인식하기에는 여러 가지 어려움이 있을 것이다.

 전오식(안식, 이식, 비식, 설식, 신식)은 단순한 감각 작용만을 하는 것으로 안식은 빛을 보고 빛깔만을 인식하고 이식은 소리를 듣고 소리만을 인식하고 비식은 냄새를 맡고 설식은 맛이 좋고 나쁨을 구별하고 신식은 촉각에 의하여 외계의 대상을 인식만 할 뿐이다.

 제6의식은 이식으로 소리를 들었다면 이게 무슨 소리인가? 사람의 음성이라면 여자인가 남자인가? 남자의 음성이면 처음인가 아니면 언제 들은 적이 있는가? 있다면 누구의 음성인가? 하는 비교 추리 추억 등의 인식 작용을 말한다. 그런데 육의식은 제7의식인 말나식을 근거로 하여 여러 가지의 대상을 인식하게 된다. 제7의식인 말나식은 제6의식과 과거에 익힌 습식(습관적으로 반복하여 익힌 버릇)인 무의식인 제8아뢰야식과 이어주는 자아의식으로 나를 강하게 인식시키는 작용을 하게 된다.

 이 때문에 제6의식은 마음밖에 마치 실체가 있는 듯이 인식하여 일체 만물이 공간적으로 엄연히 영원히 존재한다고 생각하게 된다. 그리하여 바깥의 사물과 그것을 인식하는 자기가 별개의 실체로 존재한다고 착각하는 어리석음에 빠져 들게 된다. 이 미혹 때문에 바깥의 사물과 그것을 인식하는 자기에 대한 그릇된 판단으로 진리를 옳게 체득하지 못한 연유로 아집(我集:나에 대한 집착)과 법집(法集:일체 사물에 대한 집착)이 생겨나 나와 내 것에 대한 집착을 버리지 못하고 무아의 깨달음이 참으로 어려운 경지로 빠져들게 된다.

우리 중생이 현실 생활에서 무아를 세세히 느끼고 뼛속 깊이 확연히 깨닫지 못하고 나라는 존재에 집착할 수밖에 없는 이유를 살펴보았다.

그러면 어떻게 해야 참다운 진리를 깨달을 수 있으며 그 깨달음의 실천으로 생노사의 끝없는 윤회의 고통에서 벗어날 수 있을까?

불도를 닦아 성불하여 부처님처럼 일체중생을 제도하겠다는 굳은 염원으로 스님이 되려면 맨 먼저 자기 주변을 정리하고 속세를 떠나 머리를 깎는 것으로 첫 수행은 시작된다. 주변 정리란 자기와 인연 지어진 모든 존재로 부터 벗어나는 것으로 부모 형제 처자식과의 인연을 끊는 일이다. 인연을 끊는다는 것은 나를 죽이는 것이며 인연 지어진 모두를 죽이는 것으로 스스로 목숨을 끊고 살인함이 아니라 모든 인연에서 벗어나 자유로워진다는 것이며 나 자신의 속박에서조차 벗어나고자 하는 의지의 표현이다.

여기서 스님들 득도의 시작이나 그 과정을 살펴보고자 함이 아니고 무아를 깨닫기 위해서는 무엇보다 먼저 자기를 철저히 버릴 수 있어야 함을 강조하고 싶은 것이다. 우리 중생들의 모습은 어떠해야 할까요? 육바라밀이 일상생활이 될 수 있도록 열심히 성실하게 수행해야 할 것이다.

보시는 무한한 자비심을 일깨우는 원동력이 되며 나와 남의 마음을 편안하게 해주고 우리가 살아가야 할 이유를 일깨우고 어려움을 이겨낼 수 있는 자양분이 된다. 나머지 다섯 가지 계율도 철두철미하게 잘 지키며 10악(살생, 도둑질, 간음, 거짓말, 이간질, 험한 말, 꾸며 내는 말, 탐욕, 성냄, 삿된 견해)은 철저히 배격하고 10선으로 바꾸어 닦아 이웃과 더불어

잘사는 행복한 사회를 만들어야 한다.

인욕은 난관을 극복하는 힘으로 사용하고 보시와 지계를 지속해서 실천해 나갈 수 있는 밑거름으로 활용해야 한다. 힘들고 참기 어려움을 견디어낼 수 있는 자만이 진정한 승리자이며 서원한 바를 성취할 수 있게 된다. 우리가 목표한 바를 이룩할 수 있도록 온 힘을 다한 정진으로 깊고 고요한 마음의 선정 삼매에 들어 반야 지혜를 얻어 성불의 기틀을 마련해야 할 것이다. 이생에서 못하면 내생에서, 내생에서 안 되면 내내생에서라도 꼭 소원 성취하여 불국 정토에서 영생할 수 있도록 매진해 나가자.

"이처럼 나는 들었다"
한때 세존은 쿠루국의 칸마사단마라고 하는 계셨었다. 그때 세존은 "비구들이여" 하고 부르셨다. 그들 비구들은 "대덕이시여" 하고 답했다.
세존은 말씀하셨다.

"비구들이여, 너희는 네 마음속의 움직임을 성찰한 적이 있느냐?"
세존이 이렇게 말씀하실 때 한 명의 비구가 세존에게 여쭈었다
"대덕이시여 저는 제 마음의 움직임을 성찰하였습니다."
"그러면 비구여 너는 어떻게 속마음을 성찰하였느냐?"
그래서 그 비구는 스스로 그 성찰을 말하였다. 그러나 그 비구는 세존의 마음을 만족하게 할 수 없었다.
그때 장로 아난다는 이처럼 여쭈었다.

"세존이시여 지금이야말로 때입니다. 지금이야말로 때입니다. 세존이시여, 부디 속마음의 움직임을 설하여 주시기를 바랍니다. 비구들은 세존의 설을 받아들여 수지할 것입니다."

"그러면 아난다여, 너희는 듣고 잘 생각해 봄이 좋다 나는 지금 속마음의 움직임을 말할 것이다."

대덕이시여 알겠습니다.

비구들은 세존에게 답했다. 세존은 이처럼 설하여 말씀하셨다.

"비구들이여!

여기에 한 명의 비구가 있어 이처럼 내 속마음의 움직임을 성찰한다.

'이 세상에는 노사 외에 다양한 고가 있지만 그것들의 고는 무엇을 원인으로 하고 무엇에 의해 오고 무엇에 의해 생기고 무엇에 의해 일어나는 것일까? 무엇이 있기 때문에 노사가 있고, 무엇이 없어서 노사가 없을까?' 하고 그는 내 속마음의 움직임을 성찰해서 이렇게 깨닫는다.

'이 세상에는 노사 외에 다양한 고가 있지만 그것들의 고는 취를 원인으로 하고 취에 의해서 오고 취에 의해 생기고 취에 의해 일어난다.

취가 있기 때문에 노사가 있고 취가 없기 때문에 노사가 없다.'라고. 그는 노사를 알고, 노사가 기인해 오는 곳을 알고, 노사의 멸진을 알고, 노사의 멸진에 이르는 길을 알고 있는 것이다. 이와 같음은 법에 알맞게 수행한다는 것이다.

비구들이여!

이것을 비구가 모두 바른 고의 멸진, 노사의 멸진에 따라 수행한다. 라고 하는 것이다. 또 그는 이처럼 내 속마음의 움직임을 성찰한다. 다시 '이 취[취착]는 무엇으로 원인으로 하고 무엇에 의해 오고 무엇에 의해 생기고 무엇에 의해 일어나는 것일까? 무엇이 있기 때문에 취가 있고 무엇이 없기 때문에 취가 없는 것일까?'라고 그는 내 속마음의 움직임을 성찰해서 이렇게 깨닫는다.

'이 취는 애[갈애]를 원인으로 하고 애에 의해서 오고 애에 의해서 생기고 애에 의해서 발생한다. 애가 있기 때문에 취가 있고 애가 없으면 취는 없는 것이다.'라고 그는 '취를 알고, 취가 기인해 오는 곳을 알고, 취의 멸진을 알고 취의 멸진에 이르는 길을 알고 있는 것이다. 이와 같음을 법에 알맞게 수행한다.'라고 하는 것이다.

비구들이여!
이것을 비구가 '모두 바른 고의 멸진 취의 멸진에 따라 수행한다.'라는 것이다. 또 그는 이처럼 내 속마음의 움직임을 성찰한다.

'그럼, 이 애는 어디에서 생기고 어디에서 들어 온 것일까?'라고 그는 그와 같이 성찰해서 이렇게 깨닫는다. '이 세상에서 사랑스럽고 마음이 끌려지는 색(물건), 그것이 생기는 때에 애는 생기는 것이고 그것이 들어오는 때에 애는 들어온다.'라고.

그러면 이 세상에서 사랑스럽고 마음이 끌리게 되는 색이라는 것은 무엇일까?

안[시각]이야말로 이 세상에서 사랑스럽고 마음이 끌리게 되는 색이고 그것에 의해서 그것이 생기는 때에 애는 생기는 것이고 그것이 들어오는 때에 애는 들어오는 것이다.

이[청각]야말로 이 세상에서 사랑스럽고 마음이 끌리게 되는 색이라....
　비[후각]야말로 이 세상에서 사랑스럽고 마음이 끌리게 되는 색이라....
　설[미각]야말로이 세상에서 사랑스럽고 마음이 끌리게 되는 색이라....
　신[촉각]야말로 이 세상에서 사랑스럽고 마음이 끌리게 되는 색이라....
　의[의식]야말로 이 세상에서 사랑스럽고 마음이 끌리게 되는 색이다. 그것에 의해서 그것이 생기는 때에 애는 생기는 것이고 그것이 들어오는 때에 그것이 들어오는 것이다.

　그래서 비구들이여!
　과거에 어떠한 사문 혹은 바라문이라 해도 이 세상에서 사랑하고 마음이 끌리는 색을 상(항상 존재하는 것)이라고 보고 아라고 보고 건전이라고 보는 것에서는 애는 점점 더 성장했다.
　애를 성장시킨 것에서는 취도 역시 성장했다 취를 성장 시킨 것에서는 고 역시 성장했다.
　고를 성장시킨 것은 줄곧 생, 노사, 추, 비, 고, 우, 뇌로부터 해탈하지 않는다. 그렇다 그들은 아직 고에서 해탈하지 않았다. 라고 나는 말한다.

　또 비구들이여!
　미래에서의 어떠한 사문 바라문일지라도 이 세상에 있어서 사랑하고 마음이 끌리는 색을 상이라고 보고, 낙이라고 보고, 아라고 보고,

건전이라고 보고, 안전이라고 보는 것에서는 애는 점점 성장할 것이다. 애를 성장시키는 것에서는 취도 역시 성장할 것이다.

때문에 그들은 '생, 노사, 추, 비, 고, 우, 뇌로 부터 해탈할 수 없을 것이다. 그렇다 그들은 고에서 해탈할 수 없을 것이다.'라고 나는 말한다.

또 비구들이여!

현재에서의 어떠한 사문 혹은 바라문일지라도 이 세상에서 사랑하고 마음이 끌리는 색을 상이라고 보고 낙이라고 보고 아라고 보고 건전이라고 보고 안전이라고 보는 것에서는 애(사랑하고 좋아하는 마음)는 점점 성장한다.

애를 성장시키는 것에 있어서는 취(내 것으로 만들고자 하는 마음)도 역시 성장한다. 취를 성장시키는 것에 있어서는 고도 역시 성장한다. 고를 성장시키는 것은 생. 노사. 추, 비. 고. 우. 뇌로부터 해탈할 수 없다.

그렇다. 그들은 '고에서 해탈할 수 없다.'라고 나는 말하는 것이다.

비구들이여!

예를 들면 여기에 물그릇이 있고 그 물은 맑고 향이 좋고 맛도 좋지만 독이 섞여 있다. 그곳에 더운 열에 예를 먹고 더운 열에 시달려서 피로하고 노곤하여 목이 마른 사람이 있었다. 그래서 사람들은 그에게 말했다. '아아 여기에 물그릇이 있다. 이 물은 맑고 향도 좋고 맛도 좋지만 독이 섞여 있다. 만약 마시고 싶다면 마셔도 좋다. 마시면 색도 향도 맛도 매우 좋지만, 그 때문에 죽든지 죽을 만큼의 괴로움을 당하지 않으면 안 될 것이다.'라고.

그래도 그가 주의하지 않고 고민하지 않고 견딜 수 없어서 그 물그릇의 물을 마셨다면 그는 그 때문에 죽어 버리든지 혹은 죽을 정도의 괴로움을 당하지 않으면 안 될 것이다.

비구들이여!
그와 마찬가지로 과거에서의 어떠한 사문 혹은 바라문이라 해도 이 세상에서 사랑하고 마음이 끌리는 색을….

또 비구들이여! 미래에서의 어떠한 사문 혹은 바라문일지라도 이 세상에서 사랑하고 마음이 끌리는 색(물질)을 상(없어지지 않고 항상 존재하는 것)이라고 보고 낙(즐거움)이라고 보고 아(내것)라고 보고 건전이라고 보고 안전이라고 보는 것에서는 애(좋아하고 집착함)는 점점 업(미래에 갚아야 할 행위)이 성장한다.

'애를 성장시키는 것에서는 고도 역시 성장하고 생, 노, 사, 추, 비, 고, 우, 뇌로부터 해탈하지 않는다. 고에서 해탈할 수 없다.'라고 나는 말하는 것이다.

그런데 비구들이여!
과거에서의 어떠한 사문 혹은 바라문이라 해도 이 세상에서 사랑하고 마음이 끌리게 되는 색을 무상이라 보고 고라고 보고 무아라고 보고 병이라 보고 공포라고 본 것으로 애를 버렸다. 애를 버린 것은 취를 버린다. 취를 버린 것은 고를 버린다. 고를 버린 것은 생, 노사, 추, 비, 고, 우, 뇌로부터 해탈하고 고에서 해탈했다고 나는 말하는 것이다.

또 비구들이여!

현재에서의 어떠한 사문 혹은 바라문이라 해도 이 세상에서 사랑하고 마음이 끌리게 되는 색을 무상이라고 보고, 고라고 보고, 무아라고 보고, 병이라 보고 공포라고 봄으로 애를 버린다. 애를 버리는 것은 취를 버린다. 취를 버리는 것은 고를 버린다. 고를 버리는 것은 생, 노, 사, 추, 비, 고, 우, 뇌로부터 해탈하고 고에서 해탈한다. 라고 나는 말하는 것이다.

비구들이여!
예를 들면 여기에 물그릇이 있고 그 물은 맑고 향이 좋고 맛도 좋지만, 독이 섞여 있다. 그곳에 염열에 시달려서 피로하고 노곤하여 목이 마른 사람이 있었다. 그래서 사람들은 그에게 말한다.
아아, 여기에 물그릇이 있다. 이 물은 맑고 향도 좋고 맛도 좋지만 독이 섞여 있다. 만약 마시고 싶다면 마셔도 좋다. 마시면 색도 향도 맛도 매우 좋지만 그 때문에 죽든지 죽을 만큼의 괴로움을 당하지 않으면 안 될 것이다. 라고.

비구들이여! 그때 그 사람은 이처럼 생각했다.
'나의 이 심한 갈증은 술을 마셔도 없앨 수 없다. 우유를 마셔도 제거할 수 없다. 유장을 마셔도 제거할 수 없고 죽을 먹어도 제거할 수 없다. 그 때문에 나는 이 오래 가는 해를 가지고 고를 가지는 것을 먹지 않을 것이다.'라고.
그는 이같이 반성하고 그 물그릇의 물을 마시지 않고 버렸다고 한다면 그는 그것에 의해서 죽음 혹은 죽을 정도의 괴로움을 당하지 않게 될 것이다.

비구들이여! 그와 마찬가지로 과거에서의 어떠한 사문 혹은 바라문이라 해도 이 세상에서 사랑하고 마음이 끌리게 되는 색을 무상이라고 보고 고라고 보고 무아라고 보고 병이라고 보고 공포라고 보는 것으로 애를 버린다. 애를 버린 것은 취를 버린다. 취를 버린 것은 고를 버린다. 고를 버린 것은 생, 노사, 추, 비, 우, 고, 뇌로 부터 해탈하고 고에서 해탈했다. 라고 말하는 것이다.

또 비구들이여!
미래에서의 어떠한 사문 혹은 바라문이라 해도, 또 비구들이여 현재에서의 어떠한 사문 혹은 바라문이라 해도 이 세상에서 사랑하고 마음이 끌리게 되는 색을 무상이라고 보고 고라고 보고 무아라고 보고 병이라 보고 공포라고 봄으로서 애를 버린다. 애를 버리는 것은 취를 버린다. 취를 버리는 것은 고를 버린다. 고를 버리는 것은 생, 노, 사, 추, 비, 고, 우, 뇌의 업장으로부터 해탈한다. 고에서 해탈하는 것이다. 라고 하는 것이다."

이 경의 내용을 풀이해서 말하면 다음과 같은 내용으로 이해할 수 있을 것이다. 우리 인간이 가진 여섯 감각기관인 육근(안. 이. 비. 설 .신. 의) 으로 대상을 접촉함에서 시각으로 눈에 보이는 사랑스럽고 갖고 싶어지는 여러 가지의 물건에 청각으로 느끼게 되는 상스럽고 감미롭고 듣기 좋은 소리에 후각으로 느낄 수 있는 향기로운 것들에 미각으로 군침을 돌게 하는 맛있는 음식들에 촉각으로 육신이 감지하는 갖가지의 부드럽고 자극적인 감촉들에 의식으로 사랑스럽고 갖가지의 마음 끌리게 하는 것들에 애착을 느껴 집착함으로 생겨나는 취착심으로 의해 항상 차지하고 싶고 놓치고 싶지 않은 데에서 인간의 고는 시작되고 생, 노, 사, 추, 비, 고, 우, 뇌로 부터 영원히 벗어날 수 없어 고통은 시작된다. 지옥고의 생활에서 세세생생 벗어 날 길이 없게 된다.

그러나 이러한 색(물건)에 느끼는 애(사랑스런 집착)가 잠시 잠깐의 느낌일 뿐 항상 계속되지 않을 뿐만 아니라 우리가 결코 먹어서는 안 되는 독약과 같은 것이라 느껴 애착심을 떨쳐버리고 싫은 감정을 갖게 되면 고통에서 벗어나고 생, 노, 사, 추, 비, 고, 우, 뇌에서도 해방되어 평안한 마음으로 영원한 열반을 얻을 수 있다는 천상천하에 오직 하나뿐인 일목요연하고 절륜한 부처님의 법문이니 모쪼록 깊이 새겨야 할 것이다.

(4) 영원한 평화의 길 : 도성제(道聖諦)

도성제는 우리 인간의 원천적인 고통을 없애려는 방편으로 거룩한 진리의 길 실천으로 하나하나 닦아 나아가야할 길을 제시해 놓은 가르침이다. 어떤 목적지를 설정해 놓고 찾아 나서는 것에도 여러 가지 방법과 수단이 있을 것이다 선택한 방법이나 수단에 따라 나아가는 과정은 물론이고 그 결과에 엄청난 차이를 나타낼 수 있다. 그 과정에 힘들고 어려워서 좌절할 수도 있고 방향을 잘못 잡아 가도 가도 끝이 없거나 다람쥐 쳇바퀴 돌 듯 제자리걸음만 하고 있다든지 하는 등 여러 유형이 있을 수 있고 결과에서도 천차만별의 차이를 드러낼 수 있을 것이다.

"소나야, 너는 집에 있을 때 비파를 잘 타지 않았더냐?"

"그렇습니다. 세존이시여"

"너는 어떻게 생각하느냐?"

"비파 줄을 너무 강하게 죄면 소리가 잘 나드냐?"

"그렇지 않습니다. 세존이시여"

"그러면 비파 줄을 아주 느슨하게 하면 소리가 잘 나드냐?"

"그렇지 않습니다. 세존이시여"

"소나야, 그와 마찬가지로 노력도 너무 지나치면 마음의 동요를 가져오고 너무 느슨하면 나태하게 된다."

"예, 그렇게 하겠습니다."

이 설법의 내용은 소나경에 있는 것으로 수행의 방편이 어느 한 쪽에 너무 치우치지 않은 중도의 방편을 선택하여야 최상의 결과를 얻을 수 있다는 가르침이다. 결국 소나 존자는 부처님의 가르침대로 어느 쪽으로도 치우치지 않는 중도의 수행으로 아라한이 될 수 있었다.

이것은 부처님께서 수도 하시던 당시의 인도에서는 두 가지 종교적 수행 방법이 있었으니 고행주의와 수정주의로 고행은 육신을 괴롭힌다는 뜻이고, 수정이란 마음을 안정시킨다는 뜻으로 이 두 가지 수행 방법 중 어느 한 쪽에 너무 치우치는 것은 잘못된 수행 방법이며 결코 깨달음을 얻을 수 없다는 뜻이다 육신을 괴롭혀 고행하는 까닭은 우리들 불행의 원인이 육체의 생리적 유혹에 있다고 생각하였기 때문이다.

본래 착한 우리의 마음이 먹고 자고 이성을 그리워하는 등의 생활을 하면서 육체라는 물질이 갈구하는 유혹으로, 육체라는 존재가 갈구하는 유혹으로 인해 불행하게 되니 행복한 삶을 누리기 위해서는 적극적으로 육신을 괴롭혀 그 유혹으로부터 벗어나야 한다는 뜻이다. 그래서 고행주의자들은 육체에 견딜 수 없는 고통을 가하고 단식을 하는 등 갖가지 고행을 감행하는 것이다.

반면 수정주의라는 것은 마음을 안정시켜 본래 착하고 흔들림 없는 우리들의 마음이 육체라는 존재의 영향으로 악한 일을 행하고 그 결과에 따라서 온갖 고통을 겪게 되므로 행복한 삶을 누리기 위해서는 육체로부터 정신을 분리, 독립시켜 모든 생각을 고요히 가라앉혀 마음을 안정시켜야 한다는 것이다. 그래서 수정주의자들은 나무 밑이나 바위 위 등 고요한 곳을 찾아 홀로 수행하였던 것이다. 이와 같음이 그 당시 인도의 종교적 수행방법이었다. 부처님께서는 이 두 가지 수행방법을 모두 겪어 보시고는 둘 다 해탈을 얻기 위한 최상의 방법이 아님을 아시게 되었다.

고행주의는 고행만을 계속하다가는 대도를 깨쳐 해탈하지도 못하고 먼저 죽고 말 것이라 느꼈고, 수정주의는 마음을 고요히 안정시켜 최고의 경지에 다다른다 해도 일단 그 상태에서 벗어나거나 생을 바꾸게 되면 수행 전이나 마찬가지로 죽음은 면할 수 없음을 알게 된 것이다.

이렇게 스스로 생각하시고 고행주의도 수정주의도 아닌 양극단에서 벗어나 지나치게 안일한 생활도 반대로 극단적인 고행 생활도 아닌 몸과 마음의 조화를 이루어 최상의 상태를 유지하는 수행 방법을 선택하셨다. 이것이야말로 생, 노사를 끊고 영원히 안식할 수 있는 해탈 열반의 수행방법이다.

　소나경에서 소나 존자에게 행한 설법처럼 양극단에서 벗어나 어느 한편으로 편향됨이 없이 중도의 길을 선택한 것으로 팔정도라는 수행방법이 있다.
　팔정도는 열반을 얻기 위한 실천 수행 방편으로 극단적인 행위를 피하고 중도를 구체적으로 파악하여 안내된 행동 지침인 것이다. 과거에도 현재에도 미래에서도 인간의 존재가 계속하는 한 우리의 심신을 맑고 고요하게 유지하여 악행에서 벗어날 수 있고 선행으로 참다운 삶을 유지할 수 있는 아주 특별하고 탁월한 수행의 지침이라고 할 수 있다. 괴로움이 사라지게 하여 안정을 얻게 하는 팔정도의 수행방법에는 여덟 가지 바른 길[八正道]이 있으니 정견(正見), 정사유(正思惟), 정어(正語), 정업(正業), 정명(正命), 정정진(正精進), 정념(正念), 정정(正定)이다.

　'정견'은 사성제의 도리를 제대로 보는 것이며 지식의 눈으로 현실세계를 보는 것과 같이 지혜의 눈으로 이상세계를 보는 것을 말한다.
　'정사유'는 생각하고 헤아리어 세상 물정을 제대로 파악하여 사성제의 이치를 바르게 사유하는 것이다.
　'정어'는 거짓말을 하거나 생색내는 말이나 이간질을 한다거나 악담을 하지 않고 옳고 바른 말만 하라는 것이다.
　'정업'은 올바른 행위나 행동을 의미하며 살생이나 도둑질이나 사음하지 말라는 뜻이다.

'정명'은 바른 생활 수단이며 올바른 직장과 직업에 종사하여 착하고 선하게 살라는 것이다.

'정정진'은 몹시 애를 쓰고 정성을 들여 분투, 노력하라는 뜻이다.

'정념'은 추호의 사념이나 사심 없이 정도를 지켜 나가며 일념불매(오로지 한 생각에 집중하여 미혹에 빠지지 않는 상태)의 상태를 유지하라는 것이다.

'정정'은 여러 가지 일에 대한 생각과 근심을 안정하는 종교적인 선정으로 바른 목적과 방법으로 마음을 안정시키는 것을 말한다.

여기서 불교 수행의 방법에서 팔정도와 더불어 가장 핵심적인 교리로 부처님께서도 항상 강조하신 삼학(계. 정. 혜)과의 관계를 살펴보는 것이 필요할 것 같다.

삼학(계. 정. 혜)을 발전시키고 완성하는 것이 팔정도이고 팔정도는 삼학을 중도설에 입각하여 세분화하여 구체화한 것이다.

팔정도의 정어, 정업, 정명은 청정한 생활 규범을 지키는 삼학의 계에 해당하며 계율을 잘 지켜 올곧은 생활을 하여야 깨끗한 마음과 육신으로 정정진, 정념, 정정의 흔들림 없는 최상의 상태에 진입하여 삼학의 정을 성취하며 천지만물의 순리와 사성제의 진리를 정견, 정사유 할 수 있는 삼학의 혜에 해당하는 깨달음을 얻을 수 있는 것이다.

또한, 초기 원시불교 시대를 지나 대승불교 시대에 접어들면서 보살의 수행 실천방편으로 육바라밀이 제시되었지만, 팔정도와 본질적인 차이가 있는 것은 아니고 각각 상응하는 바가 있다.

보시바라밀은 정명, 지계바라밀은 정어, 정업. 인욕바라밀은 정견, 정사유, 정진바라밀은 정정진, 선정바라밀은 정정, 반야바라밀은 정념에 들어맞는 것으로 보아야 할 것이다.

여기에서 팔정도의 설명은 잠시 뒤로 미루고 앞에서 설명한 사성제의 고, 집, 멸, 도를 무명 번뇌의 미혹함과 대오 열반의 깨침으로 설명하면 다음과 같다.

고는 미의 결과이고, 집은 미의 원인으로 사실적이고 현실적인 인생관이요, 멸은 오의 결과이고, 도는 오의 원인으로 이상적인 인생관으로 불교의 우주 인생관이라 할 수 있다.

그런데 이상의 사성제 법문은 부처님께서 녹야원에서 다섯 비구를 위해 설하신 최초의 전법륜인데 이 사성제 법을 각각 세 번 다른 방법으로 설했다고 하여 삼전 사제법륜이라고 한다.

첫 번째는 사성제를 각각 이야기해 보이는 것으로 '이것은 고이니라. 이것은 집이니라. 이것은 멸이니라. 이것은 도이니라'라고 지금 일어나고 있는 상태 그대로 과거로부터 현행해 우리가 겪고 있는 것들을 즉 고, 집, 멸, 도의 실상을 있는 그대로 알려주어 깨닫게 하고 다시는 그런 우를 범하지 않게 하려고 사성제의 사상을 보이므로 이를 '시전'이라고 한다.

'시전'의 중요성은 우매한 중생들에게 가장 뼈아픈 문제로 괴로움을 괴로움으로 느껴 직시하고 있지 못하는 상황을 인식시키는 데에 있다. 고통을 겪으면서도 고통인 줄 모르고 자각하지 못하고 있으며 더욱 중요한 것은 왜? 자기가 고통을 겪고 있는지 겪어야 하는지 원인도 내용도 모르고 으레 그런 것으로 팔자타령만 하며 체념하는 경우가 대부분이라는 사실이다.
　이러한 괴로움이 왜? 일어나는지를 깊이 생각하여 그 원인을 파악하여 알아야 괴로움에서 벗어날 수 있을 것이다. 병의 증상과 원인을 정확히 알아야 완벽하게 치유할 수 있는 것과 마찬가지이다.

　두 번째는 사성제를 이야기해 수행하기를 권하는 것으로 '고는 마땅히 알지니라. 집은 마땅히 끊을지니라. 멸은 마땅히 증할지니라. 도는 마땅히 닦을지니라.'라고 사성제의 수행을 권함으로 권전이라고 한다.
　권전은 콩을 예로 들어 말하면 인연 생기의 법칙에 따라 밭의 흙을 갈아 콩을 심는 것을 인으로 하여 햇볕을 쪼여주고 비가 오면 맞게 하며 지열의 포근함을 연이 되게 하여 잎이 나고 줄기가 자라 열매를 맺게 되어 가을에 추수하여 맛있게 먹을 수 있도록 하는 권농과 같은 것이다.

　셋째는 마침내 사성제의 이치를 증득하게 하는 것이니 '고는 내가 이미 알았노라. 집은 이미 끊었노라. 멸은 내가 이미 증득하였노라. 도는 내가 이미 닦았노라.'라고 사성제의 도리를 증득했음을 스스로 증명해 보임으로서 깨치게 하므로 증전이라고 한다.
　이것은 직접 밭에다 콩을 심고 햇빛과 비와 지열의 힘을 빌리고 풀을 뽑고 밭을 매는 등 농사일을 직접 실천하여 잎이 나고 줄기가 튼튼히 자라 열매를 맺게 되면 가을에 풍성한 수확의 기쁨을 누릴 수 있도록 농사를 직접 지어 보이는 것과 같은 도리이다.

이제 인생사 일체개고를 어떻게 생겨나고 생겨 난 고를 어떻게 없애고 마음의 평화를 이루는지 사성제를 통해 밝힌바 그 방법론으로 팔정도의 이치를 펼치셨다. 여덟 가지 바른 깨우침의 길인 팔정도는 괴로움을 없애는 구체적인 방법론으로 부처님께서 최초의 전법륜으로부터 반열반에 이르시기까지 자주 행하신 설법으로 아주 기초적인 수행 방법일 뿐 아니라 오늘날 과학 문명과 중생들의 지식이 매우 발달한 첨단 사회에서도 옳고 바른 생활 규범으로도 손색이 없는 것으로 아주 뛰어난 생활의 기본 지침이 될 수 있는 가르침이라 할 수 있을 것이다. 여기에서 팔정도의 구체적인 내용을 분별하고 하나하나의 방법론을 살펴보기로 하자.

6) 팔정도(八正道)

(1) 정견(正見)

정견이란, 올바른 견해를 의미하며 놓여 있는 상태 그대로를 직시하는 것으로 복잡 미묘하게 깊은 뜻을 지닌 개념이라 할 수 있다. 불교 교리상으로 생각하면 바르게 본다는 것이 나를 의미하는 아상(나라는 존재에 대한 집착)에서 벗어나 한 치의 오차도 없이 투명하게 빼거나 더함이 없는 진실만을 바르게 보는 것을 말한다. 그러한 마음가짐의 상태를 가리킨다고 할 수도 있다. 우리가 생활 속에서 느끼는 사물에 대한 견해는 인식에서 비롯되는 바가 보통인데 우리는 제대로 바르게 인식하지 못한다.

육근(안. 이. 비. 설. 신. 의)이 육경(색. 성. 향. 미. 촉. 법)을 접촉하여 과거로부터 현재에 이르기까지 이미 각인된 육식(안식. 이식. 비식. 설식. 신식. 의식)의 영향으로 의식 속에 축적되어 있던 관념을 바탕으로 자기 나름대로 인식하기 때문에 사람마다 고유의 특성이 다른 관계로 그 인식이 제각각 차이를 나타내어 허망하기 짝이 없다. 어찌 보면 허망함에 희롱당하고 있는지도 모른다.

우리의 인식이 거의 모두가 잘못된 것이고 모든 존재의 실상은 시시각각 변화무쌍하여 변할 뿐만 아니라 인식하는 우리 자신 또한 때와 장소의 변화에 따라 달라지고 있기 때문이다. 천태만상의 천지만물을 인식함에서 개인적인 생각의 차이로 보는 견해가 있는 그대로를 바르게 인식하지 못하고 서로 다르게 볼 수도 있으나 이 다르다는 것이 우리에게 특별히 고통을 안겨주는 일은 별로 없다.

　단지 이러한 연유로 무상과 무아의 진리를 알지 못하기 때문에 자기 본위의 이기주의에 집착하여 견해를 달리하는 경우가 많이 있다.

　특히 자기가 처한 상태나 상황 즉 자라온 환경이나 성장 배경. 배워온 바의 지식 경험 취향 등의 차이에서 오는 괴리감이 끼치는 영향은 단순히 사물을 달리 인식하는 것과는 매우 다르게 엄청난 영향력과 파괴력을 지니고 있다.

　서로의 견해가 다름이 굳어질 때는 이것이 사상이나 주의 주장의 차이로 폭행은 물론 죽음도 불사하는 과격한 행동으로 나타나 우리를 불행의 늪 속으로 깊이 빠져들게도 만든다. 부처님께서는 중생들의 시각의 차이에서 오는 모든 고통을 덜어 주기 위해 자아의 집착에서 벗어나라 하셨고, 사성제의 진리를 바르게 보라 하셨다.

　이것은 중생들도 부처님과 조금의 다름도 없이 깨끗한 심성[불성]을 지니고 있어 무엇에도 구애 받음이 없이 깨우칠 수 있음을 확신하셨기 때문이다.

　그러나 우리 중생들이 부처님 말씀처럼 수행 실천하여 깨달음을 얻기에는 지어온 업장이 너무나 무거워 이로 인한 능력의 한계 때문에 많은 어려움을 겪고 있다. 우리 중생들의 생활 속에서 볼 수 있듯 해와 달이 비추는 삼라만상의 그림자는 그 나름대로 자기의 생긴 모습으로 변하지 않는 특색을 나타내고 있다.

　나무는 나무의 그림자를 바위는 바위의 그림자를 짐승들은 그들 각각의 생긴 모습 그대로의 그림자를 늘어뜨리게 된다.

우리의 인식도 자기 나름대로 길든 편견이나 주장으로 분별하며 한 순간도 객관적이지 못한다. 행복이나 불행에 관한 생각도 자기 혼자만이 행복하다고 기뻐하고 자기 혼자만이 괴롭다고 고민에 빠져 슬퍼하고 행·불행의 척도가 사람마다 각양각색의 형태를 띠게 된다.

이처럼 중생의 바른 견해 갖기가 얼마나 어려운 것인가를 피부로 느낄 수 있다. 또한 정견에는 부처님의 교리를 쫓아 이상적인 피안의 세계로 향하고자 하는 수행 정진의 방안으로 삼법인과 사성제를 익혀 모든 상을 여의고 분별 망상을 떠난 수행자의 견해가 있는가 하면 현실에 부딪치며 살아가는 데 필요한 지식을 습득하여 닥쳐오는 갖가지 상황에 대처하는 등 이에 상응하는 현실적인 중생의 견해로 나누어 생각해 볼 수도 있다.

실제로 분별 망상을 떠나 오직 아무런 생각이 없는 고요한 마음만이 모순에서 벗어난 진리의 구도이며 안주이고 이 원만 구족한 세계를 바르게 보라는 추상적인 면과 그것을 그대로 실천에 옮겨 실질적이고도 현실적인 수행을 함께하여야 참다운 정견이 성립되는 것이다. 또한 궁극적으로 나머지 일곱 가지의 정도를 실천으로 터득한 결과물이 바른 지혜의 견해라 할 수 있다.

(2) 정사유(正思惟)

우리는 여섯 개의 감각기관에 의해서 느낌이나 인식을 통해 전달되는 감으로 생각을 일으키게 되어 있다. 이 생각의 결과로 말과 행동과 그리고 생활이 좋게도 나쁘게도 나타나게 된다.

정사유는, 올바른 사량 분별로 사성제의 이치를 바르게 생각하거나 바르게 마음먹는다는 뜻이며 자기가 배우고 터득한 인생관이나 세계관 좁게는 사회관을 근거로 해서 망상세계를 생각하여서는 안 되며 이러한 사유로는 열반의 세계에 이르는 길이 될 수가 없다. 우리는 마음으로 생각해야 할 바와 생각해서는 안 될 바를 잘 분별해야 할 것이다. 어떠한 생각을 하느냐에 따라 말과 행동의 종류와 성질도 달라진다. 우리가 미리 마음속으로 생각하는 그 생각이 바르게 자리 잡고 있으면 부수적인 행동 또한 바를 것이며 따라서 바른말과 바른 행동이 나오게 되어 있다.

그러면 정사유는 어떻게 해야 가능할 수 있을까?
천지 만물의 생성과 인간 존재가 모두 사대(지. 수. 화. 풍)의 인연 화합으로 생겨났으며 이 인연생기로 인한 모든 존재는 시시각각 변해가고 있으며 생겼다 없어졌다, 없어졌다 다시 생기는 계속하여 영속되지 못하는 존재이며 이는 곧 어떤 실체도 인정될 수 없기에 나라고 주장할 수 없어 무상과 무아이다. 이와 같은 이치를 제대로 터득하면 만물이 모두 사대(지. 수. 화. 풍)의 화합으로 생겨났으니, 무엇보다 먼저 나와 너라는 분별이 없어져야 한다.

밀가루로 빚어 만든 수제비나 국수가 다르다고 할 수 없듯 금으로 만든 금가락지나 금목걸이가 다르지 않고, 한 어머니의 배를 빌려 태어난 길순이와 길동이가 남남이 아니고 형제이듯 나와 세상천지 만물이 같은 존재이다.
이 방 저 방의 구분이 벽 하나를 터버리면 한방이 되는 이치와 그 맥을 같이 하고 있다. 이와 같은 논리를 바탕에 깔고 보면 모든 것이 조금의 다름도 없으니 분별하여 구분할 것이 아무것도 존재할 수가 없다 우리가 탐, 진, 치, 삼독심으로 일으키는 모든 행위 전체가 나의 존재를 나와 다른 너라는 존재를 고집하는 마음에서 비롯되며 나의 만족이 곧 행복이며, 불만족은 불행 그 자체로 여기고 있다. 이러해서는 정사유는 이루어질 수 없다. 거울이 맑고 깨끗해야 물체를 제대로 밝히듯 우리의 마음이 티끌 없이 맑고 평온하여야 모든 사물의 이치와 돌아가는 형편을 제대로 볼 수가 있다.

그러려면 먼저 마음을 깨끗하게 닦아 주어야 할 것이다. 마음을 깨끗하고 맑게 유지하기 위해서는 마음의 동요를 일으키는 풍랑을 없애야 할 것이다. 마음의 풍랑은 탐, 진, 치, 삼독심이 일으키는 변화가 주된 원인이다. 부수적인 원인으로는 전도몽상이 있다.

우리 중생들의 기본적인 탐심의 발로는 의, 식, 주에서부터 비롯하기 시작한다. 의는 알몸을 가리고 추위에서 벗어나기 위한 수단으로서 이를 기본으로 한 욕구로 시작되고 추위와 더위에 더 효율적으로 견딜 수 있는 재질의 의복으로 점차 욕심이 늘어나게 되고 급기야는 색상도 화려하고 입기에 더욱 편하고 좋은 것으로 그 욕구가 심해진다.

식은 허기진 배를 채우기 위해 먹을 것을 원하여 구하지만 배가 부르게 되면 좀 더 맛있는 것을 찾게 된다. 맛있는 음식을 먹다 보면 더 새롭고 특색 있는 음식을 찾게 되고 영원히 살고픈 욕심에 불로장생에 도움이 되는 음식을 갈구하게 된다.

주는 시대 변천에 따라 요구하는 형태는 조금씩 다르겠지만, 근본적으로 고급 재질을 사용하여 보기 좋고 튼튼하며 지내기에 쾌적하고 편리한 주거 공간이 넓게 마련된 호화롭고 웅장한 주택을 선호하게 된다.

이처럼 욕심이 점점 심해지면서 우리의 마음은 어지럽고 혼란스러워 고요한 마음의 평정은 멀리 사라지게 된다. 무엇을 사유하던 정상적이지 못하고 비정상적인 오류에 빠져들어 탐심의 그림자에 묶여 옴짝달싹하지 못하고 힘겹게 살 수밖에 없다. 욕심이 채워지지 않아 마음이 불편해지면 우리는 짜증스러워지고 매사에 화를 자주 내게 된다. 상대방과 자기의 형편을 비교해 보고 자기보다 나은 사람을 질시하고 미워하게 된다.

남을 미워한다는 것이 얼마나 고통스러운 줄도 모르고 고통 속에서 허덕이며 계속 미워하며 경쟁의 밧줄을 더욱 팽팽하게 졸라매게 된다.

욕망의 밧줄에 얽매이다 보면 모든 사리 판단력이 어두워지게 된다. 가야할 바른길을 옆에 두고 엉뚱하게 돌아가거나 빠른 길이라 여기고 위험이 도사리고 있는데도 불구하고 그냥 돌진하여 화를 자초하기도 한다. 우리의 지식이 부족하여 사물에 어두워서 저지르는 행위 또한 안타까운 고통의 하나이지만 알면서도 욕심 탓에 무분별한 사고로 이어져 불행에 빠져드는 바보 같은 행위야말로 참으로 안타까운 노릇이 아닐 수 없다. 이제 우리의 갈 길은 명확해졌다. 제약의 사슬인 탐, 진, 치, 삼독심을 먼저 끊고 고요한 마음의 평정을 찾던지 마음의 평정을 오롯이 구하여 삼독심을 끊어내든지 간에 전도몽상의 사고에서 벗어나 정사유의 참다운 수행의 길로 매진해야 하겠다.

(3) 정어(正語)

정어는 바르고 올바른 말을 의미하며 신. 구. 의. 삼업 중 나쁜 말로 구업을 짓지 않는 지혜롭고 안온하게 진실한 말을 하는 것이며 말을 올곧게 한다는 것은 곧 생각을 바르게 갖는 것이기도 하단 말이란 자기의 뜻이나 의사 감정 등을 전달하는 표현 방법 그 수단을 의미하기도 한다.

자기가 터득한바 지식을 기본으로 하여 가치관 사회관 인생관 등 배우고 느끼고 보아온 갖가지 경험 한바 의식의 집합체로서 결론지어지는 판단이기도 하지만 순간적인 감정의 격분으로 정확한 사리 분별의 판단 없이 거리낌 없이 내뱉는 본능적인 분노나 감정의 표현이기도 하다.

어떠한 종류의 말을 사용하느냐 어떠한 내용의 말을 내뱉느냐에 따라 속된 말로 천 냥 빚도 갚을 수 있고, 아니면 칼 도자가 되어 자기의 목숨까지 뺏어갈 수 있는 인간 생활사에서 아주 중요한 위치를 차지하고 있다. 깊은 자비심으로 부드럽고 상냥하고 인자한 언어로 서로 교감을 나누어야 함에도 격해지는 감정으로 마음을 다스리지 못하여 열 가지 악업 중 입으로 짓는 네 가지 악업을 힘들이지 않고 짓는 줄도 모르고 짓게 되어 끝없는 고통의 구렁텅이에 빠져들고 만다.

부드럽고 착한 말을 사용하는 생활 습관은 상대방을 기쁘고 행복하게 만들어줄 뿐 아니라 자기 자신이 더더욱 기쁜 마음이 되어 만족한 생활을 꾸려갈 수 있는 것이다.

스님들께서 수행 중 묵언을 하는 이유가 무엇일까?

정어를 사용하는 것도 중요하지만 그보다는 말한다는 것은 느끼는 바를 생각하여 마음을 움직이는 것인데 움직이는 생각이 번잡해지면 오롯이 마음을 가다듬을 수가 없어 정념이나 정정의 상태에 안주하기가 어려워져 그만큼 깨달음의 길이 멀어지고 열반 또한 요원해지기 때문이다.

화두를 잡고 일념으로 마음을 안정시켜야 팔만사천의 번뇌에서 벗어날 수 있고 그 일념이 일통하여야 참다운 깨달음을 얻을 수 있기 때문이다. 우리가 정어를 사용해야 할 중요한 이유는 집단으로 모여 사회생활을 하는 인간들이 어울려 산다는 것이 서로의 의사를 전달하는 행위 즉 말을 하지 않고서는 이루어질 수 없다는 것이다.

우리가 선택하여 사용한 말은 상대방을 행복하게도 불행하게도 만들 수 있는 중요한 매체이기 때문이다. 현대사회는 치열한 경쟁의 세태이기에 서로가 속마음을 털어놓는 일이 점점 어려워지고 있다. 이러한 세상일수록 마음의 문을 열고 진심 어린 대화로 사람과 사람 사이의 관계를 조화롭고 평화롭게 이끌 수 있어야 할 것이다. 감정을 다스리어 마음을 편하게 하기 위해서는 묵언만 한 것도 없을 것이다.

수행하는 성직자는 아니더라도 묵언으로 모든 상황에서 안정된 생각으로 정견하고 정사유하여 정어하는 생활인이 되도록 노력해야 할 것이다.

'정어하면 정사유가 되고 정견할 수 있고, 정견하면 정사유가 되고 정어할 수 있는 능력에 이를 수 있음을 잘 알아 실천행으로 이끌어가야 함을 명심해야 할 것이다.'

(4) 정업(正業)

정업은 우리의 올바른 행위 행동을 의미한다. 수행의 덕목 중 하나로 정업을 강조하는 것은 수도에 전념해야 하는 성직자나 세속에서 삶을 영위하는 중생들에게나 올바른 행위로 한 생애를 살아간다는 게 그리 쉽지 않음을 의미하는 것이다.

인간은 태생적인 본능인 탐, 진, 치, 삼독심으로 인성이 자리매김하고 있어 과거, 현재, 미래, 삼세에 걸쳐서 생각하지 않고 현재의 위치에서만 보더라도 모든 행위가 삼독심의 짙은 영향력 아래에 이루어지고 있음을 알 수 있다. 엄격한 계율을 지키며 청정한 수도 생활을 하는 성직자들도 어떠한 경계에 부딪쳤을 때 과연 계율의 엄격함만으로 행위가 제어될 수 있다는 보장은 사실상의 무리가 따를 수 있다.

"의지력과 본능 사이에는 엄청난 격차가 있다."
경계에 맞닥뜨렸을 때 의지로는 해서는 안 되는 일이지만, 본능은 이미 행동으로 옮겨 버린 후가 대부분이다. 시행착오를 겪어가면서 오랜 세월 수행생활을 통해 갈고 닦은 통제력으로 본능의 거센 물결을 잠재우는 과정을 거치는 긴 여정 끝에 도달할 수 있는 경지가 바로 정업이다.

하물며 속진의 풍진 세상을 살아가는 우리 중생들이야 어떠하겠는가?

일초 일분의 여유도 없이 쉼 없이 들락거리는 온갖 잡생각으로 편안한 마음의 여유는 찾을 수가 없다. 굳이 따져 본다면 무슨 뚜렷한 생각이 있는 것도 아니고 헝클어진 실타래처럼 흩날리는 생각들이 마음을 어지럽히고 있다.

  탐욕스러운 마음은 부딪치는 경계나 처하는 상황에 따라 갖가지 욕구를 일으키며 혼란스럽게 한다. 정업이라는 것이 몸으로 행하는 바른 생활인데 이처럼 혼란스러운 생각이나 마음으로는 결코 이룰 수 없을 것이다.

  남의 물건을 훔치지 않기 위해서는 청렴한 성품도 필요하지만, 도덕적인 가치관이 갖추어져 있어야 하고 살인이나 살생을 저지르는 참혹한 어리석음은 동체대비의 깊은 자비심으로 삭혀 낼 수 있어야 할 것이다. 사음은 성직자나 중생들에게 가장 견뎌내기 어려운 유혹으로 죄를 지어 고통을 받게 되는 대표적인 업으로 경계하고 또 경계해야 할 사안이다.

  살생, 투도, 사음은 인간이 조심하고 경계해야 할 행위이지만 조심하고 경계한다고 저지르지 않을 수 있는 건 아니다. 바다를 풍랑이 가만두지 않고 계속 파도를 일으키듯 마음으론 다짐하고 결심하지만 탐, 진, 치, 삼독심으로 인해 출렁이는 욕구는 정업의 실천을 어렵게 만든다.

  성직자들이 육신을 깨끗이 하고 매일 규칙적인 생활을 하며 예불과 참선으로 혼란스러움에 빠질 수도 있는 마음 가닥을 일념으로 오롯이 함은 정업을 위한 기초 과정이다. 번뇌와 잡스러움에서 벗어나야 삿된 행위가 사라지고 청정한 일상 속에서 마음은 안정과 평화가 깃들고 깨달음의 기쁨을 누릴 수 있을 것이며 열반에 한 걸음 더 다가서게 될 것이다.

우리 중생들도 윤리적이고 도덕적인 교육으로 정의로운 가치관을 확립하여 모범적인 생활인으로 포악함에서 벗어나 생명을 소중하고 귀히 여기며 자기의 이익을 위해 남의 것을 빼앗지 않고 필요하다고 몰래 훔치지 않고, 육체적인 쾌락을 위해 삿된 성행위에 몰입하지 않는다면 생활은 안정되고 마음은 더없는 기쁨을 느낄 것이다.

이에 더하여 종교적인 사명감을 깃들여 자비의 보살처럼 이웃을 자기 자신과 같이 사랑하고 어여삐 여긴다면 우리 중생의 삶터가 바로 극락정토가 될 것이다.

(5) 정명(正命)

정명은 바른 생활하기 위한 수단이며 옳지 못하거나 잘못된 직업을 선택하여 의, 식, 주 문제를 해결하지 않는 것이며 우리가 생활하는 삶에서 행하는 행위가 남에게 손해를 끼치지 않고 이익을 주거나 도움이 되면서 자신에게도 이롭게 작용하는 일로 직업을 삼는 것을 말한다.

우리의 생활은 신, 구, 의, 삼업으로 모든 행이 이루어지는바 몸으로는 청정한 행위를 하며 정업을 성취하고 입으로는 청정한 말을 사용하여 정어를 성취하며 뜻으로는 청정한 생각으로 정사유를 성취해 십악업(몸으로 짓는 업;살생. 투도. 사음, 입으로 짓는 업;양설. 악구. 기어. 망어, 뜻으로 짓는 업;탐심. 진심. 치심)은 배제하고 십선업(십악업의 반대)을 갈고 닦아 점진적으로 깨달음의 기틀을 다져나가야 한다.

정명이 십선업(十善業)을 이행하며 살아가는 바른 생활 수단이지만 그렇게 살고 싶다는 인간의 나약한 의지나 간절한 소망만으로는 실현하기가 매우 어렵다.

　정명을 생활 속에서 확립시키기 위해서는 깨달음으로 가기 위한 수행 과정에서 결코 빠트릴 수 없는 계율인 팔정도의 정견, 정사유, 정어, 정업 등 네 가지 시행 지침을 먼저 숙지한 다음에야 성취할 수 있는 것인데 이를 위해서는 인생사나 천지만물의 흐름을 바르게 보아 진실한 모습을 터득하고 흐트러짐 없는 사고로 생각은 바르게 하게 되고, 부드럽고 착한 말과 행동으로 사회생활을 영위하여 매사에 깊은 자비심으로 모두를 대할 수 있어야 이루어질 수 있는 것이다. 또한 정념과 정정의 완성을 위해 정정진하려면 기본적으로 우선 정명이 이루어져야 할 것이다.
　결국 우리가 깨달음을 성취하기 위한 수행 과정에 있어 부처님께서도 팔정도의 중요성을 여러 번 강조하셨지만, 그중에서도 가장 핵심적으로 중시되어야 할 덕목은 바른 생활 수단인 정명이라 할 수 있겠다.

　우리의 삶에는 십악업과 십선업이 다양한 형태와 수많은 종류로 우리의 선택을 기다리고 있다. 우리가 어떻게 선택하느냐에 따라 악업도 될 수 있고 선업이 될 수도 있다.
　인간 존재가 살아간다는 것은 한순간도 멈추거나 머물지 않고 온갖 경계에 부딪치며 생각에 생각이 꼬리를 물고 이어지는 것이라 할 수 있다. 이러한 잡다한 생각 속에는 사람마다 지닌 특성의 차이에 따라 일으키는 행위가 다양하게 나타나게 하는 요소가 내제해 있다.

올바르지 못한 생각을 하는 사람은 탐심과 진심과 치심을 일으키어 말로는 양설, 기어, 악구, 망어를 행동으로는 살생, 투도, 사음과 같은 죄악을 저지르는가 하면 착하고 선한 생각을 하는 사람은 그 반대로 삼독심을 멀리 떨쳐 버려 남을 속이는 말을 하지 않고 야하거나 아첨하지 않고, 이 사람 저 사람 사이에서 이간질하지 않고, 악담을 퍼붓거나 남을 저주하는 나쁜 언행을 삼가고 생명을 귀히 여겨 함부로 죽이지 않고 주지 않는 남의 물건을 빼앗거나 훔치지 않고 정당한 관계가 아닌 이와의 성관계를 죄악시하여 배척하는 등 청정한 생활로 소욕지족의 미덕을 삶의 지표로 여기며 살아간다.

이와 반대로 생존에 필요한 것만으로는 만족하지 못하고 과욕을 부리게 되면 저장하여 두고 오래도록 쓸 수 있게 집적하고자 하는 인간 본성이 화근이 되어 죄악의 세계로 빠져들게 되는바 고통에서 벗어날 수가 없을 것이다. 그리고 옳지 않은 일에 종사하여 생활하는 사람 중에는 거짓 기특한 모양을 나타내어 자신을 돋보이게 하거나 공과와 관계없이 스스로 자기 공덕을 자랑하는 잘못에 빠져드는 경우가 많다. 특히 점이나 관상 등으로 앞날의 길흉을 예언하는 등 얕은 지식으로 해서는 안 되는 천기를 누설하는 행위를 서슴지 않으며 사람들의 사고 판단을 혼란스럽게 만들어 인생살이를 더욱 힘들게 하는 죄를 짓기도 한다. 개중에는 특별한 지식이 있는 것도 아니고 사리 판단에 뛰어나지도 않으면서 매사에 큰소리로 호언장담하고 양쪽에 감언이설로 피차의 이익을 말해 실제로는 자신의 이익을 탐하는 생활을 하는 사람들도 있다.

이 모든 것이 삿된 생활수단으로 마침내 죄악의 과보를 면할 수 없어 큰 고통을 받게 된다.

(6) 정정진(正精進)

정정진은 각고면려(刻苦勉;고통을 이겨내 스스로 몹시 애쓰거나 힘씀). 분투노력의 정신으로 목표를 향하여 일도 매진 쉬지 않고 부지런히 실천해 나가는 힘을 말한다. 이 힘이 얼마나 굳건하고 끈질기게 작용하느냐에 따라 목표 지점에 도달하는 성공 확률이 결정될 것이다.

목표는 크게 원대하게 세워 놓고 실행은 채 사흘도 가지 못하는 경우가 너무나 흔히 일어나고 있다 작심삼일이다. 이처럼 한평생을 계획만 세우고 실행하지 못하고 또 세우고 실행하지 못하는 바보스러운 인생이 너무나 많다.

아무리 좋은 가르침 좋은 기회가 있어도 실행에 옮겨 결실을 보지 못하고 누구나 가질 수 있는 마음만을 갖고 행동에 옮기지 못한다면 이것처럼 억울하고 원통한 일이 어디 있겠는가?

그러나 굳은 의지력을 갖고 바로 행동으로 옮겼어도 온갖 장애에 부딪혀 좌절할 수도 그 방법이 잘못되어 실패할 수도 있다. 시간만 낭비하고 제대로 된 효과를 거두지 못하는 경우도 발생하게 된다.

여러 가지 장애 요인 중 가장 큰 비중을 차지하는 것이 번뇌 망상일 것이다.

번뇌 망상처럼 잡스러운 생각이 마음의 안정에 해롭게 작용하여 방해되니 건전하지 못한 생각은 원천 봉쇄해야 하나 마음대로 여의치

가 않다

 눈을 감고 마음을 모아 한결같이 물 흐르듯 고요함을 유지하고 싶으나 잡다한 생각들이 시도 때도 없이 들쑥날쑥 생겨날 때는 이것들을 제거하기 위해 일념으로 마음을 모으고 모아 흐트러짐 없는 상태를 오래도록 굳건히 지켜낼 수 있어야 정정진의 올바른 행이 될 것이다.

 우리가 정정진하여 오롯이 성취해야 할 바는 불성을 깨닫는 것인데 밝기는 태양보다 더 밝으며 크기는 천지 산하와 우주보다 더더욱 크고 그 지혜와 힘은 상상할 수 있거나 절대로 가늠할 수 없을 만큼 웅대하여 깨달은 자만이 펼쳐 사용할 수 있으며 말이나 글로서 설명하거나 전할 수 있는 것은 더더욱 아니다. 밝음과 어둠의 경계에서 벗어난 이 절대적인 깨친 사람을 부처라 이름하며 그는 생사고에서 영원히 벗어났으며 미래가 다하도록 자유자재할 수 있다.

 이 불성은 아무리 작은 미물 중생이라도 모두 가지고 있으며 천지 산하의 어떠한 존재도 다 갖추고 있으나 깨치지를 못하고 있을 뿐이다.
 '깨치면 부처요, 깨치지 못하면 중생이다.'
 지금도 삼세에 걸쳐 육도를 헤매며 지은 죄의 업보에 따라 억천만 겁토록 고생하고 있는 생명들이 있다.
 '사람 몸 얻기 어려운데 사람 몸 얻었고, 불법 만나기 어려운데 불법을 만났으니,
 생명을 걸고 공부하여 하루빨리 깨달음을 성취해야 할 것이다.'
 그러나 사람의 생명이란 허망해서 믿을 바가 못 된다. 언제 어느 때 죽을지 알 수 있는 자 아무도 없다. 어찌 게으름만 피우며 공부하지

않을 수 있겠는가? 우리가 깨달음을 얻기 전에 죽게 된다면 지옥 축생 아귀 아수라 인간 천상 중 어디에 태어날지 알 수 없는 노릇이어서 어느 때 다시 사람 몸 얻어 불법을 만나게 되는지 또 불법을 만나 최상 최고의 길인 열반을 깨칠 수 있는 공부를 할 수 있을지 알 수 없는 노릇이다.

이리도 얻기 어려운 이 몸과 주어진 기회를 살려 금생에 제도하지 않으면 어느 세월 어느 생에서 깨침을 얻어 이 몸을 구제할 수 있겠는가? 매사가 노력한 만큼 결실을 보는 법이니 노력하고 또 노력해야 한다

그러면 어떠한 마음가짐으로 정정진해야 소기의 목적을 달성할 수 있을까?

청상과부가 외동아들이 벼락을 맞아 죽어도 눈 하나 까딱하지 않을 만한 무서운 생각, 자기를 낳아 길러 주신 부모님께서 물에 빠져 돌아가시는 것을 보고도 눈 한번 거들떠보지 않는 무서운 생각을 품고 가슴에 비수를 꽂은 심정을 갖지 않고서는 깨달음을 얻는 공부를 할 생각을 말아야 한다.

일반적인 생활인으로는 이런 잔인함은 생각할 수 없고 완전히 나를 버린 자만이 가질 수 있는 비장함 없이는 대도를 이룰 수 없다는 뜻이다.

정견 정사유를 바탕으로 정정진하여 대도를 성취하기 위해서는 자나 깨나 죽을힘을 다해서 공부해야 하는데 모든 걸 급하게 서둘러 단번에 이루려고 해서는 이룰 수가 없다.

깨달음에도 척도가 있으니 열 근도 못들 힘으로 천근만근을 들려면 그것은 바보 멍청이 수준의 어리석은 사람이 아니면 미친 사람일 것이다.

힘이 부족하면 하루빨리 힘을 길러야 하며 천근을 들려면 천근의 힘을 만근을 들려면 만근의 힘을 길러야 한다. 낙숫물이 바윗돌을 뚫는 것과 같이 한 걸음 한 걸음 천천히 쉽 없이 끊이지 않고 노력해야 할 것이다.

(7) 정념(正念)

정념은 아무리 적고 미세하더라도 삿된 생각에 머물지 않고 주의 깊게 하나하나 찬찬히 살피며 한결같이 관찰하는 것을 말한다.

몸의 움직임, 촉감에 의한 느낌, 마음과 몸의 상태를 상세하고 깊이 있게 살펴보면 삼법인을 깨칠 수 있는 지혜를 터득하게 된다.

우리의 몸에 삶뿐만 아니라 죽음의 문제까지 해결할 수 있는 비밀스러운 진리가 숨겨져 있고 생사고에서 벗어나 생사 해탈의 비밀통로도 이 몸에서 비롯됨을 깨칠 수 있을 것이다.

이처럼 진리를 깨달아 열반의 고귀함을 얻기 위한 유일무이한 길로 부처님께서는 신(新;몸), 수(受;감각), 심(心;마음), 법(法;마음의 현상)의 네 가지 사념처를 관찰하는 것이라 하셨다.

사념처(四念處)에서 염은 마음이 나타내는 대상에 최초의 접촉으로 일어나는 촉과 그 대상에 주의를 기울이는 마음 작용인 작의에 의해 대상을 알아차리는 심리작용을 말한다. 즉 대상과의 촉에 의해 마음이 대상을 향해 작의를 일으키므로 해서 염이 시작된다.

처는 알아차리는 마음 작용인 염이 머물 수 있는 관찰 대상을 말한다. 사념처란 염이 머무는 대상에 신, 수, 심, 법의 네 곳이 있다는 것이다.

우리가 염처 수행을 하게 되면 첫째, 움직이며 작용하고 있는 마음을 알 수 있고 둘째, 마음을 조절할 수 있게 되며 셋째, 마음을 자유로이 움직일 수 있게 된다. 그러므로 염처 수행의 중요성은 마음의 변화와 변해 가는 방향이나 내용을 알 수 있어 마음을 조절하는 데 더할 나위 없는 도구가 될 수 있으며 마음을 자유롭게 할 수 있는 최상의 길이 되는 뛰어난 방법이다.

더불어 정념으로 마음이 열리게 되면 몸이 열리고 몸이 열리게 되면 마음 또한 열리게 되어 궁극에는 청정한 본연의 마음자리에 들어가게 된다. 이 자리가 곧 해탈 열반의 자리인 깨달음 그 자체이다.

지금까지 정념 수행의 본질과 그 중요성에 대해 살펴보았지만, 오늘날처럼 혼잡스러워 정신없이 살아가는 우리 중생들의 처지에서는 매 순간순간마다 올곧게 마음을 챙겨 나가는 것이 여간 어려운 일이 아니다. 현대사회는 물질문명과 과학기술의 발달로 첨단의 생활 이기들이 물밀듯이 몰려와 생활뿐만 아니라 의식 구조까지 변형시키고 있다. 이것은 세속에 머무는 중생이나 절간에서 수행하는 성직자들이나 별반 차이가 없는 현실이다.

다시 말해 육근(안, 이, 비, 설, 신, 의)이 육경(색, 성, 향, 미, 촉, 법)을 접하여 일으키는 육식(안식, 이식, 비식, 설식, 신식, 의식)이 너무나 빠르고 복잡 미묘하게 전개된다는 사실이다. 너무나 혼란스러워 그때그때 마음을 챙겨 제대로 파악 관찰한다는 것이 어렵고 힘들다는 사실이다.

그렇다고 현실 세계의 생활고와 생사고에 얽매여 노예처럼 살 수만은 없다. 문제는 우리가 진실을 바르게 알지 못하는 이유가 사물의 본질을 외면하고 겉으로 나타나고 변하는 모습만을 보기 때문으로 아무리 어렵고 힘들더라도 사념처에 대한 올바른 관찰로 삼법인을 철두철미하게 깨우쳐 생사 해탈의 기쁨을 영원히 누릴 수 있어야 하겠다.

정념 수행은 태양의 뜨거운 정열과 무엇도 녹여낼 수 있는 추진력을 여하한 변덕스러움도 잔잔히 잠재울 수 있는 달빛의 은은함을 초롱초롱 빛나는 별빛의 영롱함을 다 함께 품고 추진해야 이룩할 수 있는 것이다.

(8) 정정(正定)

정정은 마음을 고요하게 한곳에 집중하여 안정시키는 것으로 일상생활을 할 때에 접하게 되는 모든 경계에 현혹되지 않고, 수시로 드나드는 번뇌 망상 분별심을 소리 없이 가라앉혀 마음을 안정시키고 집중할 수 있게 하는 행위를 말한다.

사실, 정정은 앞에서 설명한 바와 같은 일곱 가지 바른길을 걷기 위하여 여러 가지 일에 관한 생각과 근심을 안정하는 종교적인 선정이 필요한데 바른 목적과 바른 방법으로 수정해야 하기 때문이다.

여기에서 우리가 주의 깊게 살펴보아야 할 것은 팔정도는 각각을 따로 떼어 생각할 수 없는 아주 긴밀한 연관 관계를 맺고 있다는 것이다. 하나를 제대로 실천해 내지 못하면 다른 것 또한 실천할 수 없다는 것이다.

　이러한 것의 중요한 원인이 어떠한 종류의 바른길을 걷기 위해서도 마음의 안정이 가장 필요 절실한 것이다. 그러나 우리 인간이 일상생활을 하는 가운데 수시로 떠오르는 생각이 바닷가 파도처럼 쉼 없이 그 작용을 멈추지 않는다.
　우리의 생각이 조용해지고 싶다고 조용해지고 잠시라도 멈추고 싶다고 멈출 수 있거나 혼란스러움에서 벗어나고 싶다고 벗어날 수 있거나 하여 뜻대로 될 수 있는 게 아니다. 삼세(과거, 현재, 미래)를 아무런 제한도 없이 자유롭게 넘나들며 왕래하고 더 나아가 과거의 삼세로 현재의 삼세로 미래의 삼세로 쉴 새 없이 들락거린다.

　정정(正定)이란 마음을 순일하게 하여 삼매에 드는 것을 의미하며 앞에서 말한 바와 같이 마음을 한곳에 집중시키는 정신일도를 말하는 것이다. 그러나 이 정신 집중의 무게가 어느 정도냐에 따라 마음 안정의 척도가 달라진다.
　모든 건축물의 기초가 튼튼해야 몇백 년 몇천 년을 버티고 나무도 그 뿌리가 땅속 깊이 자리 잡아야 큰바람에도 흔들리지 않고 오랜 세월을 버틸 수 있듯 마음도 평상시에 닦여진 그 기초가 얼마나 탄탄하냐에 따라 고요하고 안정된 마음이 삼매의 오묘한 경지에 머무는 시간과 깊이가 결정될 수 있다.

　대오각성의 원대한 목표를 달성하기 위해서는 깊은 삼매 없이는 불가능하다 삼매란 오직 한 가지에만 마음을 집중시켜 혼란스러움이라고는 전혀 없는 일심의 경지에 이름을 말한다.

삼매를 얻기 위한 방법이 어디 한둘이겠는가? 몇천 년의 세월이 흐르는 동안 수도승들이 취한 갖가지의 노력을 어찌 필설로 다 말할 수 있겠는가? 중요한 것은 어떠한 것이 가장 뛰어난 방법이고 수단이었을까? 부처님께서는 몸과 마음을 극단적으로 괴롭히고 학대하는 수행방법은 깨달음을 위한 정도가 아님을 직접 체험하셨고 그 결과 몸과 마음을 오롯이 하여 깨달음을 구하는 중도 수행을 권하셨고 직접 해탈하신 수단이 되기도 하셨다. 우리의 육체가 삼독심(탐. 진. 치)으로 인한 욕구에 탐닉하지 않도록 경계해야 하며 이 때문에 몸과 마음이 깨끗하게 유지되는 상태에서 일념이 수도의 목표가 되어야 할 것이다.

화두를 틀어잡고 참선한다며 처소에 가시철망을 둘러치고 잡인의 접근을 금지하고 묵언으로 면벽 십 년을 지낸들 번뇌 망상의 그늘에서 벗어날 수 없다면 10년 아니라 몇백 년의 공부가 모두 허사가 되고 말 것이다.

우리 중생의 삶 또한 마찬가지이다. 물론 수도승들이 깨달음을 위해 걷는 길과는 많은 차이점은 있을 것이다. 그러나 무엇을 얻고자 하는 나의 삶인지가 결정되면 그 목표를 향해 일로매진할 수 있어야 성공할 수 있다. 이일 저일 마다마다 욕심을 부려 관심을 두고 의욕을 부리다 보면 닭 쫓던 개 지붕 쳐다보는 식이 되어 인생 낙오자의 길을 걸을 수밖에 없다.

천지가 뒤흔들리는 일촉즉발의 위기의 순간에도 한 목숨의 생사가 경각에 달린 위기의 순간에도 눈 한번 깜박이지 않고 마음을 태연하게 반석같이 조용히 지켜낼 수 있어야 무엇을 얻어도 얻어낼 수 있을 것이다.

바람이 스치기만 해도 베이는 예리한 칼날로 육신의 욕망을 잘라내고 마음이 미동도 할 수 없도록 몇만 근의 무게로 꾹 눌러 정리정돈할 수 있어야 깨달음은 샛별처럼 빛날 수 있을 것이다.

참으로 어려운 깨달음으로 가는 과정이기에 별의별 표현을 동원하여 설명해 보았으나 사실 정정의 길은 우리 인간의 상상으로 짐작할 수 없을 정도로 힘들고 어려운 것이 사실임을 역대 수많은 조사의 행적을 살펴보면 상세히 알 수 있을 것이다.

대해가 산하가 어떠한 풍파에 시달려도 모두 품어 내어 가슴에 안 듯 우리의 공부도 이처럼 하지 않으면 어찌 그 황홀한 광명과 빛나는 지혜가 열리는 무상정등정각을 이룰 수 있을 것인가?

이상과 같이 우리 인간이 광고의 세월 동안 겪어 왔으며 지금도 앞으로도 계속 겪어야 할 고통이 과연 무엇이며 그 고통이 무엇 때문인지를 또한 그 해결의 묘책이 어떠한 것인지를 일깨워 준 사성제와 그 올바른 수행의 방안으로 팔정도라는 실천 지침을 설명하였다.

이것은 쉬이 떨쳐내지 못하는 고통의 수렁에서 벗어나 구원의 안식처에 도달할 수 있음을 일깨워 주신 참다운 이치로 부처님께서 구원자의 법음으로 최초의 5비구에게 설하신 초전법륜이기도 하다.

그로부터 2,500여 년의 세월이 지났으며 그동안 숱한 부처님과 불보살님들이 현현하시어 진리 전도와 함께 중생 구제를 위해 수많은 세월 동안 많은 노력을 기울여 왔음에도 아직도 중생들은 고통의 질곡 속에서 세월을 보내고 있다.

중생이라고 불린다고 다 똑같은 중생은 아니다. 깨달음의 정도나 실천의 내용이 그야말로 천차만별의 형태를 유지하고 있기 때문이다.
 중생의 종류가 6도로 나누어져 있지만 6도 중생에는 속하지 않고 그 처지에서는 벗어났지만, 아라한과를 증득하지 못하면 생사윤회의 고에서 벗어날 수 없으니 다음 생에 어느 종류의 존재로 태어날 수 있을지 어찌 알 수 있겠는가?

결론적으로 말하면 이 한목숨 바칠 각오로 생사고 다시 말해 태어나고 죽는 윤회의 사슬에서 벗어날 수 있는 해탈 열반을 꼭 성취해야만 한다는 것이다.
 이것이 불성을 지니고 태어난 인간으로서 이룩해야 할 귀중한 책무이며 권리이기도 하고 스승님의 가르침에 보답하는 제자 된 자의 자세이며 인간이 다 같이 성취해야 할 불국정토의 이상향이다.

7) 사섭법

사성제와 그 실천 방안인 팔정도는 초창기 부처님 재세시 비구들에게 아라한과를 증득하여 구경의 목적인 해탈을 얻게 하려는 유일무이한 방편이었다.

그러다 대승불교 시대에 접어들면서 그 사상적 기조가 비구에서 보살로 바뀌게 되었다가 보살이란, 비구와는 달리 일신의 해탈 성취보다 중생 구제에 더 큰 비중을 두게 된다.

보살도의 근본이념인 상구보리 하와중생(上求菩提 下化衆生)은 긍극적으로는 깨달음을 얻어 부처가 되는 것이지만 이것보다 더 중요한 중생제도에 온 심혈을 기울이겠다는 보살의 서원이기도 하다.

사섭법의 섭은 중생들의 고통과 슬픈 인생살이를 몸과 마음으로 끌어안는다는 뜻이며 보살이 중생제도의 방편으로 애용하는 실천 지침이며 여기에는 1 보시섭. 2 애어섭. 3 이행섭. 4 동사섭이 있으니 이에 대해 대략적인 내용을 살펴보겠다.

(1) 보시섭

보시섭은 말 그대로 여러 가지 형태와 내용으로 고통받는 중생들에게 널리 보살핌을 베풀어서 마음으로 끌어안겠다는 뜻이며 이에는 재보시, 법보시, 무외보시의 세 가지가 있다.

① 재보시(財布施)

인간의 생활에 필요한 용품 즉, 재물 및 약 등으로 먹을 것이 없는 사람에게는 먹을 것을 주고, 입을 것이 없는 사람에게는 입을 것을 주고, 잘 곳이 없는 사람에게는 잠자리를 제공해 주거나 병이 들어 아픈 사람의 치료에 보탬을 주고 자상하게 간호해 주는 것 등이 재보시가 되겠지만, 없는 사람이니까 불쌍해 도와준다는 단순 논리로는 보시의 참뜻을 살리지 못하는 경우가 있을 수 있다.

인간의 가장 나쁜 버릇 중의 하나가 힘들이지 않고 살아갈 수 있다면 주저 없이 그쪽 길을 택하는 비굴하고 몰염치한 나쁜 습성이다. 자신의 노력으로 어려움을 헤쳐나가고자 하는 의욕은 갖지 않고 남의 도움만을 기대하는 경우가 허다하다. 이러한 사람들에게 도움의 손길을 베푸는 것은 보시의 참뜻을 제대로 전달할 수가 없다.

그들이 왜? 가난하고 궁핍한지 이유가 있을 것이며 그 원인이 무엇인지를 알아차리는 게 매우 중요한 일이 될 것이다. 재물이라는 것은 물과 같은 것이 아니므로 무작정 한없이 퍼줄 수 있는 것이 아니며 얻어먹는 것에 익숙해진 습성을 더욱 나쁘게 만드는 결과를 가져올 수 있기 때문이다.

게으름이 원인이면 부지런한 습관을 길러 주어야 하고, 낭비가 심하면 절약할 수 있도록 또 노름이나 술의 유혹에 물들어 있을 때는 잘못된 생각과 환경을 개선해 주어 심기일전할 수 있도록 도와야 하고, 사리에 밝지 못하여 저질러진 어리석음은 깨우쳐서 일깨워 주어야 한다.

이것은 자립할 수 있는 기틀을 마련해 주어 남의 도움이 필요 없는 사람으로 개선해 새 인생을 살 수 있도록 해주는 것이며 한 걸음 더 나아가 남에게 베풂의 손길을 내밀 수 있는 사람으로 거듭나게 하는 것이다. 고기를 잡아주기보다 잡는 방법을 가르쳐 주어야 한다는 것이다.

이것이 진정한 재보시의 참뜻일 것이나 추운 겨울옷 한 벌을 이불 삼아 노숙하는 사람에게 덮어 주는 담요 한 장은 정녕 그 따스함이 부처님의 손길과도 같을 것이며 너무나 힘이 들어 금방 스러질 것 같은 사람에게 슬그머니 받쳐 주는 어깨는 태산보다 더 든든하게 느껴질 것이다.

허기진 배를 움켜쥐고 기진맥진한 사람에게 따스한 밥 한 끼는 살아갈 수 있는 희망이 될 것이다.

무엇보다 이와 같은 마음이 재보시의 기본 정신임을 명심하고 불자님들의 자비 손길이 끝없이 펼쳐지기를 기대해 본다.

② 법보시(法布施)

인간 수명을 평균 100년을 기준으로 삼고 있지만 우리가 살아온 총체적인 삶은 불교 교리상으로 밝혀진 진실을 보면 한없이 오랜 세월부터 살아왔고, 앞으로도 한없는 세월을 살아갈 것이다.

그러나 우리 인간이 생각하는 한 생애란 어머니로부터 생명을 받고 태어나 죽을 때까지를 의미하는 것이며 전생이나 내생에 대한 존재 개념이란 없는 것으로 여기거나 아예 생각조차 하지 않으며 살고 있다.

그러나 기실 한없이 긴 세월 동안 우리는 육도(지옥, 축생, 아귀, 아수라, 인간, 천상)을 윤회하며 육도 중의 어느 한 존재로 살아왔으나 어떤 존재로 살아왔는지는 알지도 못할 뿐 아니라 생각해 보지도 않는다.

그리고 다음 생에는 어떤 존재로 환생하여 어떻게 얼마나 살아갈지도 전혀 개의치 않는다. 이러한 미련스러운 정황으로 미루어 볼 때 지금 현생에 인간으로 태어났다는 것이 얼마나 다행스럽고 기쁜 일인지 모른다.

　인간으로 태어났기에 불법을 만나 깨달음을 얻을 수 있고, 한 줄의 경이라도 배워 남에게 전해 줄 수 있는 것이다. 법보시라고 하여 따로 특별한 무엇이 있겠는가? 이처럼 부처님의 법을 배워 이웃에게 가르침을 줄 수 있다는 것이 바로 법보시의 시작이다.
　우리 주위를 살펴보면 별의별 사연으로 고통 받는 사람들이 한둘이 아니다. 즐겁고 행복하게 살아가는 사람보다 고통과 한탄 속에 시름하고 있는 이들이 부지기수이다. 무엇으로 이들을 위로하고 상처를 보살펴 줄 수 있을까?

　법보시, 즉 부처님께서 설하신 진리의 말씀으로 그들을 위로하는 것이 가뭄의 단비와 같이 청량제가 될 것이다. 인생사 모든 것이 자작자수이며 자업자득이 아닌 것이 없다.
　슬퍼도 자기 탓이요, 기뻐도 자기 탓일 뿐 누구를 원망하고 누구에게 고마워할 것인가? 인간으로 태어났음을 천만다행으로 여기고 더더욱 불법을 만나 배울 수 있음을 더없는 행운으로 여겨야 할 것이다.
　우리 불자들은 거룩하신 부처님의 진리를 만천하의 중생들에게 보시하는 것으로 삶의 목표를 삼고 정진하고 또 정진해야 할 것이다.

　③ 무외보시(無畏布施)
　무외보시란 심리적으로 아파하고 괴로워할 때 위로하며 보듬어 안아주는 행위이다 우리가 한평생 고단한 삶을 이어가다 보면 남녀노소 빈부귀천을 떠나 초조하고 불안하고 무엇인가에 쫓기는 듯 두려움을 느끼는 경우가 많다.

이러할 때 어떻게 처신해야 할지 잘 몰라 방황하고 혼자서 고민할 때 살며시 다가가 해결할 수 있는 방법을 알려 주거나 같이 아파하고 근심하며 나아갈 길을 모색해 주는 자비심을 아끼지 말아야 할 것이다.

(2) 애어섭

우리 인간은 주위 사람들에게서 여러 가지 감정이나 느낌을 받게 된다. 이 감정이나 느낌에 관한 생각을 말로 표현하게 된다.

애어섭은 이처럼 상대방에게 표현하는 말을 부드럽고 정겹게 대화하는 것을 말한다. 근심 걱정으로 시름에 잠겨 있는 사람에게 참된 마음으로 상냥하고 자상하게 위로하는 말도 애어섭이지만 험악하게 욕설한다든지 참기 어려운 폭언으로 모멸감을 안겨줄 때도 그 사람의 격한 감정을 삭일 수 있도록 역으로 미소 띤 얼굴로 다가서며 감미로운 음성으로 조용히 말하는 것이야말로 참다운 애어섭이 될 것이다.

문수보살이 부처님 마음을 다음과 같은 게송으로 노래했다.

'성 안내는 그 얼굴이 참다운 공양구(베푸는 도구)요.
부드러운 말 한마디가 미묘한 향이로다.
깨끗해 티가 없는 진실한 그 마음이 언제나 변함없는 부처님 마음일세'

우리는 평소 훌륭한 인격자의 덕목 중 가장 으뜸인 것은 여하한 경우에도 성내지 말아야 하며, 밝은 얼굴에 말은 언제나 부드럽고 상냥스러우나 범접할 수 없는 위엄이 있어야 한다고 믿고 있다. 그러한 인격자의 말이나 행동에는 미묘한 향이 묻어나는 것을 느낄 수가 있다.

어떤 상황에서도 좋은 말로 우리의 감정을 곱게 전달할 수 있어야 인간관계가 좋아질 뿐만 아니라 평화로운 사회가 이룩되며 불국정토가 실현될 수 있다.

(3) 이행섭

이행섭이란 말 그대로 남을 위해 이로운 행위를 하는 것을 의미하며 몸과 입과 마음 즉 삼업으로 이타행을 몸소 실천하는 것을 의미한다.

말은 그렇지만 이웃에게 이익을 주고 덕을 베풀며 위험에 처한 이들을 솔선수범하여 구제하는 일이 결코 쉽게 이루어질 수 있는 게 아니다. 생활 그 자체가 선행의 일상화로 한결같이 유지되어야 한다.

하지 않거나 못하는 것보다는 낫지만 남의 눈을 의식하여 행해지는 선심성 행위가 장려되거나 칭찬받을 일은 아니다.

많은 사람이 알게 모르게 자비와 사랑의 정신으로 이웃을 돕는가 하면 희생정신을 발휘하여 어려움에 닥친 사람들을 조건 없이 구제하고 있으며 심지어 살신성인의 정신을 과감히 발휘하여 목숨이 경각에 달린 절체절명의 순간에 자기의 몸을 돌보지 않고 인명을 구하는 행위야말로 이행섭의 극치라고 할 수 있다.

우리의 생활 속에서 이행섭의 여러 사례를 보고 들을 수 있으나 별다른 관심 없이 지나쳐 버리는 경우가 많다. 공공장소에서 버려진 쓰레기를 줍는다든지, 쓰레기 분리 배출을 잘하는 것도, 지정된 장소 외에 쓰레기 무단 투기를 하지 않는 것도, 지하철이나 버스에서 노약자에게 자리를 양보하는 일이나 건널목을 건너거나 힘든 계단을 오르내리는 노약자나 무거운 짐을 든 이들을 부축해 준다든지 하는 행위는 일상생활에서 힘들이지 않고 행할 수 있는 일이지만 이타행의 참다운 모범 사례인 것이다. 이뿐만 아니라 재해를 만나 어려움에 봉착해 참으로 막막한 처지에 놓인 사람들에게 자원봉사라는 이름으로 다가가 정성껏 돕고 보살피는 자비심도 이행섭의 진실한 본보기가 된다.

또한, 수지침이나 손발 마사지 기술을 습득하여 병든 환자나 노약자들에게 조금이나마 건강에 보탬을 준다든지 임종 봉사자 병동에서 죽음을 눈앞에 둔 이들에게 진정한 말벗이 되어주고 고통을 함께 나눠 불편함을 줄여주어 더욱 편히 지낼 수 있게 보살펴 주고 무엇보다 그들이 임종을 앞두고 인간의 존엄성을 지킬 수 있도록 도와주는 행위도 있을 것이다.

앞에서 언급한 바와 같이 자신을 희생하는 행위로 살신성인의 길을 걷는 모범적인 사례를 깊이 새겨 볼 필요가 있을 것이다. 통신매체를 통해 알 수 있는 미담이 그 좋은 예일 것이다.

지하철 통로에서 철로에 떨어진 노인이나 취객을 구한 일이나 물에 빠져 목숨을 잃게 된 사람을 건져 살려낸 일들이 모두 이에 속한다.

또 오래전 일이지만 일본에 유학한 우리나라 대학생이 철로에 떨어져 생명이 위험한 처지에 놓인 사람을 구하고 자신은 목숨을 잃은 사건이 발생하여 일본 열도를 감동시켜 영웅으로 대접받았으며 우리나라에서도 모든 국민이 안타까워하며 그의 숭고한 넋을 기린 바 있다.

이러한 일은 누가 시켜서 되는 일이 아니다.

평상시부터 자비의 마음과 희생정신이 투철할 뿐만 아니라 의협심이 강하고 중생의 아픔을 자기의 아픔 이상으로 더 깊이 느끼는 보살정신만이 해낼 수 있는 일임을 우리는 알아야 할 것이며 보살정신의 구현에 모든 불자의 끊임없는 노력이 필요하다.

(4) 동사섭

동사섭이란 중생과 고락을 같이하는 것 다시 말해 희로애락을 더불어 동고동락하면서 부처님의 말씀으로 교화시켜 고통의 늪에서 건져내는 보살행을 말한다.

중생의 고통을 외면하지 않고 적극 도와주기 위해 그들의 생활 속으로 직접 깊숙이 들어가 상대방의 근성과 형편에 따라 변신하여 중생이 살아가고 있는 현재의 처지와 같은 조건과 환경에서 물심양면으로 봉사하는 동병상련의 자세를 말한다.

인간의 삶은 복잡한 사회생활의 다양한 인간관계에서 생겨날 수 있는 오해로 인하거나 자기 입장의 옳음만을 고집하여 상대방을 질책하고 매도하나 실제로는 서로가 고통을 겪게 되는 경우가 비일비재하다.

이러한 상황은 상대방의 입장은 전혀 고려하지 않고 오직 자기 입장만을 옳다고 고집하여 생겨날 수 있는 불행들이니 상대방의 관점에서 한번 생각하고 배려함으로써 오해의 발생을 불식시키게 되면 서로서로 이해할 수 있어 근원적으로 불행의 소지를 차단하여 화합하고 인정미 넘치는 인간관계가 성립되어 참으로 즐거운 생활환경이 될 수 있다. 이것 또한 동사섭의 거룩한 행위이기도 하다.

보살도의 기본 정신은 중생의 고통 바다에 뛰어들어 한 움큼의 고통이라도 들어주는 것으로 이것이 깨달음을 얻고자 하는 자의 기본 자세임을 알아야 한다. 한마디의 법음이라도 중생의 가슴에 심어 고통에서 벗어날 수 있는 씨앗으로 뿌리내리게 하여 그 결실로 모두가 해탈의 길을 걸어갈 수 있어야 할 것이다.

중생 구제가 실현되지 않는 깨달음이 과연 누구를 위한 것인가는 한번 생각해 볼 문제이다. 독경으로 경전의 뜻을 오롯이 하고 지극 정성으로 염불 삼매에 빠져들고 화두를 틀어잡고 참선하는 등 여러 형태의 수행이 중생 제도를 위한 깨달음이어야지 자신의 해탈만을 위한 것이라면 금빛 찬연한 황금이나 악취를 풍기는 똥 덩어리의 차이를 어디에서 찾을 수 있겠는가?
우리가 중생의 곁에서 그들의 이야기를 듣고 그들이 무엇을 생각하고 있고 무엇을 바라고 있는지를 알아야 하는 것이 매우 중요하다. 그들이 어떤 생각을 하고 있는지를 알아야 그 나아갈 방향이 제시될 수 있고 중생구제가 말이 아닌 행동으로 실현될 수 있을 것이다.

우리는 신라의 고승 원효 대사를 너무나 잘 알고 있다.
그분의 위대함은 깨달음을 체득하시어 무상정등정각을 이루신 것이라든지 불교 경전을 많이 편찬하심도 있지만 정녕 특출하심은 자신이 직접 중생의 무리 속으로 들어가 그들과 동심 일체가 되어 구원의 손길을 뻗친 지도자이시기 때문이다.
모름지기 구원은 이리저리 하라 지시하고 물질이나 베푸는 것으로 이루어지는 것이 아니고 그 가진바 그리고 가르치고자 하는 바의 생각을 몸소 실천하여 보여 주어 스스로 깨닫게 하는 것이 참다운 구원이 아닐까?

무엇 때문에 무엇으로 고통스러워하는지를 정확히 알아야 하고 그것으로 인해 그들에게 부족한 것을 어떻게 얻을 수 있는가를 중생들에게 솔선수범하여 보여 줌으로 스스로 깨달아 따라오게 하여 자립할 수 있는 기틀을 마련해 주는 것이 보살도의 참다운 동사섭일 것이다.

4.

인간 생성의 주체와 그 종류

불교 교리에는 인간을 비롯한 우주만유의 생성과 소멸 과정을 연기론이라는 학설로써 설명하고 있다. 달리 표현해서 현상(現象)의 이치 즉, 만물이 생겨나고 발전하는 것은 만물 그 자체 안에서 행해지는 인과법칙의 원리에 의하여 이루어진다는 것이다.

인과란 원인 없이는 어떤 결과물도 생성되지 않는다는 뜻이며 이치상의 뜻으로 인연이라고 표현하기도 한다. 또한 인과 연 때문에 모든 것이 생기 발전한다는 뜻에서 연기라고도 한다.

우주의 모든 만물이나 자연현상은 어떤 신이나 제삼자의 뜻에 따라 제멋대로 만들어진 것이 아니며 우주만유가 각각 서로 교류 관계하며 서로 의지하고 상호 작용으로 생성되고 변화해 간다는 것이다.

이런 논리에 의한 연기론은 불교의 가장 뛰어난 가르침이며 부처님께서 보리수 아래에서 깨우치신 내용도 연기 법칙의 진리이다.

그런데 이 연기론에도 세월의 흐름에 따라 생각하여 보는 시각의 차이와 시대 변화에 따라 그 설명하는 내용도 달라졌으니 첫 번째의 설명이 업감연기론이요, 두 번째가 아뢰야연기론 세 번째가 진여연기론 네 번째가 법계연기론이라고 한다.

불교를 제대로 이해하려면 이 각각을 구분하여 알 수 있어야 하므로 이에 관한 내용을 차례로 설명하겠다.

1) 업감연기론(業感緣起論)

업감연기론은 우주만유가 인(근본원인) 연(보조원인)의 원리에 의하여 생성 발전해 가는 것이라면 그렇게 되게 하는 주체가 무엇이냐 하면 업(業;우리 인간의 생각 하나하나 행동 하나하나)이라는 것이다.

다시 말하면 우주만유의 생성이 다 자기가 저지르는 업의 세력이 주체가 되어 그것을 원인으로 하여 다른 여러 가지 연을 만나 각양각색의 결과를 만들어 낸다는 것이다.

그러면 이 업(業)은 무엇일까?

우리가 행하는 모든 짓 곧 작위 행동을 의미하며 우리의 일거수일투족은 물론 생각이나 마음가짐까지도 하나의 세력으로 잠재하였다가 이것을 인으로 하여 연을 기다렸다가 온갖 현상을 나타내게 된다.

그런데 이 업에는 신(身;몸으로 하는 짓)·구(口;입으로 하는 짓)·의(意;마음으로 하는 짓)의 삼업이 있으며 신업에는 살생, 투도, 사음. 구업에는 망어, 기어, 양설, 악구. 의업에는 탐심, 진심, 치심으로 십악업과 십선업으로 분류하여 설명한다.

그리고 이 업의 성질을 살펴보면 착한 짓, 악한 짓, 착하지도 악하지도 않은 짓의 세 가지가 있다. 선한 일에는 좋은 결과를 악한 일에는 나쁜 결과를 가져오지만 무기(선하지도 악하지도 않은 짓)는 결과를 가져올 힘이 없다.

이처럼 콩 심은 데 콩 나고, 팥 심은 데 팥이 나듯 원인에 의한 결과에 예외나 어김이 없는 선인선과 악인악과의 인과응보는 결코 변함이 없는 진리이므로 우리의 행동과 생각 일체를 착하고 선하게 이끌며 살아갈 수 있도록 매일매일 노력해야 할 것이다.

우리의 행위에 선행이 많고 악행이 적으면 앞으로 오는 일의 결과도 즐거움이 많을 것이고 악행이 많고 선행이 적으면 괴로움을 더 많이 받게 될 것이니 우리의 장래는 지금 자신이 행하고 있는 바를 보아 스스로 넉넉히 판단할 수 있을 것이다.

그러므로 우리가 지금 잘살고 못사는 것도 다 과거에 우리가 지은 대로 받는 것이니 누구를 원망할 것도 없으며 앞으로 잘되고 못 되는 것도 자신이 지금 어떻게 생활하느냐에 달려 있으니 현재 겪고 있는 일들에 운명이나 남의 탓으로 돌리며 실망하고 낙심할 필요는 조금도 없다.

우리는 오직 현재 하루하루의 생활 행동을 참되고 착하고 올바르게만 하면 저절로 행복과 기쁨이 이루어지게 된다.

그러면 우리의 일체 행위가 그 결과를 받는 시기는 언제일까?

우리 주변의 사람들을 살펴볼 때 착한 일을 하여 복 받고 사는 사람도 있지만 인과법의 반대로 몹쓸 짓을 하는 사람이 곧잘 잘 사는 경우가 많으니, 이것은 어찌 된 도리인지 의문스럽다.

그러나 이것은 인과법칙이 잘못되었거나 무시되는 것이 아니다. 그것은 과보를 받는 시기가 일률적으로 정해져 있지 않기 때문이다. 과보를 받는 시기에는 현생에 짓고 현생에 받는 순현업이 있고 현생에 짓고 다음 생에 받는 순생업도 있고 현생에 짓고 다음다음 차후생에 받는 순후업도 있다.

이것을 순현, 순생, 순후의 삼시업이라 하며 이것들은 과보를 받는 시기가 정해져 있으므로 정업이라고 한다. 이에 반하여 현세에 업을 지었지만 그 과보를 금생에 받을지 미래생에 받을지 꼭 받기는 받지만 단지 시기가 정해져 있지 않은 업을 부정업이라고 한다.

이상과 같이 인간고락의 과보가 다 선악의 업력에 따른 것임을 알게 되었다 그러면 다시 이 업의 원동력은 무엇인가?

옳지 못한 행위를 저질러 고(苦)의 과보를 받게 하는 것은 다름 아닌 미혹(迷惑)이다. 미혹이란 우리의 마음이 사리에 밝지 못하여 사고 판단이 잘못되어 악업을 짓게 되고 그 결과로 고의 과를 받게 되는 것이다.

예를 들면 지금 교도소에서 죄를 지은 대가로 복역의 고통을 받는 죄수가 있다면 그 고통은 그 사람이 저지른 행동의 결과이고, 그 사람이 그러한 범죄행위를 하게 된 원인은 선악을 가리지 못한 잘못된 판단의 결과인 미혹에 있는 것이다.

이것은 미혹하여 나쁜 업을 짓고 그 대가로 고통을 받게 되는 중생세계에서 벌어지고 있는 고통의 원인과 과정 그리고 결과를 설명하는 세 가지 길이라 표현되는 혹(惑), 업(業), 고(苦)의 삼도(잘못된 생각과 판단으로 나쁜 짓을 한 결과 고통을 받게 됨을 말한다)를 말하는 것이다. 그런데 이 혹은 우리 인간의 신심을 어지럽히고 괴롭히는 것이므로 번뇌라고도 한다.

이 번뇌는 이름을 붙여 구분할 수 있는 수효가 백팔 개가 있으므로 백팔 번뇌라 하고 이것을 염불로 삭혀 없애자는 취지에서 염주 알을

백여덟 개로 하여 백팔염주라고 한다.

  이처럼 인간은 번뇌[미혹]로 업을 짓고 업의 힘으로 말미암아 과보를 받는데 이러한 돌고 도는 과정이 쉬지 않고 되풀이되는 것을 윤회라고 한다.

  윤회(輪迴)는 우리 인간을 시간상으로는 과거, 현재, 미래의 삼세로 옮기고 공간적으로는 지옥, 축생, 아귀, 아수라, 인간, 천상의 육도로 돌아다니게 하는바 이것을 일러 삼세육도의 윤회라고 한다.

  또한, 윤회는 윤회하는 과정에 네 가지가 있으니 사유(死有), 중유(中有), 생유(生有), 본유(本有)가 그것이다 사유는 사람이 죽는 순간이요, 중유는 죽어서 다음 생을 받는 기간이요, 생유는 태어나는 순간이며, 본유는 우리가 살아가는 생애를 말한다.

  그런데 중유는 그 기간이 짧으면 열흘 길어서 사십구일이므로 사람이 죽은 뒤 왕생극락을 비는 사십구재의 이유가 여기서 유래하게 된 것이다.

  이상에서 인간의 생멸 변화의 무한한 과정과 윤회 전생하는 모습을 업감연기론을 통해 살펴 본 바와 같이 윤리적으로나 종교적으로 우리가 어떻게 살아가야 하는지에 대해 우리 불자들로서는 깨닫는 바가 크게 있어야 할 것으로 생각된다.

2) 아뢰야식 연기론(阿賴耶識 緣起論)

우주만유를 생성 소멸케 하는 주체가 업이고 신·구·의(몸. 입. 뜻) 삼업에 의해 행위가 이루어진다고 앞의 업감연기론에서 설명한 바 있다. 그런데 몸을 움직여 행하고 입을 열어 행하고 생각이나 뜻으로 행하게 하는 이 세 가지 업의 체성이 무엇이냐가 의문이 되고 그에 대한 설명이 있어야 할 것이다.

우리 인간이 행하는 모든 행동은 마음의 지시로 이루어진다고 한다. 흔히 말하기를 무의식중에 한 일이니 또는 아무 생각 없이 한 짓이라고 하지만 사실은 그 행동에 대하여 미리 어떤 목적의식을 갖고 한 짓이 아니라는 것일 뿐 자기가 행한 행동은 언제나 마음의 명령 없이는 이루어질 수 없는 노릇이다.
우리 인간에게는 마음의 움직임을 조작하는 여섯 개의 감각기관이 있으니 안·이 비·설·신·의라는 육근 혹은 육처라고 이름하기도 한다.

눈으로 빛을 느끼고 사물을 보는 마음[안식], 귀로 소리를 듣고 아는 마음[이식], 코로 냄새를 맡고 아는 마음[비식], 혀로 맛을 보고 아는 마음[설식], 만져 보고 알아차리는 마음[신식], 이라는 오근이 주변 환경을 체험하여 알게 되는 여러 가지 경험으로 그 각각을 인식하는 마음[의식]까지 포함한 여섯 가지 인식 체계를 육식이라고 한다.
그런데 업감연기론에서는 육식 밖에 따로 어떠한 정신작용도 인정하지 않고 있다. 그러나 육식 중 다섯 가지 마음[五識]이란 눈·귀·

코·혀·몸[五根]의 다섯 가지 감각기관을 통하여 오직 바깥에 펼쳐진 모든 자연현상과 인간 행동을 접촉한 결과를 마음에 알려줄 뿐[表象]이요. 이것저것을 비교하고 지난 일을 추억하며 앞일을 상상하는 따위의 복잡한 정신작용은 하지 못한다.

다만 제육의식만이 이러한 일들을 하는 정도일 뿐이다. 그런데 이 육의식도 사실은 오식을 통하지 않고서는 독자적으로 인식할 수 없으므로 우리가 죽게 되면 명근(命根)이 끊어져 모든 육식의 활동은 중지되고 만다.

그렇다면 우리가 죽은 뒤에 살아생전에 저질러 온 선악의 업력이 어디에 존재해 있다 선인선과 악인악과의 인과응보를 나타내겠느냐가 문제가 되겠다.

우리가 죽은 뒤에도 살아생전에 행해진 업력이 연속하기 위해서는 이 육식밖에 따로 그 무엇인가 특수한 것이 있어야 할 것이다. 그것이 곧 제칠 말나식과 제팔 아뢰야식이라고 하는 것이다.

여기에서 제팔 아뢰야식이 우주만유를 생성 소멸시키는 근원이라고 주장하는 것을 아뢰야식 연기론이라고 하는 것이다.

아뢰야라고 하는 말은 여러 가지 뜻으로 번역되고 있지만 그중에 쌓아둔다 없어지지 않는다가 그 대표적인 옮김이다.

우리가 사회생활을 하면서 시시각각으로 행하는 행동의 내용이 에너지로 하나의 씨[종자]가 되어 아뢰야식에 쌓여 없어지지 않는 것이 마치 창고에 모든 물건을 빠트림 없이 저장해두는 것과 같다는 뜻이다.

우리의 일상생활 자체가 오관과 의식을 의지하여 사랑하고 미워하고 우쭐대고 업신여기고 의심하고 자신은 물론 여러 사람을 속이며 온갖 행동을 다 하는데 하나하나의 행동이 모두 세력으로서 종자가 되어 낱낱이 아뢰야식에 저장되었다가 그것이 뒷날 인연을 만나서 다시금 우리의 인생살이를 파란만장하게 전개하는 것이다.

그런데 이 아뢰야식도 또한 인연으로 말미암아 생기하는 것으로서 생멸적이지만 인생사 백 년의 기간 사이에 이루어지는 것이 아니고 아득한 과거로부터 영원한 미래를 향하여 끊임없이 현현하는바 그 과정을 살펴보면 다음과 같다.

오관(안, 이, 비, 설, 신)을 통하여 바깥의 모든 현상(자연현상 및 인간의 생활상)을 알려 준다. 오관(안, 이, 비, 설, 신)을 통해 오식(안식, 이식, 비식, 신식)이 전달하는 내용은 육의식에 의하여 제칠 말나식(자아의식)에 전달되며 이에 자아의식은 비교 추리 등의 작용으로 대처하는 방법이라든가 앞일을 어떻게 대처할 것인지 등의 정신작용을 일으켜 제팔 아뢰야식에 저장된 선악의 종자(과거의 행위)를 전개하게 된다.

이처럼 전개하기 시작한 종자는 인간계라든가 천상계 아귀 축생 등의 육도 세계로 탄생하게 되는데 이를 일러 제팔 아뢰야식이 육식의 영향력에 의해 아뢰야식 안에 저장한 종자가 현실로 나타나는[현행] 것이라고 한다.

이처럼 아뢰야식은 미오 두 세계의 근원이요, 우주 만유의 총체가 된다. 이것을 가리켜 삼계(욕계, 색계, 무색계)가 한마음이요. 만법(우주 만유 일체)이 오직 식이라 하고 삼계가 오직 한마음뿐, 마음밖에 따로 법(모든 경계와 사물)이 없다고 한다.

이 말은 모든 자연계 현상이나 인간계 현상이 모두 우리 마음에 의한 것일 뿐 어떠한 존재에 의해서나 작용에 의한 것이 아님을 분명히 알아야 할 것이다. 이처럼 우주의 근원이나 일체의 현상이 모두 아뢰야식으로부터 전개해 온 것이므로 유식이라고도 한다.

그런데 이 아뢰야식의 전개를 그 역할에 따라 여덟 가지로 나눈 것이 팔식이다 팔식은 안식, 이식., 비식, 설식, 신식의 전오식과 제육의식과 제칠 말나식과 제팔 아뢰야식이 그것이다.

앞에서 설명한 바와 같이 앞의 오식은 단순한 감각 작용으로서 안식은 빛을 보고 빛의 종류를 인식하고 물체의 형태를 분별하고, 이식은 소리를 듣고 소리의 종류를 분별 인식하고, 비식은 냄새를 맡고, 설식은 맛을 구분하고, 신식은 촉각에 의하여 외계를 인식할 뿐이다.

제육의식은 오관에 의지하지 않고 다만 그들의 종합된 경험으로 비교 추리 추억 등의 작용을 하는 것이다. 가령, 의식으로 소리를 들었다면 이게 무슨 소리인가? 사람의 음성이라면 여자의 음성인가? 남자의 음성인가? 남자의 음성이라면 처음 듣는가? 언제 들어 본 적이 있는가? 들었다면 누구의 음성인가? 하는 것들을 인식하는 작용을 한다.

또 입안에 무엇인가가 들어오면 즉시 맛의 느낌으로 아 사탕이구나, 박하 향이 나는 걸 보니 전에 먹어 보았던 박하사탕이구나 하고 알아차리는 작용을 한다.

우리가 흔히들 직접 보고 듣지 않고서도 그 어떠한 상황을 순간적으로 인식했을 때 육감이 어떠했다고들 하는데 이 육감이 오관을 직접 의지하지 않고 전오식이 끼쳐준 경험 만에 의하여 인식하는 제육

의식의 인식 작용을 말하는 것이다.

 그리고 제칠 말나식은 범어의 마나스로 의라고 하는바 의지라는 뜻이다. 의지는 사려 선택 결심하여 실행하는 능력을 말한다. 이 말나식은 앞의 전육식과 뒤의 제팔 아뢰야식의 가운데 있으면서 생각하여 궁리하고 미루어 헤아리고 옳다, 그르다 하고 생각하여 헤아리는 것이다. 제칠 말나식이 제육의식과 다른 점은 쉴 새 없이 생각하고 헤아리는 작용을 하는 것이다.

 즉 제팔 아뢰야식을 대상으로 인식작용을 일으키고 제육 의식은 제칠 말나식을 근거로 하여 가지가지의 대상을 인식하게 된다.

 이 때문에 제육 의식은 마음밖에 마치 실체가 있는 듯이 인식하여 일체 만물이 공간적으로 엄연히 존재한다고 생각한다. 그러나 삼법인의 진리를 깊이 사고해 보면 일체만물과 인간이 모두 사대요소(지, 수, 화, 풍)의 인연 생기에 의한 결과물이며 생겼다 없어졌다 하는 일시적인 존재일 뿐이란 것을 알지 못하고 인간의 백 년 남짓한 생으로 보았을 때 엄연히 계속하여 존재하는 것으로 잘못 인식하고 있다.

 그리하여 바깥의 사물과 그것을 인식하는 자기가 마치 실재하는 듯이 생각하는 미혹을 낳게 된다. 이 미혹으로 말미암아 가지가지의 악업을 짓고 그릇된 인생관 그릇된 세계관을 갖게 되어 생과 사의 고통으로 한없이 유전하게 된다.

 다시 말해 바깥의 사물과 그것을 인식하는 자기에 대한 잘못된 판단으로 말미암아 진리(모든 존재는 너와 나라는 구분 없이 평등하게 하나이며 그 가치도 공유하는 존재이다)를 바르게 체득하지 못하는 것이므로 이 두 가지 고집, 아집(내가 존재하고 있다)과 법집(천지 만유가 엄연히 존재 한다는 생각)만 버리면 깨달음의 세계를 알게 되고 고통에서 벗어날 수가 있다.

 우리가 육 의식을 통해 보고 느끼고 접촉하는 등 산하대지와 삼라만상을 이를 객관이라 하고, 이러한 객관 현상을 느끼는 각 개인의 마음을 주관이라고 한다. 그런데 일체 외계의 자연현상(과거 몇만 년. 몇천 년 동안 존재해 왔음)은 사대요소(지, 수, 화, 풍)의 인연 생기에 의해 생겨났지만, 아직 존재의 인연이 다하지 않아 지금껏 우리의 안식. 의식 등 주관 활동(과거의 경험식;과거에 이미 겪어 알고 있었던 사실을 재인식하는 작용)으로 나타난 현상에 지나지 않으며 또한, 비단 외계의 현상뿐 아니라 마음속의 현상도 모두 다 거울에 나타난 모양같이 제팔 아뢰야식의 변화된 현상일 뿐 마음밖에 무슨 실체라든가 본체라는 것이 따로 있을 수 없는 것이다. 있다고 생각한다면 이는 마치 물속에 비친 그림자를 실재한다고 생각하는 것과 같을 뿐이라는 것이 아뢰야식 연기론의 주장이다.

 이상과 같이 우주 만유와 삼라만상의 생성과 소멸의 전 과정이 우리 인간 각자의 아뢰야식으로부터 전변한 것이며 이 전변한 바의 삼라만상은 다 각각의 자체에 원인이 있었기 때문이라는 것을 알게 되었다.
 이처럼 지구상에 존재하는 만물이 각각 나름대로 다른 체성을 갖고 특이하고 다양한 형상으로 존재하고 우리 인간이 민족의 차이에 따라 희고 누렇고 검은색으로 인종의 다름을 나타내고 개인적으로는 수명이 길고 짧은 것과 얼굴이 곱고 추한 것 또 신체의 튼튼하고 나약한 것과 재산이 넉넉하고 가난한 것과 벼슬의 높고 낮은 것 등 이루

헤아릴 수 없이 천태만상의 다름이 있음은 다 각자가 지닌 아뢰야식의 종자와 훈습과 습기의 다름에 있음 때문이지 어떠한 제삼의 존재가 있어 수시(언제든지) 임의(자기의 마음대로)에 의해 만들어진 것이 아님을 알게 되었다.

이렇게 본다면 이 세상을 살기 좋은 극락정토로 여기는 것이나 고통스러운 지옥으로 여기게 되는 것이 모두 다 자기가 지은 바 그대로를 받고 느끼는 것이다.

현생에서 지금 받고 있는바 주어진 처지[현실]에 대하여 고민할 이유가 전혀 없을 뿐 아니라 앞으로 닥쳐올 미래의 환경을 비롯하여 처하는 조건들이 이 순간에 행해지는 행위의 결과로 훈습됨에 있으니 팔자니 운명이니 하며 체념이나 낙심할 필요가 전혀 없을 것이다.

그러므로 우리는 하루하루 찰나찰나에 선량한 생각과 마음가짐으로 자연을 대하고 이웃들과 소통하는 생활규범이 절실할 것이다.

정녕 성실하고 보람 있는 착한 자세로 살아가는 것으로 자신의 아뢰야식에 선한 종자를 많이 함장 시키고 또 보유하고 있는 종자를 좋은 기운으로 훈습하여 자신뿐만 아니라 주위 환경까지도 참된 것으로 만들어야 할 것이다.

3) 진여연기론(眞如緣起論)

아뢰야식 연기론에서 우주 만유의 생성 발전하는 연기의 주체를 아뢰야식이라고 했는데 이 아뢰야식은 그 자체가 시시각각으로 생멸 변화하는 것이므로 거짓일 것이고 동시에 각기 상대적인 현상계에 대한 고찰에 지나지 않는 것이다.

그러나 우주만유를 생성시키는 주원인으로 연기의 주체가 되려면 생멸 변화하지 않고 항상 존재하여 지속 가능한 실체여야 한다.

참된 것이어야 할 것이고 현상을 초월한 보편적인 본체이어야 함이 마땅하다는 것이 이러한 논리적인 요청에 들어맞는다.

이처럼 항상하고 참되고 보편, 절대적인 연기의 주체를 설명한 것이 진여연기론(眞如緣起論)이다. 진여(眞如)라는 말은 참다움이라는 뜻이며 생멸 변화하는 우주만유 현상계의 그 이면에 실재하는 본체를 가리키는 것이다.

진이란 참이요, 거짓이 아니라는 뜻이며 생겨나지도 없어지지도 아니하며 변하지 않고 영원하게 존재하는 실체로써 어떠한 변화도 없고 파괴되지도 않음을 뜻하고, 여는 한결같다는 뜻이니 오직 하나이고 절대 보편한 형체의 성격으로 아무 차별도 가지지 않고 쪼갤 수도 없음을 뜻하는 말이다.

그런데 진여는 이름 그대로 스스로 진실하고 바뀌어서 변하지 않는 것인데 이처럼 생겨나지도, 변하지도 않는 진여가 어찌하여 생멸 변화하는 우주만유의 모든 존재를 연기 시킬 수가 있느냐가 문제가 될 것이다.

 다시 말해 거짓이 거짓을 낳는 것은 당연한 이치라 하겠지만 참다움이 어떻게 거짓을 낳을 수 있으며 또 만일 거짓을 낳는다면 그 참다움은 참다움이 아니지 않겠느냐하는 의문이 생길 것이다.

 이에 대하여 진여연기론의 주장은 진여는 그렇게 한결같이 조건에 맞아 일체만물을 고쳐 만들지 않는 것이 아니라, 때에 따라서는 오히려 움직여서 모든 사물을 이 세상에 태어나게 한다고 한다.

 즉, 진여는 변하지 않는 성질과 인연에 따라 변하는 두 가지 면이 있어 그 본 실체는 절대로 변하지 않고 어디까지나 태어나지도 없어지지도 늘어나거나 줄어들지도 않아 평등하고 무한한 것이지만 그 나타나 있는 현상은 연을 따라 생겨나고 없어지고 늘어나고 줄어들며 차별하는 등 이러한 것들에 한계가 있는 것이라고 한다.

 이러한 뜻으로 살펴볼 때 진여의 진은 변하지 않는다는 뜻이고 여는 인연을 따른다는 뜻이 되며 본성은 언제나 변하지 않으면서도 그 모양은 연을 따라 천차만별 즉 각양각색의 형상으로 나타나는 게 진여이다.

 우리가 금으로 목걸이, 반지, 팔찌, 귀걸이 등 여러 가지 패물을 만들었을 때 그 형태의 다름은 사용자의 요구에 따라 기술자의 손에 의하여 다르게 만들어졌지만, 원재료가 금인 것은 부정할 수 없듯이 진여도 다양한 연에 이끌려 온갖 현상계를 나타내주지만 자기의 본바탕은 절대 잃지 않듯이 변하지 않는다.

우리가 생활 속에서 늘 접하는 물이 여러 가지 조건과 환경에 의해 파도, 얼음, 구름, 안개 등으로 온갖 현상계를 나타내지만 본바탕이 물이라는 점은 절대 변하지 않는 것과 같으며 또한, 물이 가지고 있는 젖는 성질은 언제나 잃지 않고 지키고 있는 것과 같은 것이다.

진여에 대하여 여러 가지 예를 들어 설명하였지만, 실제에서 누구나 알기 쉽게 끄집어 말한다면 어떻게 표현해야 할 것일까?
"기신론"에서는 이 진여를 가리켜 우리가 가지고 있는 기뻐하고 슬퍼하고 노여워하고 미워하면서 일상생활을 영위하는 범부들의 중생심이라고 구체적으로 꼭 짚어 말하고 있다.
중생심의 실체가 곧 진여 그것이니 우리 중생심에는 바탕으로서의 중생심의 실체가 곧 진여 그것이니 우리 중생심에는 바탕으로서의 불변하는 본체적인 진여 면과 모양과 활동으로서의 수연하는 현상적인 생멸 면의 두 가지가 있으니 실제로는 불변 무차별한 것이지만 현상은 차별 생멸한다는 것이다.

실제로 처하는 상황과 행위에 따라 부처도 되고 중생도 된다는 이야기이다.
쉽게 말하자면 우리 인간의 마음에 불성도 있고 선악을 구별 못하는 중생심이 동시에 존재한다는 말이다.
생활 속에서 일어나는 사건 가운데 흔히 볼 수 있는 사례들로 설명하면 다음과 같다. 재벌가의 형제들이 재산 다툼으로 서로 원수가 되어 법정 소송으로 사회를 시끄럽게 만들 때 우리는 참으로 안타깝고 불쌍하게 여기며 측은지심이 발동한다.

이같이 나의 이익과 전혀 관계없이 일어나는 일에 관한 생각은 부처님께서 중생들이 이익에 눈이 어두워 아귀다툼을 벌이는 모습을 보시고 안타까워하고 불쌍히 여기시는 것과 마찬가지로 불성과 우리의 심성이 동일하다.

그러나 막상 아무리 미세한 것이라도 나의 이익과 직접 관계가 될 때는 생각뿐 아니라 상황 전개가 완전히 달라진다.

한없이 너그럽고 사리 분별이 뚜렷하던 심성이 탐욕의 소용돌이에 휘말리어 일순간에 한 치 앞도 내다볼 수 없는 먹구름으로 변해 버리고 만다.

이처럼 중생의 한마음 가운데 부처도 있고 중생도 있다는 것은 얼핏 생각하기에 모순된 듯이 느껴지나 그러나 이 진여 생멸의 두 가지 면은 실체를 떠나서 현상이 없고 현상을 여의고는 실체가 없는 것이니 이것을 일러 하나도 아니고[非一] 그렇다고 다르지도 않다[不二]고 한다.

마치 잔잔한 물과 바람에 부딪혀 용솟음치는 파도와는 그 겉모양에서 엄연히 구별되는 것이니 하나가 아니요[不一], 그러나 물을 떠나서 파도의 본바탕을 찾을 수 없으니 다르지도 않다[不二] 라고도 한다.

그런데 이 중생심의 실체로서의 진여는 오직 하나뿐이며 비교될 만한 그 무엇도 없는 무한한 것으로 아무런 변화도 없으며 우리가 깨닫지 못하고 알지 못하는 것에 아랑곳하지 않고 항상 존재하여 그 참다운 모습은 마음으로 헤아릴 수 있거나 말이나 글로 표현할 수 없으니, 이와 같은 상태를 "참된 이치는 말을 여의었다[眞理異言]."라고 한다.

다시 말해 진여는 생겨나지도 없어지지도 않고 오로지 순수하여 온전하고 치우침이 없이 고르고 한결같아서 번뇌와 망념으로 뒤덮여 있는 우리 중생으로서는 그 참다운 모습을 볼 수도 없고 가늠하여 파악해 볼 수도 없다.

색안경을 쓰고 바깥을 보는 것과 같아서 아무리 애써 둘러보아도 오직 안경의 색깔대로만 보일 뿐 바깥 물건들이 가지고 있는 그들 고유의 제 빛깔을 볼 수 없듯이 번뇌로 말미암은 망념의 안경을 쓴 우리는 참다운 진여의 모습을 볼 수가 없다.

이렇게 말로 표현할 수 없고 우리의 상상을 초월한 진여를 '이언진여(離言眞如)'라고 한다.

그러나 진여의 본 모습은 그렇게 말이나 글로 표현할 수 없지만 마음으로써 마음에 전하는[以心傳心] 성자의 능력을 지니지 못한 중생으로서는 역시 말이나 글을 빌리지 않고서는 이해시킬 수도, 이해할 수도 없는 노릇이니 어쩔 수 없이 말을 빌려 설명하는 진여를 의언진여(依言眞如)라고 한다.

그런데 의언진여에는 두 가지 표현 방법이 있으니 소극적 표현을 참답게 비었다 여실공(如實空)라고 하고 적극적 표현으로 참답게 찼다. 여실불공(如實不空)이라고 한다.

어쨌건 이처럼 말을 여의었느니 말을 의지하느니 비었느니 찼느니 하는 것은 모두 진여의 본바탕을 표현하는 말들이다. 그러면 이처럼 본래 나지 않고 없어지지 않고 거짓 없이 맑고 참된 진여가 어떻게 생겨났다가 없어졌다 하고 더럽고 거짓인 일체 현상계를 또 어떻게 연기하며 그 연기하는 과정은 어떠한 것인가?

앞에서 설명한 바와 같이 진여의 바탕은 전혀 변하지 않지만, 연(緣)을 따라서 그 모양과 형태는 변한다고 하였다. 그러면 진여가 일체 만물을 나타나게 하는 그 연은 무엇인가?

이것은 다름 아닌 천차만별의 번뇌 망상이다. 좀 더 좁혀서 설명하면 모든 번뇌의 근본인 무명이 진여가 우주만유를 연기하는 연이라는 것이다.

12인연법에서 진리에 어두워 사물의 도리를 옳게 알지 못하는 최초의 한 생각 무명이 행. 식. 명색. 육입. 촉, 수. 애. 취. 유. 생. 노사로 이어지는 삼세(과거·현재·미래) 육도로 유전하는 생사윤회가 영겁의 세월을 통해 무한히 이어지게 되는 것이다.

마치 잔잔한 물이 바람의 연을 만나 천차만별의 파도를 일으키고 영원히 변함없는 금이나 흙이 장인이라는 연을 만나 천태만상의 물건으로 만들어지듯이 진여의 잔잔한 본성이 부딪혀 오는 갖가지 현상세계의 인연에 의해 만유현상을 전개하게 되는 것이다.

이상으로 미계 즉 중생의 세계로 연기하는 과정은 본래 깨끗하고 맑은 진여가 속절없이 무명의 영향을 받아 점차로 타락해 온 것임을 알게 되었다. 그렇다면 본래 착하고 참된 진여의 세계에서 악하고 거짓된 중생의 세계로 굴러떨어진 우리가 어떻게 하여야 다시 그 진여의 세계로 되돌아갈 수 있을까?

만약 되돌아갈 수 없다면 우리는 영원히 중생으로 고통 받으며 살아야 할 것이니 따라서 배울 까닭도 도를 닦을 필요도 없어지고 말 것이다.

그런데 혼미한 중생 세계로의 연기가 진여보다 무명의 영향력이 강하여 이루어진 것이라면 반대로 진여의 영향력이 무명을 능가하게 된다면 오계 즉 깨달음의 세계로 연기하여 혼미한 중생의 세계를 벗어나는 것이 당연한 귀결이 될 것이다.

그러면 남은 문제는 번뇌에 파묻혀 깊은 먹구름에 가려져 있는 보통 사람들이 어떠한 방법과 조건으로 진여의 영향력을 강하게 하여 무명의 먹구름을 걷어내고 태양 빛을 환하게 나타내게 하느냐에 있을 뿐이다.

우리 중생이 세세생생 살아오는 동안에 지어온 업장이 아무리 두껍고 그로 말미암은 미련함이 태산같이 높아도 원래부터 간직하고 있는 진여는 부처님이나 마찬가지이다.

가령, 부처님이 간직한 진여의 크기를 열이라 가정한다면 중생이 간직한 진여의 크기도 역시 더도 덜도 아닌 열인 것이다. 단지 부처님이나 중생이 가진 번뇌의 무게와 수에 다름이 있을 뿐이다.

중생이 팔만사천 내지 무량한 번뇌가 있다면 보살이나 부처님은 극히 작은 번뇌만을 가졌거나 전혀 없거나 한 것이다. 마치 흐린 날 밖이 어두운 것은 태양 자체의 밝음이 약해서가 아니라 태양을 가린 구름이 짙기 때문인 것과 같다.

그러므로 짙은 구름인 무명에서만 깨어나면 중생들이 진여의 세계로 돌아갈 조건 인은 충분히 갖추고 있음이 틀림없다. 즉 이와 같다면 본래 가지고 있는 자기의 진여를 인으로 하여 밖으로 부처님의 가르침을 연으로 하여 인연생기의 진리가 작용하면 능히 무명을 없애고 진여로 되돌아갈 수 있음이 틀림없는 사실일 것이다.

그리되면 우리는 고통 속에서 신음하는 중생의 신분에서 벗어나 부처님의 가르침을 언제나 어디에서건 잊지 않고 열심히 갈고 닦아 무명업장을 녹여 내고 참다운 지혜의 눈을 활짝 열어 생사윤회의 고통에서 벗어나는 것으로 참다운 불자의 길을 갈 수 있을 것이다.

4) 법계연기론(法界緣起論)

(1) 법계의 내력과 뜻

있다 없다 하고 거짓이며 상대적이고 생멸 변화하는 아뢰야식에 대하여 상주불멸하고 참되고 절대 보편적인 실체를 설명한 것이 진여이다.

이렇게 말이나 글로 표현할 수 없는 하나같이 똑같아 치우침이 없이 고르고 한결같아서 조금의 모자람이나 구김이 없어 완벽한 진여의 근본 체성이 무명 즉 번뇌망상의 영향을 받아서 생멸 변화하는 현상계의 우주만유를 연기한다는 것이 진여연기론이다.

그런데 이처럼 진여연기론은 진여라는 본바탕에서 만물이 생성되어 나왔다고 설명하기 때문에 본체와 현상을 뚜렷이 구분하고 있다. 그러나 진여를 우주의 본체라고 하지만 그것이 특별히 현상 밖에 초연히 독립한 별개의 것으로 존재하는 것이라고는 생각할 수 없다.

만일 현상을 떠나 현상과는 하등의 인과관계도 없이 존재하는 본체라면 결국 본체로서의 존재가 무의미한 것이 되고 말 것이다

이처럼 현상을 떠나서는 본체가 존재할 수 없듯이 본체를 떠나서는 현상 역시 존재할 수 없으니, 이것은 다시 말해 본체가 현상이요, 현상이 곧 본체이다. 마치 눈, 얼음, 안개, 비 등 천태만상의 현상은 우리가 보고 느끼는 형태는 다르지만 이처럼 각각 다른 현상들이 물이라는 본체를 떠나서는 생겨날 수도 존재할 수도 없다.

인간들이 세상을 살아가면서 생활 형편이 여유롭고 넉넉하거나 가

난하다거나 귀하고 천한 신분으로 산다는 등 천차만별의 삶의 근본을 이루는 모든 현상이 같은 인간이라는 기본 바탕에는 조금도 다를 것이 없을 뿐만 아니라 또한 인간을 떠나서는 그러한 차별 현상이 존재할 수가 없다.

이렇게 볼 때 천지만물 간에 그 어느 하나도 예외 없이 똑같이 진여의 실체를 볼 수가 있다. 바꾸어 말하면 하늘을 장식하고 있는 갖가지 별들, 땅 위의 인간을 비롯하여 두루 펼쳐져 존재하는 한일[一事]이나 한물건[一物]이나 한 포기의 풀, 다양한 나무나 동물들 모두가 다 진여 본체의 나타남이 아닌 것이 없다.

그렇다면 여기서 밝혀 알고 넘어가야 할 사항이 있다.

생멸 변화하는 우주만유의 현상계를 있게 하는 본체이며 참이고 실재하는 존재로 불생불멸하며 항구하고 상주하는 변하지도 않고 파괴되어 없어지지도 않는 진여는 과연 무엇을 의미하는 것일까?

진여는 천지창조의 원천인 지, 수, 화, 풍 사대요소를 가리키는 것이다. 인간을 비롯하여 짐승은 물론 산과 나무 바위 심지어 풀 한 포기까지 자연환경을 구성하고 있는 온갖 사사물물이 모두 사대 요소로 같은 구성 분자로 형성되어 있다는 사실이다.

앞에서 설명했듯이 물은 같은 물인데 인연에 따라 그 형태를 갖가지로 나타냈듯이 본체인 흙이 장인의 손과 불의 힘을 빌려 청자도 백자도 될 수 있고 투박한 항아리로 변신할 수도 있으나 구성 성분이 흙임에는 틀림없는 것과 마찬가지이다. 이 도자기나 항아리가 깨지면 도로 흙으로 그 형태를 바꾸게 된다. 생성하고 소멸하는 것이 인과 연의 결과일 뿐 근본 바탕이 달라지는 건 아무것도 없다.

 이 지구상의 만물을 형성하고 있는 어떠한 존재도 심지어 천체의 수많은 별조차 모두가 다 같이 사대 원소로 이루어져 공간을 빌려 실재하고 있을 뿐이다. 그러나 언제 어느 때 인연이 다하면 존재는 사라지고 원소만 공간에 변함없이 존재하게 된다. 진여 본체가 현상이요, 현상이 진여 본체임을 여실히 밝혀 주고 있다.

 우리는 자연 현상계의 겉으로 드러난 모양의 차이에 따라 다르다고 분별하여 스스로 모순과 갈등에 휘말리어 혼돈에 빠져 있을 뿐이다.
 이상에서 설명한 바와 같이 보고 생각하는 것이 법계연기론의 논리가 주장하고 있는 것이다.
 그러면 법계라는 뜻은 무엇을 의미하는 것일까?
 법이란 일체의 일과 물건을 총칭하는 것이며 흔히 자성(본래부터 가지고 있는 성질)을 가져 남에게 알게 하는 것이라고 정의한다.
 즉, 사람이면 사람, 짐승이면 짐승, 물과 불 등의 사물은 각각 자기만의 독특한 개성이 있어서 제삼자로 하여금 사람이나 짐승 물이나 불이라는 것을 구별해 알게 하는 것이다. 나누어 구별 짓는다. 바탕을 고치지 않는다는 등으로 해석하는바 즉 앞에서 말한 우주 만물 가운데의 사람이나 짐승, 나무, 바위, 물이나 불이 다 같이 잡다하게 섞여서 존재하지만, 그들이 각각 자기의 특성과 한계를 가지면서 제 바탕을 고치지 않는 것을 말한다.

 이처럼 법계라는 것은 한 말로 표현한다면 우주만유의 삼라만상이

각기 일정한 규칙에 따라 존재하지만, 또한 각기 자기의 본성을 지키며 질서 정연하게 존재하는 우주전체를 총칭한 것을 말한다.

다시 말해, 우주만유는 그 어떤 하나의 세력을 주체로 하여 연기되는 것이 아니라 우주 안에 있는 삼라만상의 일체 사물이 각각 서로서로 인이 되고 연이 되면서 끝없이 다함이 없이 연기한다고 보는 것이 법계연기론의 주된 사상이며 이처럼 연기함을 무진연기(無盡緣起)라고도 한다.

(2) 무진연기(無盡緣起)하는 법계의 종류

우주의 삼라만상은 서로 인이 되고 연이 되면서 끝없이 연기를 계속하는바 이처럼 천차만별의 무한한 물질의 세계, 즉 법계를 설명하는데 사(事物)와 이(理致) 이 둘을 달리 구별하여 놓고 설명하는 것이 사종법계이며 이에는 사법계, 이법계, 이사무애법계, 사사무애법계가 있다.

이 네 가지 법계설은 우주만유 또는 모든 현상계는 하나의 본체에 아무 막힘도 없이 환히 트여 연결되어 있으며 이 통달되고 있는 것을 현상과 본체의 양면으로 관찰하게 되면 네 가지 의미로 해석하게 된다는 뜻이다.

여기서 네 가지 의미를 설명하기 전에 먼저 현상이라 하고 본체라 하는 것의 실체가 무엇인지 밝히는 것이 앞으로의 설명에 좀 더 쉽게 이해될 방안이 될 것 같다.

무명, 망념에 사로잡혀 있는 우리 중생이 인식하기에는 우주만유에 존재하고 있는 헤아릴 수 없을 만큼 그 수효가 천차만별인 물체들이 모두 각각 다른 체성과 형태를 가지고 있는 우리와는 다른 실체로 인식할 수밖에 없으며 달리 생각해 볼 여지가 없다.

그러나 진실은 그 각각의 물체들이 같은 종류의 구성 성분과 요소로 이루어져 있다. 인간을 비롯하여 여하한 존재일지라도 모두가 사대 즉 지, 수, 화, 풍으로 이루어져 있으나 그 형태가 다른 것은 각각이 지닌 인연의 내용이 다르기 때문이다.

인간이 죽어 화장하거나 매장하여 시신이 썩게 되면 인간이란 형태의 존재는 사라지고 지, 수, 화, 풍 사대요소만이 존재하게 된다. 산도 바위도 나무도 짐승들도 모두가 인연이 다하면 그 형태는 사라지고 그들의 존재를 구성하고 있던 인자는 지, 수, 화, 풍의 사대요소로 바뀌어 존재하게 된다.

이런 법칙의 근본은 인은 모두 같은 성분이지만 연에 따라서 그 존재가 달라지는 것이다. 사람과 원숭이 개가 다른 것은 그 구성하는 기본 체성분의 차이에서 오는 것이 아니라 인연생기의 과정에서 다른 연에 의해 유전인자가 달라져 형태를 달리하는 것일 뿐이다.

이러한 관점에서 따져 본다면 각각 차이는 인에 있는 것이 아니라 연에 의한 것임을 알겠고, 따라서 현상계에 나타나 존재하는 사사물물의 체성이 본체계의 체성과 조금의 다름도 없음을 알 수 있다.

색계로 불리는 천지만물이 존재하는 현상계의 물질이 지닌 본질적인 성분과 활동에 대해 과학적으로 밝혀져 입증된 사실은 본체계와 현상계가 지니고 있는 형태는 달라도 지니고 있는 그 체성의 바탕은 같음을 증명해 주고 있다.

 빛과 모양을 가진 모든 물질의 성분은 분자와 분자의 결합이며 이를 세분하여 보면 원자와 원자의 결합으로 이 원자 또한 원자핵과 전자로 쪼개어진다. 원자핵은 다시 양성자와 중성자가 결합하여 양의 전하를 띄게 되며 전자는 음전하를 가지고 있다.
 이처럼 모든 물질은 분자 전자 그리고 더 미세하게는 원자핵과 전자라는 극히 작은 입자들이 모여 잠시 잠깐의 여유나 머뭂도 없이 계속해서 움직이고 있다. 움직이고 있다는 것은 계속해서 변화하고 있다는 것을 뜻한다.

 이렇게 항상 변화하는 것은 같은 실체로 영원히 존속하지 못하는 무상한 것임을 알아차릴 수 있으면 고정된 실체 또한 있다고는 생각할 수 없을 것이다. 또한 이러한 전자와 같은 입자들은 질량을 가진 작은 덩어리이지만 이것들은 파동이라는 작은 떨림으로 바뀔 수도 있다. 다시 말해 물질이 에너지로 바뀔 수 있고 에너지는 물질로 바뀔 수 있다.
 이처럼 모든 존재는 변화한다는 사실을 확인시켜 주고 있다. 사람이나 짐승 등 생명체가 죽게 되면 사대의 요소가 흩어져 지니고 있던 형상은 사라지나 언제인가 또 인연생기의 법칙에 따라 흩어졌던 사대요소가 연을 만나 다시 새로운 생명체로 탄생하게 되는 것이다.
 이러한 경우의 원리와 법칙은 모든 존재에 골고루 적용되는 진리이다. 위와 같은 사실에 입각하여 사종법계의 하나하나를 설명해 보겠다.

① 사법계(事法界)

사법계는 인연으로 말미암아 있다 없다 하고 생겨났다가 없어졌다 하면서 연기에 의해 현실 세계에 형태와 작용이 다른 존재로 나타나 있는 각양각색의 현상계를 말한다.

또한, 인연생기하는 모든 존재가 자기 나름대로 특색있는 연으로 말미암아 생성되기 때문에 결코 같을 수가 없는 차별의 세계이기도 하다

사(事)란, 현상 사물 사건 등을 말하며 낱낱의 사물은 인연에 의해 화합한 것이므로 자기 존재 나름의 인연에 의해 생겨났기에 남과는 다른 특성을 보이고 있고 제각기 자기의 한계를 가지고 있어 그 한계에 의해 다르게 구별되는 것이다. 그러므로 각 개체와 개체는 공통성이 없이 차별적인 면만이 부각되어 나타나게 되는 것이다. 이처럼 현상계는 천태만상으로 그 수를 헤아릴 수 없을 만큼 많다.

불교에서는 내(오온 ; 색. 수. 상. 행. 식)가 십이처(육근 : 안. 이. 비. 설. 신. 의근)와 육경 : 색. 성. 향. 미. 촉. 법경) 십팔계(육근과 육경의 접촉으로 생겨난 육식 : 안식. 비식. 비식. 설식. 신식. 의식)로 인식되는 유위법(여러 인연이 화합하여 생기는 생멸하는 무상한 현상)인 일체사법(인간이 태어나 살아가는 동안 겪게 되는 갖가지 일들과 처하는 환경 : 부자나 가난한 집 자식으로 태어나는 것, 건강하거나 약골로 태어나는 것, 현명하거나 아둔하게 태어나는 것, 평생을 별다른 파탄 없이 순탄하게 살거나 파란만장한 굴곡진 삶을 사는 것 등 인간사에서 생겨나는 모든 것들을 총칭)을 일러 사법계(事法界) 라고 칭한다.

② 이법계(理法界)

이법계(理法界)는, 우주만유의 실체적인 성품인 본체계를 말하며 무릇 만유 제법은 인연으로 비롯하여 생기한 거짓 현상으로, 인연이 다하게 되면 흩어져 없어지고 만다.

그러나 그 이면에 있는 실체는 무한하고 매우 커서 생멸과 증감이 없이 언제나 존재하는 우주의 본체로서 구별할 수 없는 평등한 세계를 말한다.

이는 본체 법칙 보편적인 진리 등으로 불리며 이와 같은 이체는 모든 차별 현상을 여의었고, 인식을 초월했으므로 일체개공(一切皆空:모두가 비었다)이라 하고 만물이 무차별 절대 평등한 이치에서 보면 '여여한 본체'로서 '중생과 부처가 본래 동일체'이며 우주만물은 그 본체가 모두 진여라는 것으로 개체와 개체의 동일성 공통성을 볼 수 있다.

③ 이사무애법계(理事無礙法界)

이사무애법계(理事無礙法界)는, 이(理)와 사(事) 즉, 평등한 진리의 체성과 차별의 현상이 서로 붙어서 떨어지지 않는 관계로 조금의 걸림도 없는 상호 관계 속에 있음을 말한다. 즉 인연생기(사람이 태어나고 물건이 생겨나면)하면 현상계요, 인연이 다하여 흩어지면(사람이 죽거나 물건이 사라지면) 본체계로 되돌아감을 의미한다.

원래 이(理), 사(事). 두 법계는 서로서로 고립된 것이 아니라 상즉하고 있으며 현상인 사는 본체인 이를 떠나서 홀로 존재할 수 없으며 이도 또한 사를 떠나서 존재할 수 없다. 마치 현상인 파도와 본체인 물은 서로 떠나서 존재할 수 없는 것과 같다.

"이것을 일러 현상이 곧 본체요, 본체가 곧 현상"이라고 한다. 이렇게 볼 때 이와 사는 서로 어울려 걸림이 없다.

④ 사사무애법계(事事無礙法界)

사사무애법계(事事無礙法界)는, 이와 사가 걸림이 없듯이 사와 사가 걸림이 없음을 말하는 것이니, 일체 현상계와 본체계가 상즉한 것이라면 현상계의 그 현상들이 또한 상즉한 것도 자연스러운 이치일 것이다.

현상계의 개체와 개체가 스스로 융합하여 현상계 그 자체가 절대적인 진리의 세계가 되며 또 제법(나타나 존재하는 각각의 개체)은 서로서로 융합하여 받아들이고 하나가 되어 원융무애(圓融無碍)한 세계를 이루고 있음을 의미한다.

모든 파도가 물의 체성을 여의지 않았다면 파도 또한 서로 걸림이 없을 것이며, 이렇게 하여 낱낱의 차별 현상인 만물들은 그것들의 온통 본체계 실재의 나타남이다.

그러므로 한 티끌이 전 우주를 머금었고, 한 사물이 전 법계[天地萬有]를 다 포함하며, 하나가 곧 일체요, 일체가 곧 하나며 공간적으로 하나와 여러 개가 상응하고 시간상으로 십세(과거, 현재, 미래에 각각의 삼세를 더하고 이 모두를 아우르는 일세를 포함한 것)가 서로 상즉하여 융통해서 걸림이 없고 거듭해서 다함이 없으니, 이것이 연기론의 극치인 법계연기론이며 무진연기라고 한다.

신라 의상 스님은 그의 법성게에서 밝힌바 깨달음의 내용을 다음과 같이 읊었습니다.

"하나 속에 일체 있고, 많은 속에 하나 있어 하나가 곧 일체요, 많음이 곧 하나니라(일중일체다중(一中一切多中) 일즉일체다즉(一卽一切多卽). 한 티끌 속에 시방세계를 머금었고, 일체 티끌 속에도 또한 이러하니라(일미진중함시방 일체미중역여시(一微塵中含十方 一切微中亦如是). 한없는 먼 겁이 곧 한 생각이요, 한 생각이 곧 무량한 겁이니라(무량원겁즉 일념(無量遠劫卽 一念) 일념즉 시무량겁(一念卽是無量劫)}."

(3) 제법연기(諸法緣起)의 관계

이상에서 본 바와 같이 물건과 물건들이 아무 걸림 없이 자연 현상계 전체가 끊임없이 연기하는 것을 알게 되었다. 그러면 법계의 갖가지 사물들이 어떠한 원리에 의해서 연기하며 그 관계는 어떠한 것인가.

우리가 연기의 뜻이 무엇인가를 밝히려면 반드시 인(因)과 연(緣)이 필수 조건이며 이 인연의 뜻도 여러 가지로 설명되지만, 보편적으로 인은 결과에 대해서 직접적인 제일 원인이고, 연은 간접적인 보조 원인을 말한다.

그런데 이 법계연기론에서는 인과 연의 관계를 몇 가지 논리적인 설명이 있으니, 이것이 곧 인문육의(因門六義)이다. 인연을 설명하는데 인문이라고만 이름한 것은 결과를 낳는데, 인이 직접적인 힘을 가졌기 때문이며 또한 넓은 의미에 있어서는 연도 인에 포함되기 때문이다.

그러면 첫째로 생각할 문제는 마치 씨앗[種子=因]이 흙, 수분, 온도[緣] 등을 만나서 싹이 트듯이[果] 모든 현상이 반드시 인(因)과 연(緣)의 화합으로 일어나는 것이나 연은 직접 과를 낳지 못하니 그렇다면 스스로 인(因) 자신이 직접 과(果)를 낳는 것이므로[緣不生自因生故] 이것은 결국 인(因)이 힘이 있어 연(緣)을 기다리지 않는 것이 된다[因有力不待緣].

둘째로 생각할 문제는 그러나 인(因)은 반드시 연(緣)을 기다려서 과(果)를 만들기 마련이니 연이 필요로 한다는 점에서 볼 때 오히려 인이 과를 낳는 것이 아니라 연이 낳는 것이 되므로[因不生緣生故] 이것은 결국 인이 힘이 없어 연을 기다리는 것이 된다[因無力待緣].

셋째로 생각할 문제는 인이 연을 기다려서 비로소 과를 낳는다는 인연 법칙은 사실 인이 자신이 힘이 있기 때문이다. 마치 씨앗이 흙 등을 만나서야 싹이 틀 수 있다는 것은 그 씨앗이 상하지 않고 싹틀 수 있는 힘을 가지고 있기 때문인 것과 같다. 만약 씨앗이 상해서 힘이 없다면 아무리 흙에 심고 볕 쪼이고 물 주어도 싹이 틀 수 없다. 이와 같이 인도 힘이 없지 않으면서 또한 연의 역할이 필요한 까닭이니 [不無因隨緣有故] 이것은 결국 인이 힘이 있으면서 연을 기다리는 것이 된다[因有力待緣].

이로써 1)인유력부대연(因有力不待緣;인이 스스로 힘이 있어 연을 기다리지 않는다 - 인생(因生) 2)인무력대연(因無力待緣;인이 힘이 없어 연의 힘을 생겨난다 - 연생(緣生) 3)인유력대연(因有力待緣;인도 힘이 있으면서 연의 힘을 기다려 생겨난다)의 세 가지 인연생기(因緣生起)의 법칙이 뜻을 이루게 된다.

그런데 만물이 생겨나는 원인이 되는 인의 본체는 그 자체가 인연으로 의해서 만지고 사용하고 있는 물건들과 자연현상으로 나타나 있다는 면에서 있다[有]고 하고, 반대로 어떠한 천지산하와 일체만물이 원래 자기의 성품이 없다는(지, 수, 화, 풍 - 사대원소에 의해 만들어진 것) 면에서 비었다[空]고 하는데 이렇게 있다 비었다[有. 空]로써 앞의 세 가지 뜻에 대비해 보면 여섯 가지의 뜻이 되니 이것을 곧 인문육의(因門六義)라고 한다.

이 인문육의는 차별세계의 낱낱의 일체현상을 일여평등(一如平等)한 본체세계에서 볼 때 두루 어우러져 아무런 어긋남이 없음을 나타내는 진리라, 있음과 비었음은[有空] 본체와 현상의 동일함을 보여 주는 것이고 유력(有力) 무력(無力)은 물건과 물건들과의 서로 작용하는 관계를 보인 것이고, 대연(待緣) 부대연(不待緣)은 서로의 관계 이유를 설명한 것이 된다.

(4) 무진연기(無盡緣起)의 모양

의상 스님께서 법계의 사사물물이 시간과 공간에서 어떻게 상즉상입하면서 원융무애하게 무진연기 하는지를 그의 법성계에서 밝힌바, 하나 속에 일체 있고 많은 속에 하나 있어 하나가 곧 일체요, 많음 속에 하나 있어 하나가 곧 일체요, 많음이 곧 하나니라고 하신 것과 같이 무진연기(無盡緣起)의 모양을 자세히 설명한 것이 십현연기설(十玄緣起說)이다. 여기서 그 하나하나를 설명하도록 하겠다.

① 동시구족상응문(同時具足相應門)

이것은 십현문의 총설로서 나머지 아홉 문은 별설 각론이다. 이 세상에 존재하는 만물은 한물건도 시간 공간상에서 외톨이로 혼자서 존재하는 것이 없고, 동시에 떨어지려야 떨어질 수 없는 관계에 있음을 나타낸 것이다.

자연 현상계를 살펴보면 하늘과 땅과 바다가 상호 보완의 관계이며, 나무와 풀, 짐승과 인간이 서로 보완의 관계를 유지하며 존재하고 있다.

동시구족이라는 것은 같은 시기에 빠짐없이 갖추고 있다는 뜻이며, 과거 현재 미래의 모든 법(현실 세계에 나타나 있는 모든 것들)은 시간상으로 서로 의지하고 서로 도우면서 동시에 다음 시기에 대물리어 명백하게 나타나게 하는 것이며 또한 일체 모든 현상은 공간적으로 같은 때 같은 곳에 빠짐없이 갖추고 있어 서로서로 하나가 일체에 응했고, 일체가 하나에 응했으니 이렇듯 마치 한 방울의 바닷물이 전체의 바닷물이나 마찬가지로 헤아릴 수 없이 많은 개천의 물맛을 동시에 가지고 있는 것과 같다.

산과 바다와 하늘이 나무와 풀, 바위와 돌, 짐승과 인간이 서로의 존재가 인정되고 서로의 존재에 의지해서 존재할 수 있음을 뜻하기도 한다.

② 광협자재무애문(廣狹自在無礙門)

광협자재무애문(廣狹自在無礙門)이란, 넓고 좁음에 아무런 구애 없이 자유로워 걸림이 없다는 뜻이며 그 말뜻 그대로 일체만유(一切萬有) 제법(모든 物物들)은 진리와 실체가 빠짐없이 골고루 존재하듯이 한 티끌 한 사물의 상응하는 힘이 일체에 빠짐없이 골고루 스며있어 제한이 없음은 넓은 것이요,, 하나가 일체에 빠짐없이 자리하여 자기의 본분을 잃지 않는 것은 좁은 것으로 이렇듯 만유제법(만 가지 물물)은 넓고 좁음에 아무런 구애 받음이 없어 자유로이 인연생기할 수 있다는 것이다.

이 말의 내용을 쉽게 풀이해 보면 이와 같은 것이다. 공간속의 지수화풍이 묘한 인연법칙에 따라 사람이나 짐승도 만들고 풀과 나무도 그리고 하늘의 천체도 만들어 내는 것은 좁은 것이고, 이 만물들이 사라져 지수화풍으로 돌아가 공간 속에 머무는 것은 넓은 것이나 나타나 있는 형태나 그 형상을 이루는 요소가 서로 아무런 걸림 없이 자유로이 가고 오고 한다는 것이다.

'세상의 모든 자연현상은 물이 얼어 얼음이 되고 얼음이 녹아 물이 되는 것과 같다'

③ 일다상용부동문(一多相容不同門)
일다상용부동문(一多相容不同門)이란, 하나와 여럿이 서로 용납하지만 각각의 존재들이 결코 서로 같을 수는 없다는 뜻이며, 일체만물은 그 작용하는 상태를 볼 때 서로 의존 관계에 있어 일체 불가분이지만, 각자가 독립된 자기만의 개성을 가지고 엄연히 따로 존재하고 있다.

초식 동물이 풀과 나뭇잎을 그리고 열매를 따 먹으며 살지만, 또한 초식 동물은 육식 동물의 생존에 없어서는 안 되는 먹잇감이 된다. 그리고 한편으로는 이러한 동물들의 대소변과 시신은 나무와 풀이 자랄 수 있는 토양으로 이 또한 없어서는 안 되는 필수 조건이 된다.

이러한 관점에서 보면 서로가 서로에게 도움을 주지만 짐승들과 나무와 풀은 그 형태에서부터 성분에 이르기까지 엄연히 다른 특성을 보이고 있다. 이와같은 상호보완 작용은 지구상에 존재하는 모든 물물들에 빠짐없이 적용되며 시간과 공간에 관계없이 언제까지고 연속될 것이다.

만유제법(지구상의 갖가지 물건)의 작용하는 힘이 있고 없음에 따라 하나 속에 많은 것을 포용도 하고 많음 속에 하나가 끼어들기도 해서 하나와 여럿이 서로 융합하며 걸림 없이 존재하는 것을 말한다.

④ 제법상즉자재문(諸法相卽自在門)
만유제법(천지간의 모든 물건)이 그 본질에 있어서나 또한 작용에서도 그 성분을 따져보면 지, 수, 화, 풍 사대로 이루어져 평등하고 무차별하여 하나가 일체이고 일체가 곧 하나라 서로서로 막힘없이 자유스러운 것을 말한다.

마치 두 거울을 서로 비추면 빛은 서로에게 스며들어 포용 되고 서로서로 차별이 없어지지만, 그 거울의 형태는 실재 성능과는 달리 완연히 두 개가 별개로 존재하는 것과 같으니 이렇게 자기를 없애고 남과 그 작용이 온통 서로 같아져 걸림 없이 자유스러워지는 것을 말한다.

이 말의 뜻을 쉽게 풀이하면 인간이나 짐승과 나무와 풀 등 천지 자연계가 각각 존재하는 이유가 자신만을 위함이 아니라 나라는 존재와 또 다른 존재 상호간의 생존에 필수적인 도움을 주기 위함이다. 이와 같이 우리 인간은 모두가 내게 소중하고 나의 생존에 없어서는 안 되는 존재이기 때문에 미워하고 시기 질투할 것이 아니라 무조건 보듬어 안고 사랑하며 함께 살아가야 할 것이다.

⑤ 은밀현요구성문(隱密顯了俱成門)
제법(諸法:천지만물)이 상즉상입의 관계에 의해서 각각 걸림이나 장애

없이 자유스럽게 교류할 뿐 아니라, 나타난 표면과 숨겨진 이면이 동시에 일체임을 말한 것이다. 마치 금으로 된 사자를 사자로 보면 사자만이 나타나고 금은 없으며, 만일 금으로 보면 사자는 없고 금만이 보일 뿐이며 또한 금과 사자를 동시에 본다면 금과 사자를 동시에 볼 수 있는 것과 같다.

이렇듯 천지만물의 존재는 은연자재(숨었다 나타남을 자기 마음대로 함)하고, 표리무애(겉과 속이 아무 걸림이 없음)한 것이다.

⑥ 미세상용안립문(微細相容安立門)
이처럼 천지간의 만물은 붙지도 떨어지지도 않은 관계로 하나에 많은 것을 용납하고, 적은 것에 큰 것을 포함하며, 한 티끌 속에 대천세계를 포용하더라도 그 낱낱의 사물은 하등 그 개성을 위축 파괴되는 일이 없이 완전히 현상세계를 유지하는 것을 말한다.

다시 말해 한 티끌 티끌이 모여 천지만물을 이루고, 천지만물을 하나하나 쪼개어 나누면 한 티끌이 된다는 것은 가진 구성 성분이 다르지 않고 같다는 것이다. 구성 성분이 같아 크고 작음과 그 형태와 작용은 인연에 의해 각각 다를 수 있으나 그 다른 존재는 자기의 특성을 잃어버리지 않는다는 것이다.

돌과 바위, 물과 나무, 갖가지 짐승 등 산과 하천과 바다가 각각 모여 천지만물을 유지하나 그것들의 존재는 그들 나름대로 변치 않고 존재한다는 것이다.

⑦ 인다라망경계문(因陀羅網境界門)
천지만물이 서로서로 의지하고 도우면서 부즉불리(서로 다르지만 떨어

져 있지 않음)의 관계를 맺고 있음을 말한다.

　인드라는 인도 신화 중에 가장 뛰어난 신으로 제석천이라고 옮기는데 그 제석천에 드리운 그물은 보배 구슬로 엮여 있는데 그 무수한 구슬이 다 같이 이루어져 비치며 또 다른 구슬도 다 그러하듯이 우주만유라 불리는 법계는 끝도 한도 없이 언제까지고 서로서로 연기한다는 것을 말한다.

　⑧ 탁사현법생해문(託事顯法生解門)
　무진연기의 이치는 깊고 그윽해서 제대로 이해하여 안다는 것이 매우 어려운 것이므로 이러한 내용을 비슷하게 나타나 있는 사물과 현상에 비유하여 지혜를 내게 하는 것이다.
　무진연기의 사사무애법계의 이론이 한낱 추상적 공론이 아니라 구체적인 사실로 우리가 일상생활을 하면서 가까이서 보고 느끼고 경험할 수 있듯이 모두 법계연기의 진리를 나타내고 있으며 이러한 사물과 현상은 곧 그것이 연기의 변치 않는 법체임을 알아야 하겠다.

　⑨ 십세격법이성문(十世隔法異成門)
　앞의 여덟 문이 공간적으로 일체제법의 사리(일과 이치)가 골고루 융통되어 무이(둘이 아님)함을 소상히 밝힌 데 반해서 이 문에서는 특히 시간상으로 아무런 막힘이 없는 이치를 나타내는 것이다.
　십세란 과거, 현재, 미래의 삼세를 각각 다시 삼세로 나누어 구세로 하고 이 구세를 일념에 돌려 총괄적인 일세로 삼아 여기에 아홉의 별을 합하면 십세가 된다. 이렇듯 시간에 앞뒤가 있어 만유를 따로 구분하여 분리하지만 시간에 체가 있는 것이 아니라 법에 따라 성립되는 것이므로(시무별체 의법이립) 모든 시간은 일념에 지나지 않는 것이다.

이것이 구세와 십세가 서로 응했으니 일념(한 생각)이 곧 무량겁(끝없는 시간)이라고 하는 것이다.

⑩ 주반원명구덕문(主伴圓明具德門)

만물은 시간과 공간을 통해서 무진연기하여 한 법(물체)도 혼자 외로이 일어나고 홀로 존재할 수 없으므로 한 법을 주로 하여 생겨날 때는 만법이 짝이 되어 좇는 것이다. 마치 한 벼리(그물의 위쪽 코를 꿰어 잡아당기게 된 줄)를 당기면 만 코의 그물이 달려오고 옷깃을 잡으면 한 벌의 옷이 걷어지듯이 모든 법은 서로 주가 되고 반이 되면서 무진연기(無盡緣起)하는 것이다.

이상 십문의 내용을 한 말로 요약하여 설명한다면 법계 내에 있는 우주만유는 시간적 공간적으로 인이 되고 연이 되며 주가 되고 반이 되면서 넓은 것과 좁은 것 하나와 여럿, 숨은 것과 드러난 것이 서로 자제하고 서로 용납하고 서로 응하고 서로 드리고 서로 의지하고 서로 도우면서 그러나 각각 자신의 개성을 잃지 않고 끝없고 가없이 항상 발전해 나간다는 것이다.

(5) 무진연기(無盡緣起)의 원리

법계 무진연기의 깊고 그윽한 뜻은 앞의 십현연기에서 소상히 밝힌 바 있지만 이제 다시 그 연기의 원리를 여섯 가지로 설명한 것이 육상원융이다 다시 말해 육상원융이라는 것은 법계에 있는 모든 물건에 대한 관찰과 수행의 여섯 가지 방법을 말하는 것이다.

① 총상(總相)

만유를 하나로 관찰하는 평등적 방법으로서, 우주 간 삼라만상 가운데 크게는 대지에서 산과 물, 적게는 한 포기의 풀 한 그루의 나무에 이르기까지 그 가운데 일체의 소질(일체가 본래부터 갖추고 있는 성질)과 요소(사물의 성립 효력 등에 필요불가결한 근본적 조건)와 공덕을 포함해 있음을 말한다. 덧붙여 상술하면 존재하는 것 중에서 어느 하나 빠짐없이 지, 수, 화, 풍의 사대요소를 지니지 않은 것은 없다는 것이다.

가령 한 채의 가옥을 예로 든다면 가옥에는 서까래, 기둥, 기와 등 여러 가지 부문으로 구성되어 있지만 그것들이 모여서 한 가옥을 이루고 있으므로 총체로써 한 가옥을 보는 것을 총상이라고 한다. 또한 우주만유라 함은 태양계 은하계와 천지 간의 삼라만상 모두를 아우르는 것처럼 여기에서 어느 하나가 빠져도 우주만유라 할 수 없는 것과 같다.

② 별상(別相)

별상이란 앞의 총상에서 말한바 우주 안의 모든 사물이 아무리 그것들이 모여서 하나의 총체적인 세계를 구성한다고 해도 그 제각각의 고유한 개성은 잃지 않고 갖추고 있음을 말하는 것이다.

한 채의 집을 하나의 총체적인 집으로만 보지 않고 그를 구성하고 있는 기둥 서까래 기와 등을 총상으로만 포함해 보지 않고 각각의 개성과 특색을 가지고 있는 기둥 서까래 기와로 나누어 보는 것을 별상이라고 한다.

또한 우주만유에 있는 태양계 은하계 및 천지간의 삼라만상이 존재하는 것으로 하여 총체적으로 우주만유라 칭하지만, 태양계는 태양계대로 은하계는 은하계대로 그들만의 개성과 특성이 있고 삼라만상은 삼라만상 나름대로 숱한 존재들이 그들만의 개성과 특성을 지니고서 전체를 이루고 있음을 말하는 것이다. 그러나 총과 별은 전체와 부분이므로 서로 떼려야 뗄 수 없는 관계에 있으니 그러므로 별이 없으면 총을 이룰 수 없고 총을 떠난 별은 무의미한 것이 된다. 즉 기둥, 서까래, 기와 등이 없으면 가옥을 지을 수 없고 가옥을 떠나서는 기와 등이 아무 쓸모도 의미도 없게 되는 것이다.

　③ 동상(同相)
　만물은 모든 것이 개성과 독립성을 가지고 존재하지만 서로 모순됨이 없이 잘 조화 협력해서 동일한 세계를 구성하고 있음을 말한다.
　마치 기둥, 서까래, 기와 등이 서로 조화롭게 협력해서 동일한 한 주택을 구성하고 있음과 같은 것이다. 우리 인간의 삶을 유지하고 있는 자연환경이 산과 바다 하늘과 땅을 비롯하여 이루 헤아릴 수 없을 만큼의 유정 무정의 동식물을 비롯하여 각각 특성이 있는 존재들이 서로에게 도움을 주고 도움을 받으며 조화롭게 기울거나 부족함이 없이 공존하면서 삼라만상을 이루고 있는 것을 동상이라고 할 수 있다.

　④ 이상(異相)
　천차만별의 물물들이 서로 조화로워서 일체를 이루고 있으면서도 그 물물들이 각기 다른 자기의 본분과 형상을 잃지 않고 존재하는 것을 말한다. 마치 기둥 서까래 기와 등이 조화롭게 하나의 가옥을 이루었지만, 기둥은 세로로 서까래는 가로로 각기 다른 모양과 성능으로 자기의 본분을 다하고 있는 것과 같다.

　천지간에 생성되어 존재하는 모든 사사물물이 이러한 자기 존재의 특질과 특성을 지키며 자기의 본분에 충실한지 살펴보는 것도 법계의 무진연기를 이해하는 데 도움이 될 것이다.

　자연은 따뜻하게 감싸주는 태양빛과 내리는 비와 불어주는 바람에 힘입어 유정 무정의 동식물을 존재하게 하고 있다.
　나무는 잎과 열매로 채식동물의 식량으로 공급되고 채식동물은 육식동물의 먹이가 되어 자연계의 먹이 사슬의 순환에 각각 일조하면서 생육 발전하고 있다. 이러한 동물들은 자신들의 배설물이나 그들의 시신으로 나무와 풀의 자양분을 공급해 주는 역할을 하고 있다.

　이러한 순환관계는 조화를 이루며 상부상조의 역할 분담도 되지만 그들이 가진 특성과 특질을 잃지 않고 계속 보존 발전시키기에 가능한 것이다.
　바다는 육지에서 흘러 들어오는 물에서 다양한 영양소의 공급을 받아 자신이 가지고 있는 고유한 성질과 잘 조화시켜 수많은 종류의 고기와 어패류가 자생할 수 있는 터전을 마련해 주고 있다.
　이와 같은 자연 현상은 법계가 숱한 세월을 앞으로도 겪어 갈 것이지만 그 존재 물물이 자기의 특성을 잃지 않고 상속 현현하여 지속해서 무진연기하는 결과로 나타나는 현상임을 알아야 한다.

⑤ 성상(成相)

만물이 잘 조화로워서 하나의 전체를 구성함을 말한다. 마치 기둥, 서까래, 기와 등이 하나의 가옥을 구성하는 것과 같다. 크게 비유하자면 태양계 은하계 그리고 천지만물이 하나로 모여 우주만유를 형성하고 있는 것과 같다. 인간 가정사에 할아버지 할머니가 있어야 아버지, 어머니가 있게 되고 손자와 손녀가 생겨나는 것과 같다.

⑥ 괴상(壞相)

만물이 서로 의지하고 서로 도와서 하나의 전체를 이루지만 동시에 각 부분은 자기존재의 특질을 잃지 않는 것을 말한다. 마치 기둥, 서까래, 기와 등이 서로 의지하고 서로 도와서 한 가옥을 이루지만 각각 본래의 특질을 잃지 않는 것과 같다. 달리 설명한다면 바다에는 수초, 플랑크톤, 어패류, 물고기 등으로 형성되어 있지만 어패류나 물고기 등이 그 자신의 본래 특성이나 특질을 잃지 않고 존재하며 바다를 이루고 있는 것과 같다.

산에는 나무와 풀 온갖 약초와 꽃들이 산재해 있고 계곡을 따라 흐르는 물과 물로 인해 생겨나는 계곡이 수려한 풍경을 연출해 주지만 이들이 산의 구성원으로 존재한다고 하여 그들이 지닌 특성 자체가 산에 흡수되는 것이 아님과 마찬가지이다.

이상의 육상 가운데 총(總) 별(別)은 바탕을, 동과 이는 모양을, 성과 괴는 작용을 말한 것이며 또한 총(總)·동(同)·성(成)의 삼상은 평등한 방면이요, 별(別)·이(異)·괴(壞)의 삼상은 차별의 방면을 말한 것이다. 이처럼 우주만유는 평등 즉 차별(같음과 다름), 차별 즉 평등(다름과 같음)의 원리에 따라 떨어지려야 떨어질 수 없는 관계를 유지하고 안과 밖을 이루어 무한이 생성 발전하고 있다.

 우주만유 삼라만상이 크게는 산하대지에서 적게는 일초일목 나아가 맨눈으로 볼 수 없는 미생물 아메바에 이르기까지 다 함께 시간과 공간을 통해서 서로 인이 되고 연이 되어 주가 되고 반이 되며 쫓고 들며 숨고 나타나며 들이고 응하며 기대고 도우면서 전체로, 부분으로 같게 다르게 이루며 무너지면서 다함없이 걸림 없이 영원히 항상하고 발전하는 것이라는 이와 같은 최상 최대의 진리가 법계연기론을 바탕으로 한 법계연기관이다.

 우리는 누구를 막론하고 부처님의 참다운 진리에 투철해진다면 인간은 미움도 슬픔도 근심도 걱정도 원망도 괴로움도 없는 세상에서 행복과 보람 속에서 살게 될 것이고 공포와 빈궁과 살육이 횡행하는 전쟁이 없는 세상에서 평화롭고 풍족한 극락세계를 이루게 될 것이다.
 이러한 지고지순한 염원을 성취하기 위해서는 한 사람도 빠짐없이 부처님의 참 진리를 터득하고 실천하는 새 인간으로의 면모를 갖추어야 하겠다.

5.

생멸 무쌍한 우주만유의 실상은 무엇인가?

1) 삼세가 실로 있고 법체는 항상 있다(三世實有 法體恒有).

인간을 비롯하여 우주만유를 만유되게 하는 힘, 곧 본체와 본성은 과연 무엇인가? 봄이 오면 꽁꽁 얼어붙었던 땅이 녹으며 부드러워져 파릇파릇한 풀잎이 돋아나고 움츠렸던 나뭇가지들도 뒤질세라 잎도 피우고 울긋불긋 꽃을 피운다.

이처럼 우리가 보고 만질 수 있는 푸른 풀 아름다운 꽃들의 가지가지의 온갖 현상들은 모두다 인연에 의해서 이루어지고 생겨난 것이지만 그러나 보고 만질 수 없으면서 모든 존재물들을 존재케 하면서 변함이 없고 항상하고 평등한 현실들의 참된 실상은 과연 공간적으로 보아 참으로 있는 것인가, 그렇지 않으면 어느 누구의 창조로 인해 있는 것인가 하는 의문에 대해 우리는 그 진실을 밝혀 보아야겠다.

이처럼 그 본체의 생성에 대해 존재론적으로 고찰하고 설명한 것이 불교 교리에서 밝히고 있는 실상론의 목적이다.

그런데 앞의 연기론과 마찬가지로 우주만유의 실체를 고찰하는 실상론에 있어서도 그 시대와 역사적인 배경에 따라 주장하는 바가 각각 다르다.

연기론에서 업감연기설을 주장하던 소승불교에서는 일체의 진리인 우주만유의 본체는 시간상으로 과거, 현재, 미래의 삼세에 걸쳐 항상 있는 것이라고 주장한다. 이것을 삼세실유 법체항유라고 한다.

바꾸어 말해 시간도 삼세(과거, 현재, 미래)에 걸쳐 실로 있고 모든 사물의 체성도 항상 있는 것이라고 하는 것이다. 그런데 무릇 인연으로 말미암아 났다[생], 없어졌다[멸] 하는 만들어진 모든 것은 반드시 변천하여 사라지는 무상한 것들인데 어떠한 연유로 그 법체[물건]의 체성이 항상 있다고 주장하는가.

　이에 대해 설명하기를 모든 물건은 찰나 찰나에 났다[生], 없어졌다[滅] 하며 이에 따라 법체[물건] 또한 찰나 찰나에, 앞의 것은 없어지고 뒤엣것은 새로 생겨나기를[全滅後生] 되풀이 하되 아주 없어지지는 않고 끊임없이 자기의 상태를 계속하여(자류상속) 물질은 물질대로 정신은 정신대로 각각 상속해서 없어지지 않으니, 이렇듯 모든 물건의 체성은 시간상으로 삼세에 걸쳐 실로 있고(三世實有) 공간적으로 우주에 두루 차서 항상 있다(法體恒有)는 주장이다.

2) 현재만이 체가 있고 과거와 미래에는 체가 없다[現在有體 過未無體說]

 이상에서 삼세실유 법체항유설은 대체로 소승불교의 상좌부에 속하는 설일체유부의 주장이다. 그러나 이에 대하여 다른 여러 부류에서는 아래와 같은 논리로 부정하고 있다.
 즉 삼세실유론에서 주장하는 바와 같이 법체(물건)가 삼세에 걸쳐 항상 존재하는 것이라면 과거에는 과거의 체가 있고 현재에는 현재의 체가 있어서 법체가 있는 곳에는 반드시 이에 따르는 작용이 일어날 것이고 작용이 있다면 현실의 작용이 되므로 과거니, 미래니 구별이 없어지게 된다.
 체와 작용은 한 몸으로 사람은 사람으로서의 행위가 있고, 호랑이는 호랑이로써의 행위, 사과나무는 사과나무로써의 행위, 진달래꽃은 진달래꽃으로써의 행위를 하게 된다. 모든 존재는 그 나름대로 자신만이 할 수 있는 활동을 하게 되어 있다.
 그러므로 삼세가 근본적으로 차별이 있는 것이 아니고 그 법체가 사라진 것을 과거라 하고 아직 생겨나지 않은 것을 미래라고 한다. 따라서 삼세는 실로 있는 것이 아니고 과거와 미래는 체가 없고 오직 현재만이 체가 있다고 주장하고 있다.

3) 모든 법은 다 비었다[諸法皆空設]

이와 같이 내가 존재하는 현실에서 만이 사사물물이 현존한다는 주장에 대해 모든 법체(존재들)는 모두 다 거짓인 것으로 이름과 명칭만 있을 뿐 실제로는 실체가 없다.

다시 말해 현실적으로 나를 비롯한 모든 물체가 오온(색. 수. 상. 행. 식)의 인과 연의 법칙에 따라 일시적인 현상으로 모양과 형태를 갖추고 눈에 나타나 보이는 것일 뿐 비교하자면 꼭두각시 무지개 같아서 영원히 존재할 수 있는 것이 아니고 실재의 품성은 빈 것이라는 것이다.

이것은 인도 6파 철학의 하나인 수론파의 학자였다가 불교 소승불교의 대중부로 옮겨 성실론을 지어서 주관적인 나의 실재를 부정하는 동시에 객관적인 법(물질. 사물)의 체성도 빈 것이라고 주장한 하리발마의 사상이다.

4) 무상개공론(無相皆空論)

(1) 그릇됨을 깨뜨리고 옳음을 나타낸다[破邪顯正]

하리발마의 성실론의 제법개공론을 이끌어 올려 한층 더 발전시켜서 모든 물질의 그 형체가 곧 그대로 비었다고 설명하는 것이 용수보살의 삼론(중관론. 십이문론. 백론)의 무상개공론이다.

용수보살의 개공론이 얼핏 겉으로 보기에는 이것도 저것도 다 비었다고 부정만 하는 것 같지만 실은 있다면 있다는 차별에 사로잡히고, 비었다면 비었다는 평등에 사로잡혀 소득의 관념을 두므로 이러한 미혹한 고집을 깨트리고 누구도 소득의 개념을 가지지 않는 바른 지혜를 나타내는 데 그 목적이 있으니 이 개공론은 그릇됨을 깨트리고 바른 것을 나타내는 양면을 가진 것이다. 이렇듯 파사와 현정은 실로 삼론 사상의 두 가지 큰 원리이다.

다시 말하면 삼론 가운데 용수보살의 제자 제바가 쓴 백론은 외도와 소승의 있다는 생각을 깨트리는 파사를 위주로 한 것이고 용수보살이 쓴 중관론과 십이문론은 안으로 대승교리의 비었다는 이치를 적극적으로 나타내는 현정을 위주로 한 것이다.

그렇다면 파사(그릇됨을 깨트리다)의 대상을. 구체적으로 말하자면
첫째는 외도(불교 이외의 종파)의 아법구유설이니 주관인 나와 객관인 일체물물이 둘 다 형태만 있지 본질이 빈 이치를 알지 못하고 실아실법이라는 그릇된 견해에 사로잡혀 있는 것이요.
둘째는 유부종의 아공법유설이니 내가 비었다는 이치는 알고 있으나 그러나 법(일체물물)은 실로 있는 것이라고 그릇 고집하는 것이고,

셋째는 성실종의 아법이공설이니 그들은 나와 만물이 함께 비었음을 주장하나 편공에 치우쳐 있기 때문이요.

넷째는 무엇인가를 얻었다는 생각에 머무르고 있는 일부 대승이니 그들은 참으로 빈 줄만 알고 진공 가운데 묘하게 있는 바른 지혜를 알지 못하고 있다.

이렇듯 위의 네 가지 주장들은 얕고 깊은 차이점은 있으나 모두 그 무엇을 얻었다는 유소득의 그릇된 소견에 사로잡혀 있음이다.

그러므로 '금가루가 비록 귀한 것이나 눈에 들어가면 아프다〉고도 했고 〈일체에 걸림이 없는 사람이라야 생사를 벗어난다.'고 한 것 등은 다 무소득의 올바른 지혜를 얻음을 가리킨 말이다.

백론을 쓴 용수보살의 제자 제바가 외도들에게 해침을 당했을 때 급히 달려와 슬퍼하고 분노하는 제자들에게 '모든 물질이 본래 비어서 나라는 주관도 내가 소유하는 객관도 없으며 능히 해할 사람도 또한 해를 입을 사람도 없거늘 누구를 친히 하고 누구를 원망하랴. 나를 해한 것은 나의 과거의 업보일 뿐 나를 해한 것은 아니다.'라고 말하고 평화 속에서 조용히 운명했다고 하니 얼마나 공사상에 철저한 거룩한 태도인가.

또한 중국의 승조법사가 그 천재성으로 인해 주위의 시기 질투 때문에 31세의 젊은 나이에 참형이라는 비극적인 일생을 마치며 '4대(지, 수, 화 풍)가 본래 공한 것이고 오온(색, 수, 상, 행, 식)이 본래 주인이 없거늘 내 목이 칼에 잘려 나가는 것은 춘풍을 베는 것과 같다.'라고 한 것은 얼마나 공사상에 투철하였는지를 증명하는 가장 모범적인 사례이다.

(2) 진리와 세속의 두 가지 가르침

이렇듯 인간을 비롯한 천지만물의 체성은 빈 것이라고 하나 그것을 설명하는 방법에 두 가지가 있으니 진제와 속제의 이제설이다.

용수보살은 그의 저서 중관론에서 모든 부처님은 이제에 의해서 중생의 무지를 일깨우는 진리를 말씀하셨으니,

첫째는 세속제로서 한 것이고 둘째는 제일의제이다. 세속제는 세제 또는 속제라고도 하고 제일의제는 진제 또는 승의제라고도 하는데 〈제〉는 움직일 수 없는 참다운 진리를 말한다.

즉, 속제란 얕은 사상이요, 진제란 진실한 깊은 뜻이라는 것이다.

다시 말해 속제는 일체 인간 세상사의 차별적인 모든 천지만물을 하나도 빠트리지 않고 있는 그대로를 긍정해서 인정하는 것이다. 즉 대 자연계의 일월성진 산하대지 등 삼라만상과 인간계의 남녀노소 부귀빈천 등 천차만별의 다름을 각각의 인연으로 말미암아 생겨난 대로 긍정하는 것이다.

진제는 이러한 차별적인 현상계를 그 평등한 본체면에서 부정하는 것이다. 즉 모든 현상은 다 저절로 생겼거나(자연생), 유일신이 창조했거나(일인생), 또는 아무 원인 없이 된 것(무인성)이 아니고 얽히고설키듯 다 뭇 인연이 화합해서 이루어진 것이므로 그것 자체에는 이렇다 할 자기만의 성질이 없으니 어찌 하물며 차별이 있을 수 있겠는가?

나타나 있는 모든 것들의 참된 근본은 같은 본성으로 형성된 동일한 것이다. 비유하자면 사람은 얼굴 모습, 눈 색깔, 살갗의 다름으로 인종의 우열을 차별하고 옷차림의 다름으로 귀천을 가리고, 계급장

을 가지고 가치와 존귀의 등급을 결정하지만, 인간이 가지고 있는 본바탕으로. 발가벗겨 놓은 그 본 모습을 볼 때는 한사람의 예외도 없이 만인이 절대평등하고 동일한 것이다.

인간의 이목구비와 오장육부 등 물질적 요소와 희로애락, 우비고뇌 등 정신적 요소가 여러 가지로 어울려서 한 사람의 인간을 형성하고 있으며 이렇게 뭇 인연으로 이루어졌으므로 제 바탕이란 것이 없고 따라서 마침내 빈 것이 된다.
다시 말하면 모든 사물을 모양의 차별적인 면에서 관찰하는 것이 속제요, 바탕의 평등한 면(모든 물질의 구성 요소가 같다는 점에서 살펴볼 때 조금의 우열이나 차별이 없이 평등하다는 것)에서 관찰하는 것이 진제이다.
이렇게 속제로서 차별을 인정해 주고 진제로서 다시 부정하는 것은 어디까지나 중생들의 미혹한 집착을 끊고 상대적인 관념에서 벗어나 절대 평등 무소득의 지혜를 얻게 하자는 거룩한 자비심의 발로이다.
차지하여 간직할 수 없는 무지개를 소유하기 위해 탐욕을 부리는 어리석음을 일깨우고, 인간생활에서 일시적인 존재인 재물과 부귀 권력 등에 목숨을 걸고 애태우는 모습이 안타까워 '눈에 보여 있는 것 같아도 없는 것이요, 없는 가운데 생겨나는 것이 있음을' 일깨워 그 깨달음으로 고통에서 벗어나게 하려는 자비심의 발로이다.

(3) 여덟 가지로 부정한 중도설 [八不中道設]

진제니 속제니 하는 설명은 우리 앞에 나타나 있는 일체만물이 사실 본성에서 따져보면 인연에 따라 잠시 존재하다 사라져 없어지는 일시적인 것들이어서 영원히 소유할 수 없는 것이므로 소유와 집착의 개념을 갖지 말고 무소득의 공사상을 깨우쳐 소유욕으로 인한 고통의 늪에서 벗어나게 하려는 상대적 시도이다.

그런데 모든 것을 다 함께 부정하는 절대적 설명이 곧 이 팔부중도설이다. 여덟 가지의 부정이라는 것은 용수보살이 그의 저서 중관론의 첫머리에 있는 글귀로써 '나는 것도 아니고 없어지는 것도 아니며, 항상하는 것도 아니고 또한 끊어지는 것도 아니며, 하나인 것도 아니고 또한 다른 것도 아니며, 오는 것도 아니고 가는 것도 아니니 능히 이 인연을 설해서 모든 실없는 말을 없애노라. 내가 머리를 조아려 부처님께 예하노니 모든 말씀 가운데 제일이니라.'라고 한 것이 그것이다.

아니라는 것은 깨트리고 없애는 문이니 이렇듯 여덟 가지로써 부정함은 중생들의 모든 어리석은 집착이 대개 이 여덟 가지로부터 다 나타나기 때문이다. 이렇게 여덟 가지로 부정하는 뜻과 까닭을 풀이하면 다음과 같다.

① 난다[生]는 것은 일체의 사물이란 여러 인연의 화합으로 하여 잠시 나타나는 것인데 일부 중생들은 참으로 생겨나는 것인 줄 알고 있으므로 이를 부정하여 불생(不生)이라 하고,

② 없어진다[滅]는 것은 이것 또한 인연이 다하여 흩어지는 것인데 실제로 일체사물이 없어지는 것으로 알고 있으므로 이를 부정해서 불멸(不滅)이라 하고,

③ 항상하다[常]는 것은 우리의 몸과 마음은 다 인연으로 말미암아

모였다(태어났다) 흩어졌다(죽는 것) 하는 것인데 몸은 비록 죽어 없어지더라도 마음만은 항상 머물러 없어지지 않는다고 고집하므로 이를 부정해서 불상이라 하고,

④ 끊어진다[斷]는 것은 사람이 죽는다는 것은 모였던 원소들이 흩어지는 것인데 일단 죽으면 몸도 마음도 다 없어지고 만다고 고집하므로 부단이라 하고,

⑤ 하나[一]라는 것은 일체의 모든 사물은 본체의 측면에서 보면 하나인데 현실세계의 차별까지도 하나라고 고집하므로 이를 부정해서 불일이라 하고,

⑥ 다르다[異]는 것은 일체의 사물이 나타난 형체에 있어서만 다른데 그 바탕 성분까지 다르다고 고집하므로 이를 부정해서 불이라 하고

⑦ 온다[來]는 것은 우리 인간은 자기가 과거에 지은 업력에 의해서 삼계(욕계, 색계, 무색계) 육도(지옥, 아귀, 축생, 아수라, 인, 천)로 돌아다니는 것인데 어떤 다른 곳에서 제멋대로 온 것이라고 고집하므로 이를 부정해서 불래라 하고,

⑧ 간다(거)는 것은 육신이나 물질이 사라지는 것을 본체 자체가 없어지거나 사라지는 것이라고 고집하므로 이를 부정해서 불거라고 한다.

한말로 요약하면 이러한 고집들이 무엇보다 천지산하의 일체사물의 모습을 옳고 바르게 보지 못하는 인간들의 주관적 망상에서 파생된 독단의 결과이어서 이러한 잘못된 생각을 끊어 없애는 것이 팔부요. 이렇게 부정한 뒤에 바로 세워지는 생각의 그 중도 실상의 진리가 곧 팔부중도이다.

팔부중도의 핵심은 우리가 살아가며 갖가지 자극에 생각하고 마음을 움직임에 있어 지나치게 감정의 격류에 휘말리게 된 결과 분별과 집착의 고착화로 인해 지나치게 희, 로, 애, 락, 우, 비, 고, 뇌의 수렁에 빠져드는 잘못에서 벗어나게 함에 그 참뜻이 있다.

(4) 유공중도설

용수보살의 공사상은 어디까지나 무엇인가를 얻겠다는 그릇된 고집을 타파하고 물질이라는 것들이 죄다 빈 것이어서 소유하거나 축적할 수 없다는 것에 인간 삶의 가치에 기본 바탕을 두고 있다.

천지산하의 모든 존재 중 유일하게 인간들만이 필요한 생필품과 갖가지 재화를 소유 축적하기 위해 필사의 노력을 경주하고 있고 이에 따라 겪는 고난과 시련이 인간 고통의 대부분을 차지하고 있다.

이 같은 고통의 굴레에서 벗어나게 하려는 자비심이 천지산하에 전개되어 있는 일체만물의 본체와 본성을 밝혀 인간이 탐욕에서 벗어날 수 있게 무상개공론의 사상을 전개한 것이다.

그러나 삼론을 통하여 무한히 부정함으로써 무상개공론을 주장하고 있으나 우리 눈앞에 의연히 펼쳐져 있는 산하대지의 삼라만상과 갖가지 재화 재물이 있고 그 속에 영원한 생명과 가치가 상존하고 있으니 이 사실을 어찌 부정만 할 수 있겠는가?

있다는 것은 4대(지·수·화·풍)의 화합으로 오온(색·수·상·행·식)이 눈앞에 펼쳐져 있는 현상이요. 비었다는 것은 이 현상의 실체는 형태와 이름만 있을 뿐 실제로는 무지개, 신기루. 아지랑이와 같다는 것이다.

다시 말하면 이렇게 눈에 보여 존재한다는 생각을 갖게 되는 것은 다만 거짓 있는[가유] 겉모양[상]만을 상대로 해서 잘못된 집착을 일으키기 때문이기는 하나 그러나 그 모양으로 보아 없지 않으니 빈 것이 아니요[비공], 또한 동시에 아무리 이와 같이 모양이 있다 하더라도 그 바탕(성)에서 볼 때 거짓 있는 것이니 있는 것이 아니다(비유).

비유하면 파도와 새끼를 그 모양으로 볼 때에는 없지 않아[非空] 있는 것이 사실이지만 그 바탕(성)으로 볼 때에는 오직 물과 짚(비유)일 뿐이다.

그래서 일체 모든 사물의 실체는 빈 것도 아니요[非空] 있는 것도 아니니[非有] 이것이 진리인 중도라고 하는 것이 세친보살이 주장하는 유공중도설이다.

(5) 삼종자성설

유공중도설을 주장하는 세친보살은 그의 유식론에서 현상계 사물의 실상을 통틀어 3단계로 나누어 설명했으니 1.변계소집성 2.의타기성 3. 원성실성의 삼성이다. 이제 이 삼성의 뜻을 간단히 설명하면 다음과 같다.

① 변계소집성

이는 두루 헤아려 짐작되는 바의 성질이라는 뜻이다. 그런데 여기서 두루 헤아린다는 것은 우리의 그릇된 인식 즉 착각으로 말미암아 이렇게 저렇게 제멋대로 두루 헤아리는 허망분별을 뜻한 말이요, 짐작되는 바라는 것은 이 그릇된 인식으로 말미암아 잘못 인식하게 되는 바의 정신적이고 물질적인 일체의 인식 대상을 뜻한 말이고, 바탕이라는 것은 이렇게 그릇 인식되는 그 사물의 성질과 성품이라는 뜻이어서 이를 분별성이라고도 한다.

다시 말해 우리가 어떤 대상을 인식했을 때 그 주관적 착각으로 인해 일어나는 거짓으로 형성된 경계(물체나 성질)를 말한다.

즉, 우리가 어떠한 사물을 인식할 때는 반드시 인식의 주체인 육근(안, 이, 비, 설, 신, 의)과 그 대상인 육경(색, 성, 향, 미, 촉, 법)이 서로 접하여 비로소 제6의식이 주관적인 인식 작용을 일으키는 것이다. 그러나 이 육의식 자체가 인간의 감각적이고 주관적인 편견일 수 있어 본시부터 믿지 못할 망식일 경우가 많아 육식이 느낀 대상이 역시 바르게 인식될 리가 없음은 마치 색맹인 사람이 색을 올바르게 식별할 수 없는 것과도 같은 이치이다.

한 말로 표현해서 우리가 실로 있다[實有]고 인식하는 모든 사물은 이는 다 인연으로 인해 생겨난 거짓으로 잠시 있음[假有]을 알지 못하는 의식의 착각으로 나타난 주관적인 잘못된 생각의 결과라는 것이다. 마치 캄캄한 밤길에서 짚으로 꼰 새끼를 뱀으로 착각하는 것과 같아서 우리들이 인식하는 모든 사물은 잘못된 인식에는 있으나 실제로는 실체가 없다는 말이다. 우리들이 참으로 깨달아 알아야 할 진리는 인간들이 착각으로 잘못 분별한 거짓을 사실로 인식한다는 것이다.

② 의타기성

의타기성이라는 것은 남에 의해서 일어나는 성질이라는 뜻이니 여기서 남이라고 하는 것은 인연을 가리킨 것이니 객관적인 현상계의 모든 사물은 그것이 정신적인 것이거나 물질적인 것이건 간에 그 어느 것도 상주불변하는 고정적으로 실재하는 것이 아니고, 다 인연으로 말미암아 생겨났다가 인연이 다하여 없어지는 것이다. 그런데 이 인연이라는 남의 힘에 의해 생멸하는 의타기성은 비록 실체는 없다 하더라도 순수하게 주관적인 착각으로 말미암아 일어나는 변계소집성과는 다른 바가 있다.

즉 뱀으로 착각한 그 새끼는 주관적인 잘못으로 인식한 뱀이 아닌 동시에 객관적인 현실인 새끼임에는 틀림이 없기 때문이다. 그런데 이 새끼는 본래 상주하는 실체가 있는 것이 아니라 여러 가닥의 짚을 바탕으로 사람의 인력으로 서로서로를 꼬아 만든 것이므로 실제로 있는 것이 아니라 거짓으로 있는 것이다.

또한 유식론에서는 이 의타기성의 실체 없음을 8가지 비유를 들어 설명하였으니 1.꼭두각시 2.아지랑이 3.꿈 4.거울에 비친 모양 5.그림자 6. 메아리 7.물에 비친 달 8.변화가 그것이다.

③ 원성실성

원성실성이라는 것은 원만히 이루어진 진실한 성질이라는 뜻이니 이는 앞의 의타기성의 근본을 이루고 있는 본체적 실체로써 구체적으로는 한결같이 참다움[眞如] 바로 그것을 가리킨 것이다. 천지산하에 존재하고 있는 일체를 있게 하는 구성 요소를 말하는 것이다.

그런데 이 진여는 시간적으로는 삼세에 뻗치고 공간적으로는 시방에 두루 해서 새로 생겨나지도 뒤에 없어지지도 않으면서 변치 않고 사라짐도 없고 거짓이 아니어서 일체 사물의 본성이 되는 것이다.

〈마치 물이 바람이나 온도의 작용으로 의타기성인 모양과 형태는 얼음 수증기 안개 파도 등등의 천태만상으로 변화하지만 원성실성인 물의 본성은 변하지도 달라지지도 않는 것과 같다〉

이상 설명한 바와 같이 삼성의 관계를 설명하여 우리의 인식 상태를 요약하면 변계소집성은 새끼를 뱀으로 착각한 것이요. 의타기성은 짚을 새끼로만 보는 것이요 원성실성은 짚 그 자체를 말한 것과 같은 것이다.

이와 같이 우리가 매일 먹고 입고 잠자기를 되풀이하면서 어제도 오늘도 그리고 내일도 모든 사람과 더불어 세상을 살아가지만 그러나 그 보고 느끼고 행하는 것이 모두 참다운 실상을 제대로 인식(원성실성)하는 것이 아니라 거짓을 참으로 알고 없는 것이 있는 듯이 생각하고 행동하는 것이니 눈앞의 현상을 바로 인식하여 진실한 생각과 행동으로 집착의 그늘에서 벗어나야 할 것이다.

(6) 세 가지 자성 없음

세친보살이 이렇듯 그 사상의 깊고 낮음과 어리석음과 밝음의 차이는 있으나 일단 삼종 자성설로써 현상계와 본체계를 다 있다[有]라고 정의했다.

이것은 한쪽으로만 있는 것을 주장하는 소승의 생각에서가 아니라 진리를 본체는 있다(有)는 방면에서 관찰한 것뿐이다.

그런데 이에 다시 비었다[無]는 방면에서 설명한 것이 삼무자성이니 즉 ① 상무성 ② 생무성 ③ 승의무성인데 이를 설명해 보면 다음과 같다.

① 상무성이라는 것은 모양에 자성이 없다는 뜻이니 모양 없음으로써 물건들의 바탕을 삼았기 때문이다.

그런데 이것은 실체 없는 것을 착각으로 인해 잘못 인식하는 변계소집성을 대치하는 것으로써 그 물건의 형태가 마침내 있는 것이 아니라는 점을 가리켜 이렇게 이름한 것이다.

즉 변계소집성의 착각으로 인해 인식한 뱀은 실은 새끼로 아무런 실체가 없으며 형체가 눈에 보여 있는 듯하나 실제로는 비 온 뒤 하늘에 뜨는 무지개 같을 뿐이다.

② 생무성이라는 것은 남[生]에 자성이 없다는 뜻이니 태어남이 없음을 바탕으로 삼았기[의무생위성] 때문이다. 이것은 어디까지나 의타기성을 대치한 것으로써 이는 여러 인연의 화합으로 하여 생기는 것이지 저절로 생기는[자연생] 것이 아니라는 점을 가리켜 이름 지어진 것이다.

즉 의타기성인 새끼는 사람이 짚을 꼬는 작업을 하는 인연으로 이루어졌을 뿐 자연생이 아니므로 인연이 다하면 필경 없어지고 마는 것이다.

그런데 앞의 상무성과 이 생무성은 함께 자성이 없다[無性]고 했으나 변계소집성은 본시 주관적인 판단 인식의 잘못으로 생겨났기에 그 형태가 전혀 없지만 이 의타기성은 그것이 객관적인 인연의 소생인지라 실로 있는[實有] 것은 아니나 거짓 있기[假有]는 있는 점이 다르고 한편 전혀 없고[全無], 거짓 있음[假有]의 정도의 차이는 있으나 참된 형태가 없다는 사실에는 다름이 없으므로 둘 다 무성이라고 해서 대치했다.

③ 승의무성이라는 것은 수승한 뜻에 자성이 없다는 뜻이고 참된 이치는 따로 바탕이 없기(眞實無性) 때문이다.

그런데 이것은 원성실성을 대치한 것인데 원성실성인 진여는 글이나 말로 표현할 수 없는 것일 뿐 아니라 일반인의 어리석은 마음으로는 그 뜻이나 의미를 도저히 알 수 없는 초연한 것이기에 이렇게 이름한 것이다.

위에서 진리의 본체를 진여라고 했는데 진 (참)이란 진실해서 허망한 것이 아니라는 뜻이요 여(같다)란 항상스러워서 (여상) 없어지거나 사라지거나 훼손됨이 없다는 뜻의 이름이 보여주듯이 인연을 따르지만 불변하고 모든 천지만물과 같지 않지만, 또한 다르지도 않으면서 온갖 사물들의 근본 바탕이 된다.

승의무성이라 한 것은 진리는 말을 여의였다[眞理異言]는 뜻이고, 허공이 빛도 모양도 없지만 일체의 빛과 모양을 남김없이 포용하는 것과도 같은 것이다. 줄여 요약하면 삼성과 삼무성은 겉[表]과 안[內] 긍정과 부정의 관계이며 눈에 보여 인식되는 각각의 현상과 눈에 보이지 않지만, 일체의 만물을 만들 수 있는 참 성질을 밝힌 것이라 할 것이다.

(7) 있지 않고 비지 않은 바른 지혜(비유, 비공, 중도)

삼성과 삼무성은 각각 진리의 한 단면이니 삼성이 있는 것(有)이라 하고 삼무성을 빈(空) 것이라 하기 때문이다.

그러나 삼성이 있는 것이라 하더라도 그 반대로 삼무성을 전제로 했으므로 있는 것에만 치우친 편유가 아니고 또 삼무성이 빈 것이라 하더라도 그 반대의 삼성을 전제로 하였으므로 빈 것에만 치우친 편공이 아니어서 이와 같이 일체사물의 진리란 반드시 있지 않고 비지 않은 중도라는 것이다.

이 여러 가지를 요약하면 천지산하 일체만물의 본체는 있는 것도 아니고 없는 것도 아닌 데 있다는 것은 본체가 무릇 여러 인연의 교접으로 생겨나는 것이고 없다는 것은 여러 인연으로 생겨난 각각의 일체 물물들이 인연의 다함으로 다시 본체로 환원되는 것을 말한다.

그리하여 있고 없고의 참된 진리를 밝혀 보면 모든 게 중도로 귀결되는 것이다.

5) 제법실상론

(1) 칠종이제설

소승 구사종의 삼세실유론으로부터 시작된 실상론의 사상 체계가 그 후 공(비었다)의 입장에서 설명되었으니 성실종(하리발마)의 제법개공론이나 삼론종(용수보살)의 무상개공론이 모두 일체 사물이나 그 바탕(본체)을 다 공한 입장에서 사상을 전개하였다.

또한 인도의 세친보살이 그의 유식사상을 통해서 일체만물의 실체는 그 모양 (상)으로 보아 빈 것이 아니요 (비공) 그 바탕 (성)으로 보아 모양이 거짓 있는 것이므로 있는 것이 아니라 (비유)고 해서 유와 공을 초월한 유공중도가 진리라고 주장하나 이 중도는 결국 소극적 부정적이라 아니 할 수 없다. 이에 대하여 적극적이고 긍정적인 측면에서 일체만물의 실체를 논한 것이 천태종의 제법실상론이니 화엄종의 법계연기론이 연기론에 있어 최고 이듯이 실상론에 있어서는 최상의 이론이다.

다시 말하면 구사종이 제법(모든 물물)의 체성은 시간적으로 실재하고 (삼세실유) 공간적으로 항유하다(법체항유)라고 해서 철저히 유를 주장함에 대하여 그 후로는 대체로 공을 제창하기에 이르렀었는데 이제 다시 유의 입장으로 되돌아가서 제법의 참모습을 설명하는 것이 천태의 제법실상론이다.

그러나 여기에서의 유는 저 구사종의 유와는 그 차원과 깊이를 크게 달리하고 있으니, 이유는 일단 제법을 공한 위의 유이므로 진공묘유라고 한다. 만약 소승의 유를 차별이요, 공을 평등이라면 평등한 가운데의 차별이 곧 이 진공묘유이다.

마치 사람이란 본래 차별적인 것이어서 부귀빈천 지우미추의 차별이 있다고 주장하는 것을 유종이라면 또 부귀나 미추 등은 사람의 형식적인 차별일 뿐 우리 인간의 본질 면에 있어서는 절대 평등하다고 주장하는 것이 공종이요. 아무리 본질 면에서는 평등하다 하더라도 그 사람의 인격 지식 활동의 영향력 등으로 평가되는 가치에 있어서는 역시 차별을 인정하지 않을 수 없으니 이렇듯 평등한 가운데 차별을 인정하는 것을 진공묘유 또는 성종이라고 한다.

그런데 천태종에서는 불교 교리의 내용을 사상의 낮고 깊음에 따라 장, 통, 별, 원의 4교로 분류했으니 ① 장교란 삼장교라는 뜻이니 소승불교를 말하는 것이요. ② 통교란 공통아라는 뜻이니 대승과 소승 즉 성문, 연각, 보살의 삼승에 공통되는 내용을 갖추었음을 말하는 것이요. ③ 별교란 특별하다는 뜻이니 대승보살에 의한 특별한 가르침임을 말하는 것이요. ④ 원교란 원만하다는 뜻이니 완전무결하게 일체물물의 이치가 골고루 통용되는 원융상즉한 최고의 가르침을 말하는 것이다.

그런데 위의 4교에서 각각 진제와 속제를 설명함에 있어 깊고 낮음이 같지 않다고 설명하고 있으니 이것을 일러 7종2제설이라 한다.

여기서 7종2제를 설명하면
① 장교의 이제는 생. 멸 이제이니 즉 오온(색, 수, 상, 행, 식) 십이입((6근;안 이 비 설 신 의)과 육경(색 성 향 미 촉 법)) 십팔계(육근과 육경에 육식(안식 이식 비식 설식 신식 의식)) 등으로 인하여 이루어진 삼라만상 형상계의 제법을 실

재로 존재하는 법이라고 설하는 것을 속제라 하고 방편과 수도로 이 세속법을 멸하여 없애고 진리를 깨달아 아는 것을 진제라 하는 것이니 이를 실유이제라고 한다.

② 통교의 이제는 무생 이제이다 즉 현상계의 제법은 인연으로 말미암아 이루어졌으므로 실유법이 아니라고 설함을 속제라 하고 이미 실유가 아니므로 공이라 설함을 진제라 하는 것이니 환유공 이제라고도 한다.

③ 별교의 이제는 무량이제이다. 유라 공이라 설함을 함께 속제라 하고 제법의 참 모습은 있는 것도 아니요. 빈 것도 아니요. 중도라 설함을 진제라 하는 것이니 환유공 불공 이제라고도 한다.

④ 원교의 이제는 무작이제이니 유 와 공 외에 중도를 내세워 이 삼제(유. 공. 중도)의 구별을 가지고 설함을 속제로 하고 삼제에 치우치지 않고 진과 속이 상즉해서 원융무애(圓融無碍)한 것을 진제라 하는 것이니 부사의 이제라고도 한다.

이 원교의 이제는 화엄종의 법계연기에 있어 일초일목(一草一木)이 다 연기의 주체 아님이 없어 중중무애(重重無礙) 했듯이 현상계의 일체사물이 다 중도의 이제를 본래 갖추고 있어서 일색일향(一色一香)이 중도 아님이 없나니 (무비중도無非中道) 가장 수승하고 심오한 가르침이다.
이상의 4종이제 밖에 다시 3종2제가 있으니

⑤ 별접통 의 2제는 환유를 속으로 하고 환유에 즉한 공 불공을 진 으로 하며

⑥ 원접통의 2제는 환유를 속으로 하고 환유즉공불공과 일체취공 불공을 진으로 하며

⑦ 원접별의 2제는 환유와 환유즉공을 다 속으로 하고 불유불공과 일체법취불유불공을 함께 진으로 한다.

이상의 3종2제는 일체만물의 있고 없음과 중도에 대한 생각이 중생들의 근기가 밝은 사람과 우둔한 사람의 차이에 따라 깨달음의 깊고 낮음이 있어서 이 세상사의 이치를 어떻게 판단하고 실행할 것인가에 차이가 있음을 말하고 있다.

(2) 삼제원융설

진 속 이제로써 우주만유의 본체를 밝히되 원교에 이르러 비로소 그 극치를 다했다고 하는, 이른바 사교이제설은 다시 유와 공과 중 또 진 속 중이라고 해서 양극단진제, 속제에 중도를 합한 삼제설로 발전하게 되었다.

그런데 이 삼제설은 저 인왕경의 공, 색, 심, 삼제와 영락경의 공, 가, 중도의 삼제와 용수보살의 중론에 공, 가, 중도의 삼제와 세친보살의 유식에 유, 공, 중도의 삼제설 등이 있어 다 법계를 나타내는 방법으로 삼았으나 그러나 무엇보다 완벽을 이룬 것이 천태의 공, 가, 중의 삼제설이다.

본시 삼제란 용수보살의 중론에 〈인연으로 생긴 법을 곧 비었다(空)고 설하며 또한 거짓 이름[假] 뿐이라 하며 또한 이것을 중도라고 한다(인연소생법 아설즉시공 역위시가명 역시중도)라고 했듯이 제법은 다 인연으로 말미암아 생겼으므로 체성이 실로 비어서(空) 자성이 없으며 또한 체성이 비었으므로 거짓 이름[假名] 뿐 실재가 아니며 그러므로 공도 아니요. 유도 아닌 중도에 진리가 있는 것이라고 설명하는 것이다.

다시 말하면 현상계를 초월한 본체계가 있는 것이 아니라, 차별적인 현상계 그대로가 곧 모양 없는 본체의 나타남이라고 보는 것이니 이것을 일러 일색 일향이 중도의 도리 아님이 없다고 한다.

(3) 십계십여설

제법이 이렇듯 서로 즉 '상즉'하고 서로 어울려서 '원융' 걸림이 없다 '무애'는 삼제 원융설은 제법의 참 모습을 구별하는 방법이었다.

그런데 천태는 이 제법을 구체적으로 나누어 십계를 삼았으니 ①지옥. ②아귀 ③축생 ④아수라 ⑤인도 ⑥천도 ⑦성문 ⑧연각 ⑨보살 ⑩불 이 열 가지를 말하는 것이다.

이 십계는 미, 오. 범. 성에 따라 크게 둘로 나누는데 가장 미혹한 지옥으로 부터 천도까지의 육계는 이는 미혹한 범부의 세계이므로 6범이라 하고 성문으로부터 깨달음의 극치인 불계까지의 사계는 이는 깨달은 성인의 세계이므로 사성이라고 한다. 이 사성육범의 십계는 우리들이 차차로 수행해서 위로 불계에 오르는 것을 향상문이라 하고 악을 지어서 점차 아래로 떨어져 지옥에 떨어지는 것을 유전문이라고 한다.

그러므로 십계의 어느 세계에 있든지 간에 깨달으면 부처가 되고 미혹하여 어리석은 짓을 하게 되면 지옥 축생 등으로, 범부로 추락하게 되며 십계는 또 각각의 일계가 십계를 갖추고 있어서 백계를 이루고 있다.

그러면 이러한 십계의 존재들이 서로 즉(상즉)하고, 서로 어울려서(원융), 걸림이 없다(무애)는 삼제원융설의 원리는 무엇인가?

이에 대하여 천태는 법화경(방편품 제 2)에서 그 근거를 구하고 있으니 즉 〈부처의 성취한 바 제일 희유하고 알기 어려운 법은 오직 부처와 더불어 부처만이 이에 능히 궁구에 다 하나니 모든 법의 참모습이란 이른바 모든 법의 이러한 모양, 이러한 바탕, 이러한 체. 이러한 힘. 이러한 지음. 이러한 인, 이러한 연, 이러한 과, 이러한 갚음, 이러한 본말구경 등 이니라〉가 그것이다.

열 가지 이러한(여시)의 뜻을 간략히 설명하면 다음과 같다.
① 이러한 모양[像]이라는 것은 사물이나 인간의 겉으로 드러난 형태를 말하는 것이니 지옥에는 지옥의 모양이 있고, 축생에는 축생의 모양이 있으며 산은 산, 물에는 물의 모양 꽃에는 꽃의 모양새에는 새의 모양이 있는 것이다.

② 이러한 바탕(성)이라는 것은 표면의 형태는 변해도 변하지 않는 내면의 바탕(성질)을 가리키는 것이다.

③ 이러한 체라는 것은 바탕(성질)과 모양(상)이 하나가 된 형태를 말하는 것이다.

④ 이러한 힘(力)이라는 것은 힘을 사용한다는 뜻이니 내면에 잠재해 있어 언제나 활용할 수 있는 힘을 말하는 것이다.

⑤ 이러한 지음(작)이라는 것은 잠재해 있는 힘을 분출하여 밖으로 나타내는 작용 동작을 말하는 것이다.

⑥ 이러한 인이라는 것은 작용에는 반드시 원인이 필요한 것이니 그 직접적인 제일 원인을 말하는 것이다.

⑦ 이러한 연이라는 것은 인을 도와 과를 낳게 하는 간접적인 보조 원인을 말하는것이다.

⑧ 이러한 과라는 것은 인과 연의 오묘한 작용으로 인해 맺어진 결과를 말하는 것이다.

⑨ 이러한 갚음(보)라는 것은 과에 의해 생겨나는 갚음을 말하는 것이다.

⑩ 이러한 본말구경등이라는 것은 모양(像)을 기본으로 하고 갚음을 끝으로 하여 이와같이 여시는 각각 따로따로 존재하는 것이 아니라 시작과 끝이 일관되게 형태를 유지하는 진리임을 말하는 것이다.

그런데 10법계가 각각 1법계에 십여시를 갖추고 있으니, 본래로 십법계에 백여시를 갖추고 있어 무량한 세계 무변한 여시를 이루어

275

유정 무정 사성육법(지옥, 아귀, 축생, 아수라, 인간, 천상, 성문, 연각, 보살, 불)등 풀 한포기 꽃 한 송이 헤아릴 수 없는 개체들이 나타나 있는 그대로가 다 진리의 나타남이라고 보는 것이다.

(4) 일념삼천설

이상에서 설명한 바 이제설 십계십여시설 등 다 깊고 오묘한 천태종의 제법실상론의 이론 철학이지만 그러나 불교의 근본 목적이 한갓 이론에 그치는 것이 아니요. 미혹한 마음을 일깨워 깨달음 즉 해탈에 있으므로 반드시 실천수행을 필요로 하는 것이다.

그러므로 법화경에 〈모든 붓다 세존께서 오직 한 큰일 인연 때문에 세상에 출현하시었다(제불 세존 유의일대사인연고 출현어세)〉고 하고 바로 이어 〈중생들로 하여금 붓다의 지견을 열고(개). 보이고(시). 깨닫고(오). 들어가게(입) 함이다〉고 했다. 그런데 천태종의 종교적 실천이론이 곧 〈일념삼천〉설이니 이는 실로 화엄종의 사무애 십현연기설과 더불어 대승불교 교리의 쌍벽을 이루는 것이라 할 수 있다.

그러면 일념삼천이란 무엇인가?

지자대사는 그의 마하지관에서 〈무릇 일심에 십법계를 갖추었고 십법계에 또한 십법계를 갖추어 백법계니라. 일개에 삼십종 세간을 갖추었으니 백법계에 곧 삼천종 세간을 갖추니라. 이 삼천은 일념의 마음에 있나니 만약 마음이 없다면 말거니와 조금이라도 마음이 있다면 곧 삼천을 갖추니라 또한 일심은 앞에 있고 일체법이 뒤에 있다고 말하지 말며 또한 일체법이 앞에 있고 일심이 뒤에 있다고 말하지 말지니라(대 일심 구십법계 일법계 우구십법계 백법계 일개 구삼십종세간 백법계즉구삼천 역불언일심재전 일체법재후 역불언일체법제전 일심제후〉고 했음이 그것이다.

즉 지자대사의 마하지관을 요약해서 설명하면 사성(성문, 연각, 보살, 불) 육범(지옥, 축생, 아귀, 아수라, 인간, 천상)의 십계가 원만하고 걸림 없이 자유스럽게 각각 서로 십계를 갖추었으므로 백계가 되고, 또한 백계에 모양과 바탕 등 십여시의 뜻을 가졌으므로 천여가 된다.

다시 세간을 크게 나누어 중생(정신계) 국토(자연계) 오온(물질계)의 삼세간으로 설명하는데 삼세간에 천여시를 곱하면 삼천세간이 된다.

그런데 우리가 마음이 없다면 모르되 티끌만치라도 마음이 있다면 순간의 일념에도 반드시 삼천의 진리를 나타내며 그 삼천의 세계가 그대로 미혹한 세계도 되고 깨달음의 세계도 되는 것이다.

바꾸어 말하면 우리의 마음이 어떠하냐에 따라 지옥도 있고 극락도 있으니 가령 마음에 탐심이 있으면 아귀요. 노여움과 분노가 있어 고통을 겪게 되면 지옥이요. 마음이 미혹해서 어리석은 행동을 하게 되면 축생이요 사제(고, 집, 멸, 도)의 가르침에 잘 순응하여 이에 따른 올바른 행동을 하면 성문이요. 인연법칙을 잘 알아 그에 알맞은 행동을 하면 연각이요. 마음이 남의 이익에 있어 베풂과 희생을 실천하면 보살이요, 마음이 맑아 일체의 번뇌에서 벗어나 본래의 수승한 진리에 머물면 부처가 되는 것이다.

이렇듯 순간의 한마음에 삼천의 세계가 펼쳐지고 한 떨기 꽃 한 포기의 풀에 일체 만물을 갖추고 있으니 〈매화꽃 한 가지에 천하의 봄을 알고 오동잎 한 조각에 가히 천하의 가을을 안다〉고 한 것과 같이 삼천세계의 모든 만물이 본래 법의 성품의 이체에 갖추어져 있다고 보는 것을 이구삼천이라고 한다.

이구삼천은 모든 만물의 형태에는 하나의 빠짐도 없이 참된 진리의 본질(지, 수, 화, 풍)을 갖추고 있는 것을 말한다. 한편 이렇게 법성의 이체에 갖추어져 있는 본질이 삼천세계의 일체만물을 인연에 따라 천차만별로 변조한 것이라고 설명하는 것을 사조삼천이라고 한다.

그런데 천태는 일념삼천의 이론적 근거를 화엄경(화엄경 권 십일 보살 설계품)에 두었으니 〈마음은 그림 그리는 사람 같아서 가지가지의 오음(색, 수, 상, 행, 식)을 그리나니 일체 세간 가운데 법(사물)을 짓지 아니함이 없나니라. 마음과 같이 붇다도 또한 그러하고 붇다와 같이 중생도 그리하여 마음과 붇다와 뭇 중생 이 셋이 차별이 없나니라〉한 것이 그것이다.

이 〈마음과 부처 그리고 중생 이 셋이 차별이 없다〉라고 하는 것이 일념삼천의 이론적 근거인데 이렇게 삼제원융 일념삼천의 관행에 의하여 제법의 실상에 계합하면 반야[깨달음]의 광명이 이 세상천지에 교교하게 비치고 부처님이 이루시고자 했던 자비의 광명이 인간 세상에 소요 자재 할 것이니 이 어찌 기쁘지 않으며 이 어찌 다행하지 않으랴.

지금까지 나열해 온 불교 교리를 평범한 일상의 생활 용어로 풀이해 보면 이렇지 않을까?

인간이 직면하고 있는 현실은 물질문명의 획기적인 발달로 의, 식, 주에 이어 물질적인 것이던 정신적인 것이든 간에 인간의 마음속에 깊이 각인되어 팽배해 있는 보다 편하고 안락하고 자극적인 즐거움에 더하여 호화스러운 생활을 탐하는 그 욕구가 끝이 없어 죽고 죽이는 경쟁보다 더한 갈등으로 눈에 보이지 않는 분쟁을 일으키며 이러한 것들이 고통인 줄 모르고 힘겹게 살고 있다.

　부처님께서 수천 년 전에 이 세상에 출현하시어 태생적이어서 고질적인 이와 같은 인간 고통을 없애는 방안으로 원천적인 욕구인 탐·진·치 삼독심을 극복하여 마음의 안정과 평정심을 가짐에 있으며 이로써 우리는 고통에서 벗어날 수 있다고 설하셨다.

　우리 인간들이 무지개 아지랑이 오로라 등 인과 연에 의해 순간적으로 나타나 사라지는 자연현상을 소유하여 사용할 수 있는 물질로 생각하여 갖고자 서로 투쟁을 벌인다면 얼마나 바보스럽고 안타까운 짓이 될까?

　눈에 보여 있다고 내 것으로 쌓아 두고 사용할 수 있다고 생각하기보다 살기 위해 필요한 만큼만으로 만족할 수 있는 마음을 지닐 수 있다면 인간사회는 어떻게 달라질까? 내가 남보다 많이 갖기보다 나누고 베풀고 희생하고 봉사하는 삶을 추구하면 이 사회는 어떻게 달라질까?

　인간의 어리석음을 일깨우고 올바른 마음을 지닐 수 있도록 불교교리에 아주 자세하게 설명하였으니 빨리 배워 실천하는 우리가 되어 짙은 어둠에서 깨어나 밝은 세상 자유롭고 평등한 세상에서 고통 없이 살아가는 자유인이 되자.

니르바나
● 온전한 자유와 평등의 세계 ●

2025년 12월 01일 인쇄
2025년 12월 08일 발행

지은이	박민주
발행인	이주현
발행처	도서출판 해조음

등 록	2002. 3. 15 제-3500호
주 소	서울 중구 필동로1길 14-6 리엔리하우스 203호
전 화	02-2279-2343
팩 스	02-2279-2406
E-mail	haejoum@naver.com

ISBN 979-11-91515-29-9 03220

값 27,000원